제2판

유아교육에서의 디지털 미디어 활용

김 은 영 · 최 혜 윤

창지사

머리말

현재 우리는 제4차 산업혁명 시대에 살고 있다. 융합적 미디어가 확산된 이 사회에서 다양한 미디어 문화에 참여하여 자신에게 필요한 것을 제대로 이해하여 선택하고, 문제를 해결하고 의사소통하는 능력은 미래사회를 살아가는 데 필요한 핵심 역량이다. 제4차 산업혁명 시대 유아교육기관은 학습하고 놀이하는 공간으로 더욱 확장될 필요가 있으며, 유아가 실물자료와 자연환경, 그리고 새로운 디지털 미디어가 통합된 풍부한 학습자원에 접근하여 주체적으로 지식을 구성해 나갈 수 있도록 유아의 놀이 및 활동 공유 환경을 적절히 통합 구축해야 한다. 또한, 미래사회에 필요한 인재를 길러 내기 위해서는 유아교사 스스로 개별 유아와 유아를 둘러싼 환경 전반에 대해 이해하고, 교육과정 운영에 관한 전문적 지식과 적용능력을 갖추어, 교육 효과를 높일 수 있는 디지털 미디어 사용의 필요성을 알고 활용할 수 있는 역량을 갖추어야 한다.

이 책은 예비유아교사를 위한 전공심화 교과목인 '유아교육과 멀티미디어' 관련 강좌의 수업용 교재로 집필되었다. 이 책의 특징은 다음과 같다.

첫째, 교육 현장에서 유아의 배움을 지원하기 위해 디지털 미디어가 가치 있게 사용될 수 있도록 통합적인 측면을 제시하였다. 이를 위해 2019 개정 누리과정의 내용을 토대로 유아교육 현장에서 실시하는 교육 활동에 디지털 미디어를 활용하기 위해 알아야 할 구체적인 사항과 방법을 제시하였다.

둘째, 유치원과 어린이집에서 근무하고 있는 현직 유아교사 215명의 의견을 토대로 교원 양성 단계에서 예비교사에게 필요한 디지털 교수 매체 관련 교육내용을 도출하였다. 이를 통해 유아교육 현장에서 필요하고 적용 가능한 내용과 사례를 포함하였다.

셋째, 유아의 학습에 필요한 디지털 미디어 기술의 최신성을 반영하고자 노력하였다. 최근 유아교육에서 활발히 논의되고 있는 인터넷 활용, 애플리케이션 활용, 증강현실 및 가상현실 활용 교육, 스마트 토이 및 코딩교육 등의 내용을 포함하였다.

넷째, 각 장에서 내용과 관련된 통계자료, 현장 사진, 교수-학습계획안 등을 최대한 포함시켜 독자의 이해를 높이고자 하였다. 이를 위해 연구논문 속 수업 사례뿐만 아니라 실제 유치원에서 저자들과 함께 첨단 교수 매체를 활용한 수업을 설계하고 운영한 수업 사례와 교수-학습계획안을 담고자 노력하였다.

이를 위해 총 3부로, 1부 이론편, 2부 배움편, 3부 실무편으로 구성하였다.

1부에서는 변화하는 미래사회에 필요한 역량에 대해 알며, 디지털 미디어를 활용할 수 있는 능력이 필요한 이유 및 활용을 위한 기본 원리에 대해 소개하였다. 1장은 예비유아교사가 우리 사회와 학습자의 변화에 대해 알 수 있도록 안내하고 있으며, 변화하는 시대에 따라 요구되는 역량과 21세기 학습자의 특성에 대한 내용을 담고 있다. 2장에서는 디지털 활용이 필요한 이유를 유아의 입장과 교사 차원에서 설명하며, 디지털 리터러시에 대한 이해를 돕고자 하였다. 3장에서는 유아교육 현장에서 디지털 미디어를 교수 매체로 활용할 수 있도록 방법을 소개하였다.

2부에서는 유아교육과정(누리과정)과 연계하여 디지털 교수 매체를 활용할 수 있는 방법을 소개하고 있다. 4장은 인터넷 사이트를 통해 다양한 정보와 이슈를 탐색하여 활용할 수 있는 방법, 박물관 · 미술관을 활용하여 수업을 전개할 수 있는 방법, 위성지도 서비스를 활용하여 지리, 역사와 같은 개념을 습득할 수 있도록 소개하고 있다. 5장에서는 뉴미디어인 애플리케이션, 증강현실, 가상현실, 스마트 토이, 언플러그드 코딩 등의 방법을 활용하여 유아의 배움을 도울 수 있는 방법을 안내하고 있다. 6장에서는 미디어를 보다 안전하게 사용할 수 있도록 유아 미디어 안전교육에 대한 내용을 담았다.

3부에서는 교육 현장에서 필요한 디지털 교수 매체를 제작하고 적합하게 활용하는 방법에 대해 소개하고 있다. 7장에서는 디지털 교수 매체 제작의 기초인 이미지, 동영상 편집, 파일과 폴더를 암호화 하는 방법에 대해 안내하고 있다. 8장에서는 기초적 제작 방법을 활용하여 디지털 동화를 제작하는 방법에 대해 소개하고 있다. 9장에서는 기관 행사에 필요한 자료를 제작하는 방법을 담고 있으며, 10장에서는 유아교육기관과 가정과의 연계에 디지털 미디어를 활용할 수 있는 방법을 소개하였다.

이 책은 유아교육 예비교사와 현장교사, 그리고 저자들이 함께 만들었다고 해도 과언이 아니다. 먼저, '유아교육과 멀티미디어' 교과목 설계 단계에서부터 교재 초안의 내용으로 파일럿 수업까지 참여해 준 송원대학교 유아교육과 2018학번 예비교사들에게 고마움을 표한다. 실제 디지털 미디어 활용 시 발생할 수 있는 다양한 시행착오의 발견, 디지털 교수 매체 제작에 추가로 필요한 솔루션 프로그램의 제안, 그리고 자신의 저작물을 책에 실을 수 있도록 허락해 준 학생들이 있었기에 보다 구체적인 활용 방법을 책에 담을 수 있었다. 또한, 유아교육 현장의 바쁜 일과 중에도 저자의 디지털 미디어 활용에 대한 아이디어를 함께 고민해 주고, 직접 수업에 적용하여 풍성한 수업 사례를 제공해 주신 선우 유치원 원장님과 선생님들께 무한한 감사를 드린다. 끝으로 이 책을 쓸 수 있도록 참고자료와 문헌을 직간접적으로 제공해 주신 선후배, 동료 연구자들께 감사드리며, 2년이라는 시간 동안 책을 집필할 수 있도록 기다려 주시고, 바쁜 일정 속에서 편집에 애써 주신 창지사 가족께도 진심으로 감사드린다.

2020년 3월

저자 일동

차례

PART 1. 이론편

〈Part 1. 이론편〉은 변화하는 미래사회에 필요한 역량에 대해 알며, 디지털 미디어를 활용할 수 있는 능력이 필요한 이유 및 활용을 위한 기본 원리에 대해 소개하고 있다. 1장은 예비유아교사가 우리 사회와 학습자의 변화에 대해 알 수 있도록 안내하고 있으며, 변화하는 시대에 따라 요구되는 역량과 21세기 학습자의 특성에 대한 내용을 담고 있다. 2장에서는 디지털 활용이 필요한 이유를 유아의 입장과 교사 차원에서 설명하며 디지털 리터러시에 대한 이해를 돕고자 하였다. 3장에서는 유아교육 현장에서 디지털 미디어를 교수 매체로 활용할 수 있도록 방법을 소개하고 있다.

Chapter 01.

미래사회와 유아교육

1. 미래사회 핵심역량과 인재상

1) 제4차 산업혁명에 대한 이해

'제4차 산업혁명'이라는 용어가 보편적으로 회자되기 시작한 것은 2016년 1월 스위스에서 열린 세계경제포럼(WEF, 다보스포럼)의 의제로 '제4차 산업혁명의 이해(Mastering the Fourth Industrial Revolution)'가 채택되면서부터로 볼 수 있다. 18세기의 산업혁명으로 제1차 산업혁명 시대를 거치면서 기계가 인간의 단순노동을 대체하고, 교통수단이 발전하는 등 엄청난 사회적 변혁을 맞이하였다. 이어 제2차 산업혁명 시대에는 전신, 전화, 라디오 등과 같은 통신수단의 발전이 급격하게 이루어졌다. 그리고 정보화혁명 또는 디지털혁명, 일부에서는 지식혁명이나 네트워크혁명으로 지칭하기도 하는 제3차 산업혁명의 핵심은 컴퓨터와 인터넷의 확산이었다(심진보 · 최병철 · 노유나 · 하영욱, 2017). 아직 제3차 산업혁명이 종료된 상황은 아니지만 제3차 산업혁명의 핵심기술이 변화한 것을 제4차 산업혁명으로 볼 수 있다. 빅데이터, 인공지능 등 다양한 스마트기술이 등장하면서 인간 고유의 영역으로 여겨지던 고도의 지적 활동 영역마저 기계가 대체하게 된 것이다.

[그림 I-1] 제4차 산업혁명

출처: 미래창조과학부.

사물인터넷(IoT), 인공지능(AI), 빅데이터(Big Data) 등의 핵심기술로 대표되는 제4차 산업혁명 시대는 '초연결 · 초지능 사회'로 설명되듯 이전의 산업혁명과는 전혀 다른 방식으로 인간의 삶을 변화시킬 것으로 예측된다. 2016년 다보스 세계경제포럼에서 회장 슈왑(Schwab)이 2025년까지 인구의 10%가 인터넷과 연결된 의류와 안경을 쓰고 문자를 읽으며, 로봇 약사가 등장하고 도로 위의 10%가 자율주행 자동차이며, 3D 프린터로 자동차를 생산하고, 간을 만들어 이식하는 일이 가능해질 것이라 예측한 바도 있다. 또한, 이러한 지식 정보와 관련된 기술혁신의 속도를 고려해 볼 때 지금 초등학교 입학 시기 연령의 아이들이 사회에 나와 갖게 될 일자리의 65%는 현재 존재하지 않는 새로운 일자리가 될 것이라는 예측은 이제 머지않아 인공지능(AI)이 인간의 지능을 뛰어넘고, 육체노동 및 지식노동을 기계가 대체하는 사회 전반의 재편을 암시하기도 한다. 이러한 시대의 변화에서 우리는 유아기부터 미래사회에 필요한 지식과 기술을 가르치며, 제4차 산업혁명 시대에 요구될 역량을 예측하여 새로 생길 직업에 대해 대비할 수 있는 교육을 제공할 필요가 있다(WEF, 2016). 특히, 유아교육 단계에서부터 사회적으로 기대되는 바람직한 학습의 형태, 학습자의 역할 및 태도가 형성되므로 유아교육 분야에서도 교육패러다임의 변화와 사회적 요구를 민감하게 인식해야 한다.

〈표 I-1〉 제4차 산업혁명 관련 주요 핵심기술

기술분야	기술에 의한 변화
초연결 기술	사람, 사물(공간, 생물, 정보, 비즈니스 등)이 물리적 공간과 가상공간의 경계 없이 서로 긴밀히 연결되어 소통하고 상호작용하는 만물인터넷 시대의 도래
초지능 기술	경제혁신, 사회문제 해결, 삶의 질 향상을 실현하는 인공지능, 빅데이터, 초고성능 컴퓨팅 기반의 지능정보사회의 도래
초실감 기술	미디어의 진화, VR · AR 등과 같은 새로운 서비스의 등장으로 미디어는 고품질화, 고실감화의 초실감 서비스로 진화
블록체인 기술	현재 비트코인(bitcoin)이 블록체인 기술을 이용하여 금융 거래를 하고 있으며, 향후 각종 국가 발급 증명서, 보험금 청구, 의료기록, 투표 등 코드화가 가능한 모든 거래가 블록체인 시스템을 통해 가능해질 전망임
무인 이동체 기술	센서와 인공지능의 발달로 자율체계화된 모든 기계의 능력이 빠른 속도로 발전함에 따라 드론, 트럭, 항공기, 보트 등 다양한 무인 운송수단이 등장할 전망임. 현재 드론은 주변 환경의 변화를 감지하고 이에 반응하는 기술을 지녔으며, 충돌을 피하기 위한 항로 변경이 가능함
3D 프린팅 기술	3D 프린팅은 디지털 설계도를 바탕으로, 유연한 소재로 3차원 물체를 적층해 나가는 방식으로 작동됨. 현재 자동차, 항공우주, 의료산업 분야에서 주로 활용되며, 의료 임플란트에서부터 대형 풍력발전기까지 광범위하게 활용이 가능함
로봇공학	센서의 발달로 로봇은 주변 환경에 대한 이해도가 높아지고 그에 맞춰 대응하며 다양한 업무 수행이 가능해짐. 클라우드 서버를 통해 원격 정보에 접근이 가능하고, 다른 로봇들과 네트워크로 연결이 가능함
나노 소재	기존에 없던 스마트 소재를 활용한 신소재(재생 기능, 세척 기능, 형상기억합금, 압전세라믹 등)가 시장에 등장함. 그래핀(graphene)과 같은 최첨단 나노 소재는 강철보다 200배 이상 강하고, 두께는 머리카락의 100만분의 1만큼 얇고, 뛰어난 열과 전기의 전도성을 가진 혁신적인 신소재임
유전공학	과학기술의 발달로 유전자 염기서열 분석의 비용은 줄고, 절차는 간단해졌으며, 유전자 활성화 및 편집도 가능함. 인간 게놈 프로젝트 완성에 10년 넘는 시간과 27억 달러가 소요되었으나, 현재는 몇 시간과 1,000달러 정도의 비용으로 가능해짐
합성생물학	합성생물학 기술은 DNA데이터를 기록하여 유기체를 제작할 수 있어서 심장병, 암 등 난치병 치료를 위한 의학 분야에 직접적인 영향을 줄 수 있음. 데이터 축적으로 인해 개인별 맞춤 의료 서비스 및 표적치료법도 가능함. 농업과 바이오 연료 생산과 관련해서도 대안을 제시할 수 있는 기술임
유전자 편집 기술	유전자 편집 기술을 통해 인간의 성체세포를 변형할 수 있고, 유전자 변형 동식물도 만들어 낼 수 있음

출처: 심진보(2017).

2) 미래사회에 요구되는 핵심역량과 인재상

역량이란 "복잡한 요구를 충족시키기 위해 지식, 기능, 태도와 가치를 동원하는 능력(OECD, 2018)"으로 정의할 수 있다. 2000년대 초반부터 국내 · 외 주요 연구기관에서는 '변화하는 사회적 환경에 적응하기 위해 미래 세대에게 필요한 것이 무엇인가?'에 대한 논의가 다양하게 전개되어 왔고, 인재 양성에 필요한 핵심역량을 제시하였다. 대표적으로 OECD프로젝트 DeSeCo(Defining and Selecting Key Competencies, 2005)는 '상호작용능력, 자율적 행동능력, 도구 활용능력'을, ATC21S 프로젝트에서는 '사고방식(Way of Thinking), 직무방식(Ways of Working), 직무수단(Tools of Working), 사회생활방식(Ways for Living in the World)'을 미래사회 인재에게 필요한 역량으로 설정한 바 있다(Griffin et al., 2011; 최상덕 외, 2011, 재인용). 우리나라 '2015 개정 교육과정'에서도 미래사회를 살아갈 인재 양성을 위하여 '자기관리, 정보처리, 창의적 사고, 심미적 감성, 의사소통, 공동체 역량'의 6가지를 제시하고, 역량 기반 교육과정으로의 개편을 이루었다.

세계경제포럼(2015)에서는 [그림 I-2]와 같이 학생들이 어떻게 일상생활에서 핵심기술을 적용시키는지에 관한 '기초문해', 학생들이 어떻게 복잡한 도전사항들에 대처하는지에 관한 '역량', 그리고 학생들이 그들의 변화하는 환경에 대해 어떻게 대처하는지에 관한 '인성자질'을 21세기에 가장 핵심적인 기술로 제시하였다(국가평생교육진흥원, 2016). 그리고 이러한 핵심역량을 갖춘 인재상으로 '정의되지 않은 복잡한 문제를 해결할 수 있는 사람, 다양한 분야의 사람들과 협업할 수 있는 사회적 기술을 갖춘 사람, 정보를 다루고 합리적으로 활용하는 정보처리능력을 갖춘 사람, 시스템기술과 서로 다른 규칙을 통찰할 수 있는 창조적인 사람' 등을 제시하고 있다.

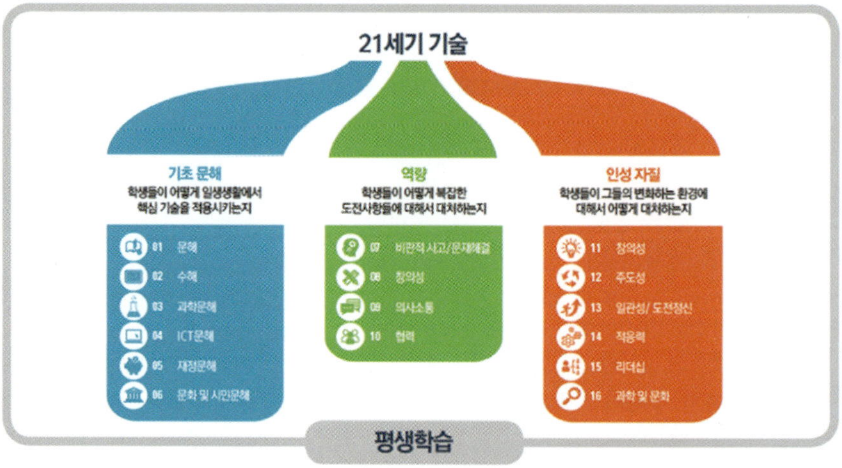

[그림 I–2] 미래사회에 필요한 핵심역량

출처: WEF(2015); 국가평생교육진흥원(2016)에서 재인용.

'OECD 교육 2030' 프로젝트는 DeSeCo의 2.0 버전으로 2005년 제안한 핵심역량에서 수정된 내용을 최근에 발표하였다(OECD, 2018). 이는 제4차 산업혁명 시대라는 사회적 요구에 대한 인식과 함께 2030년에 성인이 될 학생들이 갖추어야 할 역량이라는 좀 더 체계적이고 장기적인 미래교육비전을 제시한 것이라 볼 수 있다. 'OECD 교육 2030' 프로젝트에서 그려낸 사회상은 이전보다 구체적이다. 2030년 사회가 직면하게 될 첫 번째 도전은 환경적인 것으로, 기후변화와 천연자원 고갈로 인해 긴급조처와 대응책이 요구된다고 보았다. 두 번째로는 경제적 측면에서 과학지식이 우리의 삶을 풍요롭게 할 수 있는 새로운 기회와 해결책을 마련해 주었으나, 이와 동시에 모든 영역에서 파괴적인 변화의 물결을 가열시키고 있다고 보았다. 과학기술, 특히 생체기술과 인공지능의 혁신은 인간이 된다는 것이 무엇인지에 대한 근본적인 질문을 제기하고 있다고 보았다. 뿐만 아니라, 글로벌 경제체제에 만연한 불확실성과 경제적 위기에 대한 우려, 그리고 빅데이터로 인한 사이버 안전과 사생활 보호 문제가 심화된다고 보았다. 마지막은 사회적인 것으로, 이민, 도시화, 사회적 · 문화적 다양성의 증가, 생활 수준 및 삶의 기회 불평등 확대, 전쟁과 테러 위협의 증가를 예상하였다. 이러한 미래사회는 한편으로는 도전일 수 있으나, 다른 한편으로는 인간의 발전을 위한 새로운 기회가 될 수 있으므로 학교는 아직 예견할 수 없는 문제를 해결하기 위하여 아직 존재하지 않는 직업, 그리고 아직까지 발명되지 않은 기술에 학생들을 준비시킬 수 있어야 한다고 제안하였다.

'OECD 교육 2030' 프로젝트에서는 2030년의 사회를 전망하면서 이 사회를 살아갈 학생들을 위한 미래 학습 틀(learning framework)을 [그림 I-3]과 같이 제시하였다. 이 학습의 틀은 학생들이 어떻게 그들의 삶과 그들이 살아갈 세계를 헤쳐나갈 수 있는지를 보여 주고, 이를 위한 교육의 방향을 제시하는 데 초점을 두고 있다. 구체적으로, 역량 개념을 구성하는 구성요소로 지식, 기능, 태도와 가치가 구체적으로 무엇인지에 대해 구분하였다. 그리고 학생들은 혁신적이고 책임감이 있으며, 의식적인 사람이 되는 데 필요한 '새로운 가치 창출하기, 긴장과 딜레마 조정

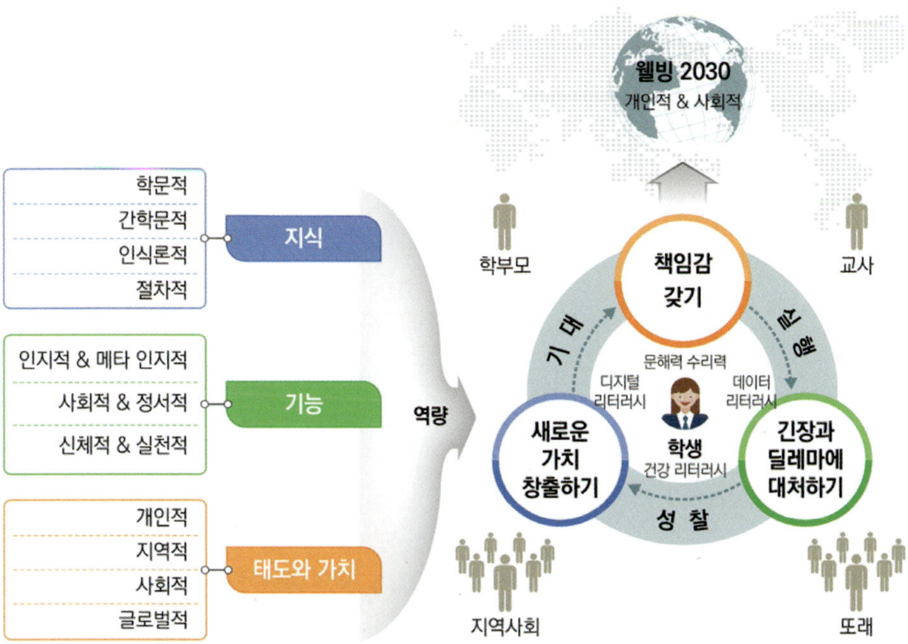

[그림 I-3] 'OECD 교육 2030' 프로젝트에서 제시한 '학습의 틀'

출처: OECD(2018); KEDI(2019)에서 재인용.

하기, 책임감 갖기'의 변혁적 역량(transformation competencies)을 갖추어야 한다고 보았다. 이를 통해 삶의 질과 관련된 모든 조건(건강, 시민으로서의 참여, 사회적 연계, 교육, 안전, 삶의 만족도, 환경 등)에 누구나 공평하게 다가갈 수 있는 포용적 성장(inclusive growth)을 추구한다고 밝혔다(KEDI, 2019).

유키(Yuki, 2017)는 제4차 산업혁명 시대의 유아와 초등학생을 'AI세대'라 칭하고, AI세대를 위한 디지털 교육으로 6세까지 가르쳐야 할 5대 핵심역량을 제시하였다(이미란, 2018). 첫째, 생각하고 행동하는 능력(창의와 혁신)이다. 이는 디지털 리터러시, 논리적 사고력, 지식활용능력, 표현력, 창의력 등으로 구체화될 수 있다. 둘째, 성과를 만들어내는 능력이다. 성과를 만들어내기 위해서는 인내력과 함께 스스로 학습의욕을 만들어내는 능력이 필요하다. 스스로 목적을 설정하고 달성하기 위해 목표달성능력, 자신감 등이 필요하다. 셋째, 공생과 협업능력이다. AI세대에게 요구되는 공생과 협업능력은 인종, 문화, 종교 등이 다른 사람들과의 공생과 협업뿐만 아니라 인공지능, 로봇과도 필요하다. 특히, 사고하는 존재로서 인공지능과 로봇이 등장하게 되면서 이들과의 의사소통능력 또한 AI세대에게 가르쳐야 할 핵심적인 부분이라 볼 수 있다. 넷째, 학습 토대가 되는 능력이다. 이는 OECD(2018)에서도 제안한 기초문해력과 같다. 마지막으로 사회변화를 통찰하는 능력이다. 사회를 이해하기 위해 다양한 정보를 수집 · 처리 · 분석하는 데 필요한 정보 리터러시는 매우 중요한 핵심역량으로 볼 수 있다.

2. 21세기 학습자 특성

1) 21세기 학습자, 디지털 네이티브

21세기 학습자 특성에 관한 논의는 사실 제4차 산업혁명 이전인 디지털 · 정보화 사회로 불리는 제3차 산업혁명 시기부터 관심 있게 다루어져 왔다. '밀레니엄 세대', '디지털 네이티브(디지털 원주민)'로 불리는 세대는 태어나면서부터 디지털을 일상적으로 접한 세대를 뜻한다. 디지털 네이티브는 대부분 1980년 이후에 태어난 세대를 말하는데, 현재 초기 성인인 예비유아교사뿐만 아니라 유아교육 현장에 근무하고 있는 20~30대 교사들도 대부분이 이 세대의 특성을 지닌다. 이들은 태어나면서부터 디지털 생활환경에 노출되어 컴퓨터, 인터넷, 아이팟 등 디지털 기기들을 사용하면서 디지털혁명기에 성장기를 보낸 세대이며, 기존 세대와는 전혀 다른 방식으로 생각하고 행동한다. 대부분의 연구에서 이들을 '21세기 학습자'로 부른다. 과거 산업화 사회에서는 주어진 매뉴얼에 따라 읽고(Reading), 쓰고(wRiting), 셈하는(aRithmetic) 능력인 3R이 중요한 능력으로 다루어졌다. 하지만 디지털 네이티브는 3R 역량과 함께 비판적 사고(Critical Thinking), 의사소통능력(Communication), 협업능력(Collaboration), 창의력(Creativity)을 의미하는 4C 역량이 요구된다. 디지털 네이티브의 특성은 다음과 같다(강승훈, 2004). 이는 유키(Yuki, 2017)가 말한 AI세대인 유아부터 해당하는 특성으로 볼 수 있다.

① 멀티테스킹(Multi–tasking)에 능숙하다. 정보의 홍수 속에 성장한 이들은 성장 과정에서 다양한 정보를 처리할 수 있도록 두뇌 구조가 변화하였다. 기성세대가 한 가지 일을 수행하면서 다른 일을 동시에 처리하는 것이 서툰 반면, 이들은 여러 대상에 전략적으로 주의를 분산하여 처리하는 것이 가능하다. '다중적(멀티)'이라는 특성을 가지고 비디오, 오디오, 온라인 자원과 같은 테크놀로지 자원을 통해 모은 다양한 자원을 사용하면서 책 이상의 멀티 형태로부터 학습하고 싶은 강한 열망을 보여 준다.

② 신속한 반응을 추구한다. 디지털 네이티브는 즉각적인 상호작용 속에서 성장해 왔다. 휴대폰과 메신저, 문자메시지 등을 통해 언제 어디서나 상대방과 의사소통이 가능한 환경에서 성장했다. 지식 습득에도 인터넷의 하이퍼링크로 연결되어 있는 페이지를 서핑하며 궁금한 것을 실시간으로 해결하며 자라 왔다. 많은 부분에서 이들에게 실시간 반응이라는 개념은 당연한 것이다.

③ 적극적으로 자신을 드러낸다. 정보기술의 발달은 사소한 일까지 개인이 의견을 솔직히 표출할 수 있고, 또한 의견의 교환과 합의를 통한 공통의 목소리를 내는 것도 용이해졌다. 개인 블로그, SNS 그리고 최근에는 유튜브 1인 크리

에이터까지 확장되었다.

④ 도전적이고 재미있을 때 몰입한다. 일 자체가 놀이나 게임처럼 도전적이고 재미있기를 바란다. 반면, 지루하고 재미없는 일은 그것이 아무리 중요해도 몰입하지 않는다. 디지털 네이티브의 동기를 부여시키는 요인은 목표의 도전성과 재미이다.

2) 유아의 미디어 사용 현황

정보통신기술과 뉴미디어의 발달로 미디어를 쉽게 접할 수 있는 환경이 조성되면서 미디어를 처음 이용하는 연령이 빠르게 하향화되고 있다(한국언론진흥재단, 2020). 특히 4차 산업혁명시대에 다양한 디지털 미디어의 활용능력을 갖추는 것이 빠르게 변화하는 시대에 적응하기 위한 필수역량으로 인식되면서 영유아기부터 미디어를 통한 다양한 교육콘텐츠의 활용이 증가하고 있다. 또한, 2020년 이후 코로나19를 겪으면서 유아교육 현장에서도 미디어를 활용한 온라인 수업을 시작하였고, 이후 유아교육 현장에서 영유아들의 미디어 이용 접근성은 더욱 높아졌다고 볼 수 있다(육아정책연구소, 2022).

영유아 가구가 보유한 미디어 기기의 종류는 매우 다양하고 보급률도 높아지는 경향이며, 영유아는 이러한 가정이 보유한 다양한 미디어에 이른 연령부터 노출되어 이용하고 있다. 2020년 한국언론진흥재단의 '어린이 미디어 이용 실태조사'에 따르면 0~9세 아동이 있는 가정은 스마트폰(98.5%), TV(96.1%), 컴퓨터(84.9%), 태블릿(74.7%) 순으로 많이 보유하고 있으며, 이외에도 인공지능 스피커(39.9%), 게임콘솔(32.4%), 가상현실기기(5.6%)를 보유하는 등 다양한 미디어를 일상생활에서 활용하고 있는 것으로 나타났다. 조사에 따르면 만 3~6세 아동은 TV를 가장 많이 시청하고 있었다(만3~4세 89.6%, 만5~6세 89.7%). 그리고 TV 다음으로 스마트폰과 태블릿PC를 많이 이용하고 있었는데, 만 5~6세는 스마트폰(81.4%), 태블릿PC(63.6%), 컴퓨터(42.5%)순으로 많이 이용하고 있었으며, 만3~4세는 스마트폰(77.3%), 태블릿PC(60.8%), 인공지능 스피커(22.8%), 컴퓨터(21.2%) 순으로 이용하는 것으로 나타났다. 지금까지의 실태조사에서 영유아의 TV와 스마트폰 이용에 집중된 결과를 보인 반면, '어린이 미디어 이용 실태조사'에서 2020년도의 취학 전 영유아들은 비교적 다양한 미디어를 이용하고 있는 것을 알 수 있다. 이는 새로운 미디어의 지속적 등장으로 가정에서 새로운 미디어 환경이 제공되고, 가정 내 영유아의 미디어 노출의 양상도 점차 더 다양화될 것으로 예상할 수 있다.

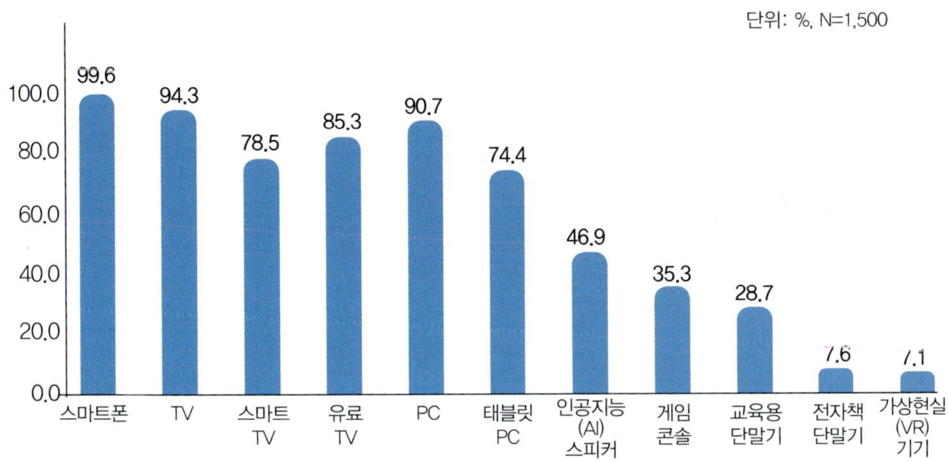

[그림 I-4] 미디어 유형별 가정 내 보유 현황

출처: 육아정책연구소, 2022.

하지만 조사의 구체적인 내용을 살펴보면 영유아의 미디어 이용 목적은 주로 동영상 시청이 많았는데, 동영상 시청 미디어인 TV뿐만 아니라 다양한 기능과 용도를 지닌 스마트미디어 기기의 경우에도 영유아는 주로 '동영상'시청 용도로 사용하고 있음이 확인되었다. 그리고 SNS나 메신저 이용, 웹툰 및 웹소설 보기, 인터넷 검색, 교육용 앱 이용, 게임 및 놀이로는 전혀 이용하지 않는다는 응답이 절반을 넘었다. 이는 부모의 시간확보와 편의를 위해 영유아의 미디어 이용을 허용하는 경우가 많다는 것을 나타내는 결과로 미디어의 학습도구로서의 적절한 활용에 대한 부모교육과 유아교육기관에서 놀이 중심 교육과정 운영에서의 적절한 미디어 활용의 실천이 필요함을 알 수 있다.

Chapter 02.

디지털 리터러시

1. 유아교육에서 디지털 미디어의 역할

1) 디지털 미디어 활용의 필요성

제4차 산업혁명 시대에 필요한 역량은 미디어가 확산된 사회에서 다양한 미디어 문화에 참여하며 필요한 것을 제대로 이해하고 선택하여, 문제해결능력, 창의성, 협동심, 인성, 시민의식, 의사소통능력, 이해배려능력, 리더십, 비판적 사고 등을 키울 수 있는 능력이라고 할 수 있다(김창숙 · 이선혜, 2019). 즉, 제4차 산업혁명 시대를 대비하여 유아의 미디어 리터러시 능력 개발을 매우 중요하게 다룰 필요가 있다.

앞서 살펴봤던 디지털 융합사회로의 변화, 미래사회에 요구되는 핵심역량, 디지털 미디어 활용의 중요성에 대한 인식에도 불구하고 스마트폰 중독, 과잉행동 증가, 주의집중 문제행동과 같은 부정적 영향에 대한 우려 때문에 초 · 중등에 비해 유아의 미디어 리터러시 능력 개발을 위한 정보통신기술(ICT) 활용이나 스마트 미디어(스마트폰, 스마트 패드 등)의 교육적 활용에 대한 논의는 미진한 편이다. 하지만 유아의 인지 수준에 맞는 언어 정보를 유아에게 노출시키고, 프로그램을 통해 교육적인 메시지를 전달하며, 올바른 행동모델을 제공한다면 이러한 디지털 기술과 스마트 미디어 활용은 유아에게 긍정적인 영향을 미칠 수 있다(김대웅 · 박윤현, 2018). 유아의 미디어 리터러시 능력 개발을 위한 교육적 제공을 고려함에 있어서, 스마트 미디어와 ICT 기술 활용 교육에 대한 사용 목적과 방법을 정확히 인지하고, 어떠한 방식으로 제공할 것인가에 대한 고민의 필요성이 제기되는 부분이다(김창숙 외, 2019). 유아기에 디지털 미디어를 올바르게 활용하는 교육 경험을 가진 유아는 성장하여서도 테크놀로지 중독에 빠지는 경우가 적었다는 연구결과(Plowman, McPake, & Stephen, 2008; Zevenbergen, 2007)에서도 알 수 있듯이 유아기 교육을 통해 디지털 미디어 기술을 올바르게 인식하고 활용하는 가치관을 형성해 준다면 현명한 기술 활용과 의사결정이 가능한 성인으로 성장할 수 있는 기틀을 마련해 줄 수 있다.

2) 디지털 미디어의 교육적 활용방안

유아교육에서의 디지털 미디어 활용방안을 알아보기 위해 학자들의 연구를 검토하였다. 이 부분은 2012년 한국육아지원학회 추계학술대회에서 '디지털 세대를 위한 교육 테크놀로지의 가치 재조명: 유아교육에서의 활용방안을 중심으로'라는 주제로 발표한 이은미(2012)의 원고를 발췌하여 서술하였다.

(1) 조작 가능한 활동을 통한 공유 문제 공간의 제공

유아교육에서 컴퓨터를 비롯한 테크놀로지의 활용에 대해 많은 논란이 있었다. 특히, 유아는 구체물을 이용한 활동을 통해 지식을 구성한다는 측면에서 디지털 기기의 화면상에 제공되는 사물은 지나치게 추상적이라는 문제점이 지적되었다. 자연물 속에서 충분히 뛰어놀며 직접적이고 구체적인 경험을 누려야 전인적인 발달을 이룰 수 있는 유아기에 테크놀로지를 활용한 활동은 지나치게 추상적 · 고차적인 것이 아니냐는 지적이었다. 이에 대해 클레멘츠와 사라마(Clements & Sarama, 2003)는 단순히 만질 수 있는 사물이 구체적인 사물이라고 할 수는 없으며, 테크놀로지에서 제공되는 경험이 유아로 하여금 유아의 가설을 검증하기 위해 유아의 의도대로 자유롭게 조작할 수 있는(manipulative) 기회를 충분히 제공해 주며(Bers, 2008), 이러한 조작으로 인한 변화의 결과를 즉각적으로 직접 관찰할 수 있다면 유아에게 중요한 개념을 학습할 수 있도록 하는 구체적인 경험이 될 수 있다고 하였다. 또한, 구체적인 사물만 제공되면 유아는 항상 학습하고자 하는 중요한 개념을 학습할 수 있는가에 대해, 구체적인 사물의 제공 자체가 중요한 개념의 학습을 보장하는 것은 아니며, 중요한 것은 구체적 사물의 제시 여부가 아니라 유아에게 제공되는 학습활동이 유아로 하여금 중요한 개념과 올바른 관계, 의미 있는 관계를 맺어 줄 때 비로소 유의미한 학습이 이루어진다고 볼 수 있다. 현실의 구체적 사물이건 가상공간에서 제공되는 조작할 수 있는 자료이건, 이를 활용한 학습활동이 중요한 개념과 올바른 관계를 맺을 수 있다면 유아에게 교육적으로 유의미한 학습활동이 되는 것이다.

또한, 두 명 이상의 친구와 함께 팀을 이루어 테크놀로지를 매개로 협력학습을 하면 같은 문제를 컴퓨터 없이 해결할 때보다 훨씬 더 많은 사회적 상호작용을 하는 것으로 연구되고 있으며(Hyun & Davis, 2005; Lim, 2012a), 이러한 가상공간을 '공유 문제 공간(JPS: Joint Problem Space)'이라고 명명한다(Roschelle & Teasley, 1995). 즉, 학습자가 해결해야 할 문제의 내용이 상황적 내러티브를 바탕으로 제시되어 활동에 몰입하려는 동기 유발을 가능하게 하며(Wohlwend, 2010), 동시에 학습자 스스로 문제 내용에 해당하는 상황을 가설로 세우고 조작적인 활동으로 직접 실험해 보면서 자신의 가설을 검증해 보고 그 과정에서 유아들 간에 지식의 구성을 유도하는 유의미한 상호작용이 활발하게 이루어지도록 한다(Lim, 2012b). 이는 유아교육에서도 테크놀로지가 유아의 지식 구성을 가능하게 하는 교육적으로 유의미한 활동을 가능하게 하는 매개 공간으로서 작용할 수 있다는 것을 시사한다.

(2) 테크놀로지 시민교육

테크놀로지의 눈부신 발달은 인류에게 많은 혜택을 줌과 동시에 여러 가지 윤리적 · 도덕적 · 환경적 문제를 불러일으켰다. 인간 복제 연구로 인한 생명윤리 문제, 대량 살상 무기 제조의 가능성, 생태계의 혼란과 토양오염 등 인간이 지속적으로 살아가야 할 지구와 우주의 생존에 반하는 역할 또한 해 왔다. 따라서 유아가 성장하여 테크놀로지 관련 의사결정을 할 때 중요하게 고려해야 할 문제의 요점은 테크놀로지가 우리의 생활을 얼마나 편리하게 개선시켜 줄 것인가의 관점이 아니라, 우리 인간과 자연, 사회의 안녕과 필요를 먼저 생각하며 이를 바탕으로 테크놀로지의 발전 방향을 조정할 수 있는 의사결정자로 성장하도록 해야 한다.

이를 위해 유아교육 테크놀로지는 유아로 하여금 테크놀로지의 위험성을 알게 하며, 각각의 위험성에 어떻게 대처해야 할지에 대한 지혜를 가르쳐야 한다. 또한, 미래에 유아가 성장하여 우리 사회와 세계를 위해 테크놀로지 관련 의사결정을 해야 할 때 올바른 가치관을 기반으로 인류 전체에 이로움을 줄 수 있는 방향으로 결정을 내릴 수 있기 위해서는 책임감 있는 사이버 시민의식(cyber citizenship), 더 나아가 테크놀로지 시민의식(technology citizenship)을 갖추어야 한다. 따라서 디지털 리터러시의 함양이 반드시 선행되어야 하는데, 디지털 테크놀로지를 사용할 수 있는 능력과 활용하여 자신의 학습목적을 이룰 수 있는 능력뿐만 아니라 디지털 정보를 비판적으로 바라볼 수 있는 능력까지를 포함해야 하며, 지속 가능한 발전을 위해 환경과 에너지, 테크놀로지와 사람에 관한 올바른 가치관을 가지고 중요한 의사결정을 해 나갈 수 있도록 준비시킬 필요가 있다.

(3) 다양한 표현 양식으로서의 테크놀로지

테크놀로지를 활용한 활동이 유아의 발달에 적합하며 교육적으로 유의미하게 교과과정과 통합된 형태로 진행된다면, 유아로 하여금 자신의 창의적인 생각과 아이디어를 표현할 수 있는 프로슈머(prosumer)로서의 한 표현양식을 제공해 줄 수 있다. 프로슈머란 기존에 테크놀로지를 사용하는 소비자로서의 개념을 가졌던 사람이 디지털 테크놀로지의 콘텐츠를 직접 생산하고 소비하는 생산자(프로듀서: producer)와 소비자(컨슈머: consumer)의 역할을 동시에 한다는 의미에서 프로듀서와 컨슈머의 조합어를 말한다. 따라서 프로슈머는 미디어를 이용하여 새로운 정보를 받아들이고 자신의 경험이나 생각을 미디어의 형태로 표현할 수 있는 미디어 사용자라고 할 수 있다. 21세기 디지털 시대에 디지털 네이티브인 유아는 미디어라는 새로운 방식의 표현수단을 이용하여 남과 다른 생각 혹은 아이디어를 생산해내고, 이를 소셜 네트워크를 통해 공유함으로써 긍정적인 협력의 경험을 가지게 된다(임은미, 2013). 이는 미래사회 핵심역량과도 연결된다.

2. 유아교사의 직무와 디지털 리터러시

1) 유아교사의 직무

직무란 직제 또는 법령에 정해진 직업상의 사무, 책임을 지고 담당하여 맡아보는 사무로서 작업자가 수행하는 임무(duty)와 일(task)로 구성된다(이종헌, 2005). 직무를 넓은 의미에서 해석하면 어떤 직업에 부과된 일이며, 좁은 의미에서 해석하면 직제 또는 법령에 의해 처리해야 할 사무를 말한다. 하나의 직무는 8~12개 정도의 임무로 되어 있고, 각 임무는 50~200개의 구체적인 일로 나뉜다(장수용, 2006). 교육 분야에서 직무분석은 교사의 책임과 권한 설정, 교사교육을 통한 교사의 질 관리, 교사 업무 분장 및 개선, 교사 평가 및 보상 수준 결정, 교사와 교직원의 적정 배치 등에 활용될 수 있다(김은영, 2005).

유아교사는 유치원 혹은 어린이집이라는 조직 내에서 교육의 목적을 달성하기 위해 자신의 역할을 수행하고(이윤경, 1998), 단순히 유아의 보호적 차원을 넘어서 유아의 발달을 촉진하고, 미래를 준비시킬 수 있는 전문적 지식과 기술을 가진 교수자로서, 상담자로서, 연구자로서 다양한 역할수행이 더 강조되고 있다(김은영, 2005). 유아의 발달적 특징이 복잡하고 다양한 역할을 요구하고 있기 때문에 유아교사에게 기대되는 역할은 초중등교사보다 더 복잡하고 다양한 업무성격을 지닌다(허경아, 2011). 미국유아교육협의회(NAEYC)는 유아교육 전문가에게 요구되는 핵심적 지식과 기술로서 개별 유아에 대한 관찰 및 평가와 더불어 아동발달의 기초 이론에 대한 이해 및 적용, 유아의 안전과 건강한 발달을 이룰 수 있는 학습환경을 구성하는 능력, 발달에 적합한 교육과정을 계획하고 수행하는 능력, 유아와의 지지적 관계 형성 및 적절한 지도와 학급경영능력, 가족과의 지지적이며 생산적인 관계를 형성하는 능력, 개별 유아의 독특성을 지지하면서 유아는 가족과 문화 및 사회 속에서 가장 잘 이해될 수 있음을 인정하는 것, 그리고 유아교육 전문직에 대한 기초적인 이해 및 전문성을 확상시키는 것으로 구분한 바 있다. 허경아(2011)는 유아교사의 직무영역을 연구한 학자들의 구분을 종합하여 〈표 I-2〉와 같이 도출하였다.

〈표 I-2〉 유아교사 직무영역에 관한 연구 종합

<table>
<tr><th>이희경 · 김성수
(2000)</th><th>김현자
(2004)</th><th>박은혜
(2006)</th><th>이정화
(2007)</th><th>허경아
(2011)</th></tr>
<tr><td rowspan="3">교육 및 교수활동</td><td rowspan="5">유아 지도 및 보호</td><td>교수-학습준비</td><td rowspan="5">유아 지도 및 보호</td><td rowspan="5">유아 지도</td></tr>
<tr><td>교수-학습실제</td></tr>
<tr><td>교수-학습평가</td></tr>
<tr><td>보육 및
기본생활지도</td><td rowspan="2">유아 보호</td></tr>
<tr><td>상담 및
정서적 지원</td></tr>
<tr><td rowspan="5">관련 역할</td><td rowspan="3">관계 조성 및 유지</td><td>학부모 관련</td><td rowspan="2">관계 조성 및 유지</td><td rowspan="5">학급경영 및 사무</td></tr>
<tr><td>대인관계 및
사회적 업무</td></tr>
<tr><td>사무</td><td rowspan="3">학급경영 및
담당업무 처리</td></tr>
<tr><td>교실 중심
환경 정비</td><td>시설 설비</td></tr>
<tr><td>행사수행</td><td>행사</td></tr>
<tr><td>연구 및
반성적 실천</td><td>–</td><td>전문성 신장</td><td>전문성 신장</td><td>전문성 개발</td></tr>
</table>

출처: 허경아(2011).

2) 유아교사의 직무와 디지털 리터러시

유아교사의 디지털 리터러시는 디지털 중심의 유아교육환경에서 디지털 기술을 활용하고 유아교육과 관련된 인터넷 정보를 비판적인 시각으로 분석할 수 있으며, 지역 및 교사, 학부모 커뮤니티에 능동적으로 참여하여 의사소통하는 능력을 갖추고 있음으로서 유아를 바람직하게 지도할 수 있는 능력(허경아, 2011)이라고 할 수 있다.

유아교사의 업무를 빠르고 효율적으로 수행할 수 있도록 도와주는 디지털 리터러시는 직무에 대해 긍정적인 태도를 가지게 할 뿐만 아니라 직무 성과에도 긍정적인 영향을 미친다(박성열 · 남민우, 2004; 허경아 · 정정희, 2012). 유아교사는 기존의 전통적인 교수방법에서 사용하던 자원 외에도 디지털 자료나 교육용 애플리케이션 등의 다양한 교육자원을 활용할 수 있다. 교직을 수행해 나갈 수 있는 능력을 갖추었다고 인식하는 경향이 높은 교사는 첨단 기술 활용에 필요한 지식 및 기술을 습득하고 개발하기 위해 노력할 뿐만 아니라 수업 운영에 최신 교수-학습 방법을 활용하는 경향을 나타낸다(김의성, 2013; 박희영, 2014). 유아교사로서 자신이 수행하고 있는 직무가 자신의 적성이나 지향 가치에 부합한다고 인식하는 교사일수록 새로운 기술을 활용한 다양한 교육방식을 수용할 가능성이 크다. 이와 관련해 허경아와 정정희(2012)는 유아교사의 디지털 리터러시는 직무수행에 필수적인 역량으로 인식되고 있음을 강조하고 있다. 이러한 주장은 유아교사로서 담당해야 할 직무와 개인의 적합성이 디지털 리터러시의 선행요인이 될 수 있음을 시사한다. 또한, 교직 적성과 직무 성과 간 정적 상관이 있다는 점을 고려한다면 유아교사로서 자신의 능력이 유아교사 직무에 적합하다고 인식하는 개인-직무 적합성을 통해 유아교사의 디지털 리터러시를 예측해 볼 수 있겠다. 허경아(2011)는 유아교사의 디지털 리터러시 활용은 직무수행 활동 전반에 걸쳐 이루어져야 한다는 전제하에 유아교사 직무영역에서 유아교사가 수행하는 디지털 리터러시 관련 주요 업무를 하위영역으로 구체적으로 분류하였다.

〈표 I-3〉 유아교사의 디지털 리터러시 하위영역과 지표

하위영역	지표
컴퓨터 리터러시	• 유아교육기관 컴퓨터의 기본적인 관리능력 • 윈도우 기본 프로그램 활용능력 • 업무 문서 작성을 위한 워드 프로세서 활용능력 • 유아수업자료 제작을 위한 파워포인트 활용능력 • 유치원 업무 수행을 위한 엑셀 활용능력 • 디지털카메라 등 기본 매체의 활용능력
정보 리터러시	• 유아 수업자료 검색을 위한 정보 검색능력 • 유아 수업자료 제작을 위한 유틸리티 활용능력 • 유아를 위한 정보 안전교육 능력 • 검색한 정보에 대한 올바른 판단과 재구성 능력
지식 리터러시	• 유아학습 관련 자료 공유를 위한 블로그 및 카페 운영능력 • 유아교육 관련 커뮤니티 정보를 활용한 새로운 지식의 창출능력 • 커뮤니티를 통한 교사 및 학부모와의 의견 교환 및 정보 공유능력 • 유아교육기관의 정보 게재 능력

출처: 허경아(2011).

Tip. 유아교사 디지털 리터러시 진단도구

*1점: 전혀 그렇지 않다　2점: 그렇지 않다　3점: 보통이다　4점: 그렇다　5점: 매우 그렇다

번호	내용	나의 점수*
1	학급문서의 여백(위, 아래, 오른쪽, 왼쪽)을 알맞게 조정할 수 있다.	
2	원아모집 홍보물을 가정에 발송하기 위해 주소라벨을 만들 수 있다.	
3	유치원 홍보를 위한 소식지 혹은 학급신문을 만들 수 있다.	
4	문서에 특정 단어를 지정된 단어로 모두 검색해 바꿀 수 있다.	
5	엑셀 프로그램을 자유롭게 사용할 수 있다(예: 오름차순 또는 내림차순 정렬, 자동합계 기능 등).	
6	엑셀 프로그램으로 유치원 예산요구서 양식에 맞추어 필요한 정보를 입력하고 출력할 수 있다.	
7	회계업무를 위해 윈도우 보조프로그램인 계산기 기능을 이용할 수 있다.	
8	공문서 발송을 위해 파일을 압축하고 해제할 수 있다.	
9	유치원 내 교사용 컴퓨터의 파일과 폴더를 공유할 수 있다.	
10	업무용 컴퓨터에 우리 반 폴더를 만들어 관련 파일들을 따로 관리할 수 있다.	

번호	내용	나의 점수*
11	파워포인트로 만든 오리엔테이션 자료를 프레젠테이션하기 위해 빔프로젝터를 사용할 수 있다.	
12	파워포인트에서 디자인 서식을 사용해 유치원 소개 자료를 만들 수 있다.	
13	하드웨어와 소프트웨어에 문제가 있는지 시스템 진단도구를 사용하여 검사할 수 있다.	
14	교육용 소프트웨어를 연령에 맞게 선택하고 평가할 수 있다.	
15	유아생활지도를 위해 한글이나 파워포인트로 그림카드를 만들어 수업에 활용할 수 있다.	
16	컴퓨터 바탕화면을 학급의 유아 사진으로 꾸밀 수 있다.	
17	유아관찰일지를 작성하고 날짜별로 구분해 파일을 보관할 수 있다.	
18	윈도우 녹음기 기능을 이용해 동화구연이나 노래를 녹음할 수 있다.	
19	인터넷상의 텍스트 정보를 가로 혹은 세로로 지정하여 출력할 수 있다.	
20	동료 장학을 위해 동료 교사의 수업 장면을 동영상으로 촬영할 수 있다.	
21	웹 이미지를 활용하기 위해 무료 화면 캡처 프로그램을 검색해 보고 지시한 순서에 맞게 설치할 수 있다.	
22	컴퓨터 범죄 유형을 알고 유아들에게 정보 안전교육을 실시할 수 있다.	
23	유아 생일카드를 만들기 위해 인터넷으로 클립아트나 이미지 검색이 가능하다.	
24	유아의 동요 감상을 위해 적합한 미디어플레이어를 검색할 수 있다.	
25	유아 수업에 플래시 동화나 동영상을 보여 줄 수 있는 프로그램 문제가 발생했을 때 이를 검색해 해결할 수 있다.	
26	컴퓨터 바이러스나 악성코드의 감염 증상을 알고 필요한 유틸리티를 다운로드받을 수 있다.	
27	인터넷에서 사용하는 언어의 적합성을 유아 수준에 맞는지 판단할 수 있다.	
28	유아를 유해 정보로부터 보호하기 위해 유해 정보 차단 프로그램들을 찾아서 장단점을 비교할 수 있다.	
29	유아 작품을 디지털카메라로 촬영하여 블로그 혹은 미니홈피에 게시할 수 있다.	
30	블로그나 미니홈피에 글, 그림, 자료를 사용할 때 반드시 저자나 출처를 밝힌다.	
31	유아들이 선호하는 사이트를 즐겨찾기에 등록하여 간편하게 이용하도록 할 수 있다.	
32	유아교육 관련 사이트를 블로그나 미니홈피에 링크시킬 수 있다.	
33	유아자료 검색에 적합한 주제어와 키워드를 선정할 수 있다.	
34	필요한 동요파일을 구입하거나 무료로 다운로드받기 위해 검색할 수 있다.	
35	현장학습이나 박물관 견학을 위해 관련 사이트를 검색해 유아에게 소개할 수 있다.	
36	유아수업에 필요한 유틸리티(컴퓨터 이용에 도움이 되는 각종 소프트웨어)를 검색해 도움말을 보며 설치할 수 있다.	

번호	내용	나의 점수*
37	온라인 자료검색을 위해 국회도서관 등 전자도서관을 활용할 수 있다.	
38	온라인 도서관에서 검색된 자료를 연도별로 정렬할 수 있다.	
39	지역도서관 홈페이지를 통해 교육자료를 검색 · 대출 예약 서비스 등을 이용할 수 있다.	
40	학습자료 검색을 위해 온라인 백과사전을 활용할 수 있다.	
41	유아학습 관련 자료들을 홈페이지나 커뮤니티에 주제별로 분류해 정리할 수 있다.	
42	원격연수에서 교수자 혹은 동료 교사와 질의응답 및 의견교환이 가능하다.	
43	커뮤니티에 게시된 정보를 유치원 카페 혹은 나의 블로그에 가져올 수 있다.	
44	유아교육 지식습득을 위해 어떤 커뮤니티가 적합한지 결정할 수 있다.	
45	유아교육 관련 커뮤니티에 게시된 정보의 출처를 알아보고 상업적 목적인 자료를 구분할 수 있다.	
46	교사 간 자료 공유를 위해 새로운 커뮤니티를 웹상에 개설할 수 있다.	
47	커뮤니티에 게시된 정보가 사실인지, 제공자의 관점인지, 의견인지 구분할 수 있다.	
48	유아교육 정보가 있는 커뮤니티를 적합한 주제어로 검색할 수 있다.	
49	동화책을 스캔하여 커뮤니티에서 디지털 파일을 공유할 수 있다.	
50	커뮤니티에서 타인의 의견을 요청할 때 나의 의견을 댓글로 제시하여 상호작용할 수 있다.	
51	교사 커뮤니티에서 다양한 수업방법에 관한 정보를 공유할 수 있다.	
52	커뮤니티 멤버를 아이디 혹은 별명으로 인식할 수 있다.	
53	커뮤니티에서 실시간 채팅 기능을 이용하여 온라인 대화를 할 수 있다.	
54	블로그와 온라인 커뮤니티의 차이점을 이해할 수 있다.	
55	커뮤니티에서 파일을 공유할 때 저작권에 위배되지 않는지 판단할 수 있다.	
56	커뮤니티 회원 간에 쪽지나 메일로 의견교환을 할 수 있다.	
57	퍼스나콘(블로그나 카페 등 인터넷상에서 글을 올릴 때 글쓴이 이름 옆에 붙어 있는 사진이나 그림을 말함)이나 특정 폰트를 사용하여 블로그나 커뮤니티에서 자신의 개성을 나타낼 수 있다.	
58	1인 1과제 혹은 개인 연구 등 자기장학계획을 수립할 수 있다.	
59	커뮤니티의 정보를 활용하고 나의 아이디어를 첨가해 새로운 지식으로 창출할 수 있다.	
60	커뮤니티에 게시하는 정보의 내용에 따라 공개범위를 제한할 수 있다.	
61	커뮤니티에서 자신의 실명이나 ID로 행한 행동에 대해 책임을 질 수 있다.	
62	수업참관보고서를 교사 커뮤니티(카페)에 올리고 공유할 수 있다.	
63	커뮤니티에 올려진 교육계획안에 대해 댓글로 평가 혹은 피드백을 남겨 놓을 수 있다.	

Chapter 03.

유아교육에서의 디지털 미디어 활용

1. 교수 매체의 개념

인간관계에서 소통은 가장 본질적이고 근원적이다. 소통을 통해 서로 교류하고, 공감하고, 협력하며 사회를 만들어 가기 때문이다. 우리는 이러한 소통을 위해 여러 종류의 매체를 사용한다. 매체를 뜻하는 '미디어(media)'는 라틴어로 '무엇과 무엇의 사이(between)'의 의미에서 유래되었으며, 의사소통 과정에서 필요한 정보를 보다 효과적이고 효율적으로 전달하기 위한 도구로서의 매체에는 인쇄 매체, 시각 · 청각 및 동영상 매체, 모형 등이 포괄적으로 포함된다.

교실에서의 교수-학습, 즉 수업의 과정은 교수자와 학습자, 그리고 학습자와 학습자 간의 의사소통 과정이다. 의사소통 과정으로서 교사는 학습내용이라는 메시지를 학생들에게 전달한다. 교수 매체(instructional media)는 이러한 교수-학습과정을 촉진하고 보조하기 위해 매체로 활용되는 도구를 의미한다. 지금까지 교수 매체는 실물, 모형, 책, 라디오 컴퓨터 등의 하드웨어(hardware)와 이를 이용하여 제작한 교수 자료를 포함하는 개념이었다. 하지만 최근에는 이러한 협의의 개념에서 확장되어 교수-학습환경을 창출하고, 학습방법과 통합되어 학습에 영향을 미치는 도구이자 교육환경 자체로 이해하는 방향으로 그 범위가 확장되고 있다(박성익 외, 2012). 일반적으로 교수자료는 교사가 수업을 이끌어 가기 위해 교사가 준비하는 모든 자료를 말하고, 교수 매체라 하면 교수자료를 활용하기 위하여 필요한 모든 기기와 사물을 포함하는 넓은 개념이다. 또한, 교수 매체는 유아가 사용할 수 있는 교구 및 장난감과 교사만이 활용할 수 있는 교수자료를 모두 포괄한다고 구분할 수 있다(임부연 · 어린이심미교육연구회, 2017).

권성호(1990)는 교수 매체가 가지는 교육적인 기능을 〈표 I-4〉와 같이 네 가지로 분류하였다. 종합하면 교수 매체는 학습효과의 증진을 가져오며, 수업의 효율적 운영을 지원하고, 학습자의 인지적 사고력 및 표현력을 향상시키는 데 도움을 주고, 매체의 독특한 특성을 통해 새로운 형태의 교수-학습이 이루어지도록 하는 교육적 이점을 제공한다(임철일 · 임정훈 · 이동주, 2011).

〈표 I-4〉 교수 매체의 교육적 기능

교육적 기능	설명
① 매개적 보조 기능	학습자의 주의집중과 동기유발에 도움을 주는 기능
② 정보 전달 기능	교수-학습정보를 보다 효율적 · 효과적으로 전달하는 기능
③ 학습경험 구성 기능	매체 자체가 학습자 스스로 학습경험을 구성할 수 있도록 지원하는 기능
④ 교수 기능	학습자의 인지적 사고를 촉진시킬 수 있는 학습 프로그램의 기능

출처: 권성호(1990); 임철일 · 임정훈 · 이동주(2011)에서 재인용.

2. 교수 매체의 분류와 활용

1) 교수 매체의 분류: 데일의 경험의 원추(Cone of Experience)

1900년대 초기부터 여러 학자들은 교수-학습과정에 활용될 수 있는 매체를 다양한 준거에 따라 분류해 왔다. 매체 분류의 목적은 매체의 특성에 대한 이해를 돕고, 나아가 교수-학습과정에서 적절한 매체를 선정하기 위해 필요한 판단기준을 제시하여 실천에 도움을 주기 위함이라고 할 수 있다.

데일(Dale)은 1946년 '경험의 원추(Cone of Experience)'라는 매체분류모형을 구안하였다. 경험의 원추는 학습자의 경험이 직접적인 행동에의 참여에서부터 시작하여, 실제적인 사건이나 매체가 중재된 사건의 관찰, 그리고 최종적으로 상징을 통한 학습의 순서로 이루어져 있다. 경험의 원추는 교수-학습과정에서 의사소통을 위해 단 하나의 매체를 다른 매체와 완전히 분리하여 활용하고 있지 않으며, 학습자의 경험을 풍부하게 해 주기 위해 다양한 교수 매체를 활용해야 한다는 교수-학습의 원리를 제시하고 있다. 이 모형은 브루너(Bruner)의 지식의 세 가지 표상 형식, 즉 행동적 경험에 의한 학습(행동적 단계), 관찰을 통한 학습(영상적 단계), 추상을 통한 학습(상징적 단계)과도 상당한 유사성을 지닌다. 다음의 〈표 I-5〉는 경험의 원추가 포함하고 있는 각 수준의 매체 내용 및 특징에 대해 요약하여 제시한다.

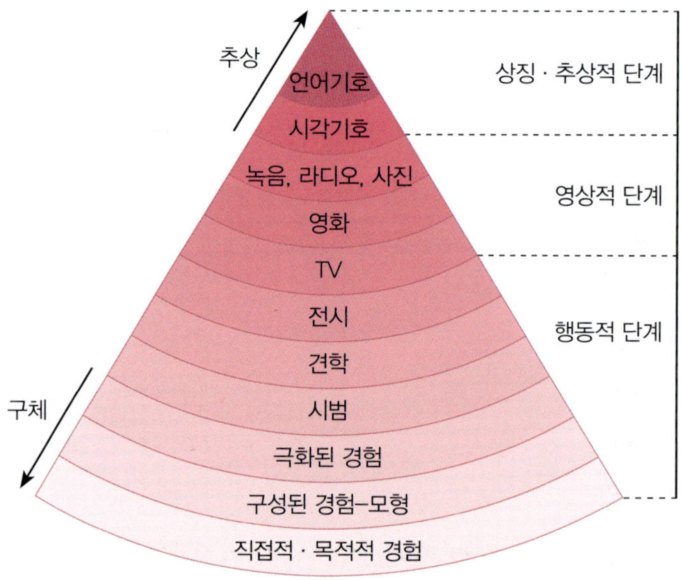

[그림 I-5] 데일(Dale)의 '경험의 원추'와 학습의 세 가지 유형

〈표 I-5〉 데일(Dale)의 경험의 원추가 제시하는 각 매체를 통한 학습의 내용 및 특징

학습유형	경험의 원추의 띠	내용 및 특징
행동적 경험 (Enactive Experience)	직접적 · 목적적 경험	• 직접적인 행위를 통한 학습 • 학습의 근간을 구성 • 풍부하고 생생한 감각적 경험
	구성된 경험	• 모형, 모의상황 • 직접 경험의 물리적 제한점을 극복 • 현실보다 단순화된 상황이 이해를 도움 • 주요 사항에 주목할 수 있음
	극화된 경험	• 연극, 역할극, 시뮬레이션 • 시간의 제한점을 극복 • 실제적 형태로 아이디어나 상황을 직접적으로 경험할 수 있음 • 단순화된 상황으로 중요하지 않거나 혼란스러운 요소를 제거할 수 있어 학습에 도움을 줄 수 있음
영상적 경험 (Iconic Experience)	시범	• 중요 사실, 아이디어, 절차에 대한 시각화된 설명 • 사진, 그림, 필름 등을 사용하기도 함 • 정확한 관찰이 요구됨 • 시범 후 직접적인 경험을 학생에게 요구함
	견학	• 소풍, 방문 탐험 • 관찰한 행위를 수행할 것을 학생에게 요구함 • 사람들의 실제 행위를 실제 상황에서 관찰 • 관찰한 행위를 평가함
	전시	• 기성 전시(ready-made-exhibit)와 학습자 기획 전시 • 관찰과 참여가 함께 이루어질 수 있음
	TV와 영화	• 시간과 장소를 압축하여 제시 가능 • 불필요하거나 중요하지 않은 것을 제거하고 선택한 주요 포인트에 집중할 수 있음 • 상황의 순서를 의도적으로 조직하여 제시 가능 • 과거의 상황을 재구성할 수 있음
	사진, 그림, 라디오, 녹음	• 글을 읽지 못하는 학습자에게도 메시지가 전달됨 • 프로젝터, 재생기기 등이 필요 • TV, 영화보다는 간접적인 경험을 제공 • 그림이 사진보다 더 효과적일 때가 있음(사진이 너무 많은 아이디어, 관련이 없거나 오히려 주의를 분산시키는 자료를 담는 경우) • 라디오와 녹음: 원격 학습자에게 대량생산한 메시지를 제공 가능
상징적 경험 (Symbolic Experience)	시각 기호	• 칠판 판서를 통한 의사소통, 지도, 도표, 도식 • 매우 추상화된 표상 • 상징적 요소가 매우 많이 포함됨
	언어 기호	• 단어, 아이디어, 과학적 원리, 공식, 도덕적 원리, 경험의 상징적 표상 • 시각적 단서를 거의 포함하지 않음 • 구어와 문어

출처: 박성익 외(2012).

2) 매체 선정 및 활용 모형: ASSURE 모형

매체의 선정과 활용을 위한 설계 절차를 설명하는 모형 중 가장 널리 교육 현장에서 활용되고 있는 것 중 하나가 하인니히와 동료들(Heinich, Molenda, Russell, & Smaldino, 2002)이 고안한 ASSURE 모형이다. 이 모형은 교수자가 수업을 계획하고 수행하면서 활용할 수 있도록 수업 상황 설계를 전제로 개발되었다. 특히, ASSURE 모형은 교수 매체를 활용하는 수업을 설계할 때 매체의 유형에 관계없이 매체를 활용한 수업에 적용할 수 있는 실제적이고 실천적인 모형으로 평가된다. ASSURE라는 명칭은 모형의 여섯 단계인 교수설계활동의 앞 글자를 딴 것이면서, 이를 합치면 '보장하다(assure)'라는 의미의 영어 단어가 되는데, 이 모형을 적용하여 효과적인 수업을 보장한다는 중의적 의미로도 해석된다. ASSURE 모형의 각 단계와 구체적인 설계활동은 다음과 같다.

A	S	S	U	R	E
학습자 분석	목표 진술	매체와 자료의 선정	매체와 자료의 활용	학습자 참여 유도	평가와 수정
Analyze Learners	State objectives	Select media and materials	Utilize Media and Materials	Require learner participation	Evaluate and revise materials

[그림 I-6] ASSURE 모형

(1) 학습자 분석(Analyze Learners)

가장 먼저 할 일은 유아의 전반적인 특성을 파악하는 것이다. 이 단계에서 교사는 유아의 일반적 특성, 주제에 대한 구체적 출발점 행동, 학습양식 등 유아의 수준과 흥미, 배경 등을 파악한다. 일반적 특성이란 유아의 연령이나 흥미, 유아의 사회문화적 배경, 신체적 · 정서적 특징을 의미한다. 출발점 능력이란 일종의 선수학습 정도를 의미하며, 유아가 현재 가지고 있거나 부족한 지식과 기능은 무엇인지, 또한 학습주제에 대한 오개념은 없는지 살펴봐야 한다. 학습양식은 유아의 불안 수준, 적성, 시각적 혹은 청각적 선호도, 동기 등 심리적 요소를 고려하는 것이다. 이러한 학습자 분석은 유아가 참여할 학습활동의 목표 수준이나 매체의 종류 및 제시방법의 선정, 동기유발방법을 결정하는 데 도움이 된다.

(2) 목표 진술(State objectives)

학습주제에 따라 학습자를 주어로 하는 행동동사로 수업의 목표를 진술하고, 구체적인 학습의 결과(행동조건, 달성 여부를 측정할 상황 제시, 도착점 행동)를 명시하는 것이다. 즉, 학습자 분석 단계에서는 새로운 주제에 대한 학습을 시작할 수 있는 시작점인 '출발점 행동'을 분석했다면, 여기서는 유아가 이번 학습을 통해 얻게 되는 새로운 지식, 기술, 태도인 '도착점 행동'을 구체적으로 설정하는 것이다. 수업목표는 교수방법, 매체, 자료의 선정 및 평가를 위한 기초가 된다.

(3) 매체와 자료의 선정(Select media and materiuls)

이 단계에서는 시작점(학습자의 지식, 기능, 태도)과 끝점(학습목표)과의 연결을 위해 적절한 수업방법과 매체를 선택하고 실행하기 위한 자료를 결정한다. 가용한 자원을 선정하고, 기존 매체와 자료가 존재할 때 필요한 경우 수정하거나 새로운 자료를 설계한다. 특정 매체의 질을 체계적으로 판단하기 위해 다음과 같이 일반적인 자료 선택의 기준을 활용할 수 있다.

① 자료가 교육과정과 일치하는가?
② 자료가 정확하고 최신의 것인가?
③ 자료가 분명하고, 정확한 언어를 사용하고 있는가?
④ 자료가 흥미를 유발하고 유지시키는가?
⑤ 자료가 학습자의 참여를 유발하는가?
⑥ 기술적 품질은 좋은가?
⑦ 자료의 효과성에 대한 증거는 있는가?

⑧ 의도적인 편견이나 상업광고적인 성격은 없는가?
⑨ 사용자 안내문이 포함되어 있는가?

(4) 매체와 자료 활용(Utilize Media and Materials)

수업에 활용한 매체와 자료를 선정한 다음에는 이를 활용하기 위한 수업을 계획한다. 매체와 자료를 사전에 검토하고, 자료를 준비하고, 환경을 준비하고, 학습자를 준비시키고, 학습경험을 제공한다.

❶ 사전검토

수업에 활용할 자료를 정했다면 실제 수업에서 활용하기 전에 해당 자료를 미리 확인해야 한다. 교사가 스스로 자료를 미리 보고 전체적인 내용을 이해해야 자료를 효과적으로 활용할 수 있다. 예를 들어, 예기치 않은 비디오 장면(비교육적 내용, 상업광고 등)은 없는지, 그래픽이나 화면의 질이 조잡하지 않은지 등을 점검한다.

❷ 자료 준비하기

교사가 계획하는 수업활동(대 · 소집단 활동)을 위해 필요한 매체와 자료를 준비하고, 어떤 순서와 방법으로 자료나 매체를 사용할 것인지도 결정한다. 유아에게 실제로 자료를 제시하기에 앞서 필요한 기자재를 시범적으로 다루어 보고 연습해 본다. 이렇게 함으로써 교사는 보다 여유 있고 익숙하게 수업활동을 전개해 나갈 수 있고 유아에게 학습경험에 대한 신뢰감을 줄 수 있다(유혜령 · 강은희 · 박지영, 2019). 수업에 필요한 자료와 기자재 목록도 함께 작성한다.

❸ 환경 준비하기

수업하려는 장소가 매체를 사용하기에 적절한 환경인지를 살펴본다. 필요한 전원이나 스위치가 있는지, 적당한 조명과 암막시설이 있는지, 사용할 매체가 갖추어져 있는지를 점검한다. 유아들이 사용할 기자재 작동 점검, 모든 유아가 잘 보고 들을 수 있도록 자리를 배열한다.

❹ 학습자 준비시키기

유아에게 수업에 대한 기대감과 동기를 갖게 할 필요가 있다. 수업내용에 대한 전반적인 개요를 소개하거나 학습목표를 알려 주거나, 수업에서 집중해야 할 내용 등을 안내한다.

❺ 학습경험 제공하기

매체를 활용하여 수업을 진행한다. 자료가 교사 중심형일 경우 강의와 같은 방법으로 자료를 제시한다. 자료가 학습자 중심형(인터넷)일 경우, 유아가 인터넷을 활용하여 주제를 탐구하고 토론하는 것을 돕게 된다.

(5) 학습자 참여 유도(Require learner participation)

효과적인 학습활동을 위해 유아의 능동적인 참여를 요구한다. 유아의 참여를 유도하는 방법은 학습내용과 관련된 놀이와 관찰의 기회를 주거나, 질문을 하는 등의 형식적 방법과 교사가 유아의 표정이나 학습에의 참여도를 관찰하여 판단하는 비형식적 방법이 있다. 이때 유아의 특성과 학습내용의 성격, 교실 분위기, 활용 가능 시간 등 여러 요인을 고려하여 교사의 재량에 따라 방법을 결정할 수 있다(유혜령 외, 2019). 수업 중, 수업 후 활동을 계획한다.

(6) 평가와 수정(Evaluate and revise materials)

수업이 끝난 후 수업의 효과와 영향에 대한 평가를 실시해야 한다. 수업목표를 달성했는지, 수업방법이 적절했는지, 매체가 목표 달성에 도움을 주었는지, 학급의 모든 유아가 자료를 적절하게 활용할 수 있었는지 등 수업방법과 교수 매체에 대한 평가도 포함된다. 의도와 실제 행해진 것 사이에 불일치가 있을 경우 수정·보완하여, 다음 수업계획에 참고하여 보다 효과적인 방법으로 교수 매체를 활용할 수 있도록 한다.

〈표 I-6〉 ASSURE 모형 적용 유아안전교육 설계 사례

<table>
<tr><th>구분</th><th>단계</th><th colspan="2">내용</th></tr>
<tr><td rowspan="4">수업 전
(Plan)</td><td>A
학습자 분석</td><td colspan="2">• 학급 유아에 대한 유아안전교육 실행 수준 확인(3~5세 누리과정)
• 유아교육기관 학습환경 분석
• 유아의 안전에 대한 사전지식 분석 및 사전경험 조사
• 선행연구를 통한 동화에 대한 유아의 흥미와 안전교육에 관한 교육적 효과</td></tr>
<tr><td>S
목표진술</td><td colspan="2">• 동화 활용 유아안전교육 교육내용에 따른 대상, 행동, 조건, 준거를 포함한 학습목표 진술</td></tr>
<tr><td rowspan="2">S
매체 및
자료선정</td><td>매체 및
자료선정</td><td>• 유아안전교육을 위한 콘텐츠(동화) 선정
• 동화의 유아안전교육의 적합성 검토
• 유아안전교육 동화 자료 준비</td></tr>
<tr><td>방법 및
활동 선정</td><td>• 동화 활용 유아안전교육의 교육방법 선정
– 이야기 나누기, 게임, 음률, 신체, 동극 등</td></tr>
<tr><td rowspan="2">수업 중
(Do)</td><td>U
매체 및
자료 활용</td><td colspan="2">• 동화를 잘 보고 들을 수 있는 학습 분위기 조성
• 동화 활용 유아안전교육 수업 실행</td></tr>
<tr><td>R
학습자
참여 유도</td><td colspan="2">• 동화에서 전달하는 안전내용 피드백 기회 제공
– 자유선택활동, 실외활동, 생활안전교육 시간 등</td></tr>
<tr><td>수업 후
(Reflection)</td><td>E
평가와
수정</td><td colspan="2">• 동화 활용 유아안전교육 수업목표 달성 평가
– 안전에 대한 관심, 내용, 개념, 안전문제해결 능력에 대한 평가도구를 활용하여 목표 달성 평가
• 동화 활용 유아안전교육 자료 및 매체, 교수방법 평가
– 수업 준비, 교수자료에 대한 평가도구를 활용하여 교사 평가
• 동화 활용 유아안전교육 프로그램 평가</td></tr>
</table>

출처: 신경진(2018).

3. 디지털 미디어와 유아교육

매체는 전달하는 데이터의 성질에 따라 아날로그 매체와 디지털 매체로 구분할 수 있다(박성익 외, 2012). 디지털 매체(Digital Media)는 디지털 코드를 기반으로 동작하는 전자매체를 말하며(위키피디아, 2019년 8월 1일 검색), 보통 컴퓨터를 기

반으로 하는 모든 매체를 일컫는다. 컴퓨터, 디지털카메라, 인터넷 등 최근에 주로 사용하는 미디어들은 대부분 컴퓨터를 통해 자료의 저장과 제작이 이루어지므로 디지털 매체에 속한다고 볼 수 있다.

최근의 교수 매체는 첨단 IT기술의 융복합화가 가속화되면서 단일상징체계(시각, 청각 등)를 활용하는 유형에서 벗어나 복합적 형태를 띠는 디지털 교수 매체의 제작과 활용이 두드러진다. 즉, 소리 자료로만 구성된 것이 아닌 소리와 그림을 동시에 활용하여 제작하거나, 텍스트만이 아닌 텍스트와 그림이 함께 제공되는 형태이면서, 컴퓨터와 온라인상에서 교수자와 학습자가 편집하고 저장하는 것이 자유로운 디지털 교수 매체가 강조되고 있다.

이는 하인니히와 동료들(Heinich et al., 2002)이 매체와 테크놀로지에서 주된 경향은 매체의 형태가 통합되는 것이라고 말한 것과 맥을 같이 한다. 1950년대에 일반적으로 매체는 개별적인 것들로서 멀티미디어라는 이름으로 함께 사용되는 정도였으나, 컴퓨터의 등장으로 이 다양한 매체의 표현방법이 디지털로 바뀌게 되었고, 1980년대에 접어들면서 컴퓨터가 분리되어 있던 매체들을 결합하기 시작하였다.

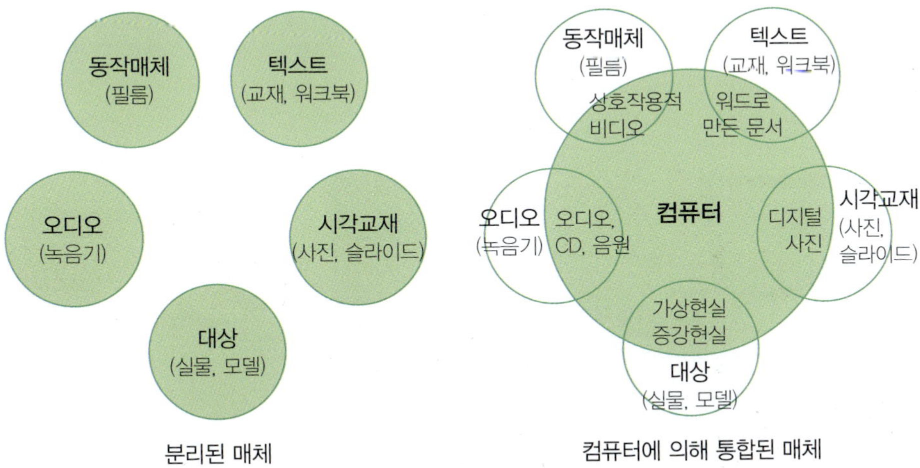

[그림 I-7] 매체와 테크놀로지 통합 트렌드

출처: Heinich et al.(2002).

교사는 이러한 디지털 교수 매체에 관심을 가지고, 유아의 발달에 적합한 교수 매체를 선정하고 제작 · 활용할 수 있어야 한다. 이 절에서는 김창숙과 이선혜(2019)에 소개된 자유놀이에서 활용 가능한 스마트 미디어 기기의 예를 중심으로 디지털 미디어의 종류를 알아본다. 디지털 미디어의 특성상 한 가지의 미디어만 활용하는 것이 아니라 컴퓨터와 빔프로젝터, 전자현미경과 태블릿 PC를 함께 활용하는 등 디지털 자료를 공유하기 위해 2개 이상의 미디어 기기를 활용하는 것이 특징이다.

1) 컴퓨터, 노트북, 스마트 패드(태블릿 PC)

예전부터 유아교육기관에서 교수 매체로 사용해 온 컴퓨터는 유아와 가장 친밀한 디지털 미디어이다. 컴퓨터는 텍스트, 오디오, 동영상, 그래픽 등을 포함한 멀티미디어 정보를 제공하며, 유아가 정보를 스스로 탐색할 수 있는 상호작용성을 지닌다. 기본적으로 컴퓨터는 하이퍼링크 기능을 통해 유아가 원하는 인터넷 정보를 검색하여 얻거나, 원하는 순서대로 정보를 탐색하는 것이 가능하다.

무선 인터넷 기술은 컴퓨터를 장소에 고정하지 않고 어디에서든지 사용할 수 있게 하면서 컴퓨터 활용의 확장을 가져왔다. 스마트 패드로 불리는 태블릿 PC는 연

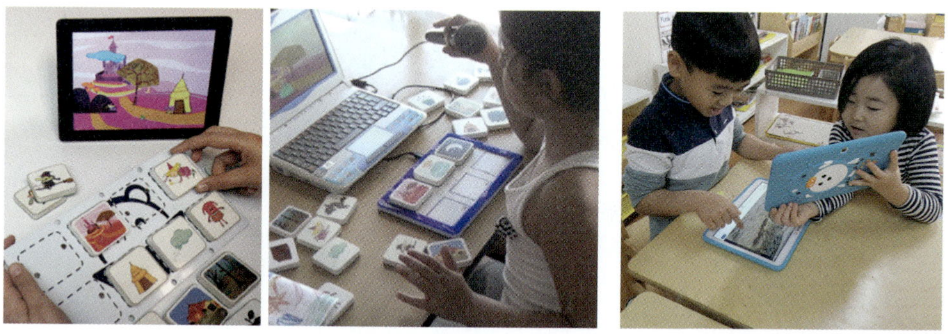

컴퓨터와 태블릿 PC에서 디지털 스토리텔링 활동을 하는 유아

미술 영역에서 태블릿 PC로 악어의 생김새를 보고 있는 유아

[그림 I-8] 스마트 패드 활용 예

령과 관계없이 누리과정 활동 영역에서 고루 활용되고 있다. 스마트 패드에서 구동되는 학습 애플리케이션(앱)을 통해 이야기를 듣고 글을 쓰고 읽는 언어활동, 미술활동, 탐구활동, 증강현실(AR)과 가상현실(VR)기술을 적용한 학습경험을 지원한다. 뿐만 아니라, 인터넷을 통한 검색 활동과 내장된 카메라로 유아 스스로 놀이 과정을 저장하고 전송하면서 놀이 속에서 자연스럽게 미디어 매체 특성을 이해하고 목적에 따라 적절하게 활용하는 방법을 익히게 된다.

2) 디지털카메라, 웹캠

디지털카메라는 유아와 교사 모두 쉽게 접근할 수 있는 기록 매체이면서 교수 매체이다. 디지털카메라의 결과물인 사진은 기억 회상을 돕는 단서로서 기억능력이 성인에 비해 정교하지 않은 유아들에게 매우 효과적이다. 유아가 직접 촬영한 사진은 당시의 사진 속 상황을 상세히 기억하고 자신의 느낌이나 생각을 표현하는 데 유용하게 활용된다(이수영, 2012). 예를 들어, 가정과 연계하여 학급 SNS를 통해 유아가 주말 동안 일상생활을 하면서 직접 찍은 사진을 공유하고, 이를 주말 지낸 이야기 나누기 활동에 활용하면 유아의 경험에 대한 회상을 지원하고 언어표현력을 촉진할 수 있다(이정, 2019).

웹캠(Webcam)은 웹(Web)과 카메라(camera)의 합성어로, 인터넷상에서 사용하거나 서비스되는 인터넷 캠코더를 말한다. 유아는 본인과 친구들의 모습을 찍고 화면에 출력되는 것에 재미를 느낀다. 본인의 활동을 캡처하거나 카메라 감독이 되어 친구들의 활동 모습을 촬영하고, 이를 빔프로젝터에 송출함으로써 스크린과 같은 큰 화면으로 교실 환경의 일부분으로 구성하기도 한다. 다른 활동을 하는 친구들이 관객이 되고, 그들의 이야기를 가지고 놀이활동이 확장되기도 한다(김창숙 · 이선혜, 2019).

또한, 사진은 유아교육 현장에서 유아의 발달과 교육적 변화를 볼 수 있는 매체이다. 유아의 변화를 기록하고, 드러내어 볼 수 있고, 그 변화의 과정에서 단순한 기록자료를 넘어서 보다 폭넓고 다양하게 활용될 수 있는 교수 매체이다. 유아의 놀이과정과 학습경험 등 학습의 전반적인 부분을 기록하고 평가할 수 있을 뿐만 아니라 교사 자신의 교수방법을 평가할 수 있어 교사 자가평가에도 활용된다(김경철 · 박현진, 2005). 개정 누리과정에서 강조하고 있는 유아의 놀이를 들여다보고 기록하고, 의미를 해석하는 데 유용한 수집도구로 활용될 수 있다.

[그림 I-9] 유아가 직접 찍은 사진으로 주말지낸 이야기 나누기 활동과 후속 미술활동의 예

출처: 이정(2018).

3) 전자현미경

전자현미경은 물체를 비출 때 빛 대신 음극선을 사용하여 물질의 작은 구조를 관찰하는 데 이용되는 매체이다. 처음 전자현미경을 접하면 보통 유아들은 자신의 신체에 현미경 렌즈를 대어 보고 탐색하면서 신체 일부분이 나의 눈으로 보이는 것과 다르게 화면 속에 전송되는 것에 흥미를 느끼고, 친구와 서로 교환하여 관찰하면서 나에 대한 관심과 함께 매체에 대한 흥미도 증가하게 된다(김창숙 · 이선혜, 2019). 이에 확장하면 전자현미경으로 주변의 다양한 자연물과 구체물 등을 확대해 보면서 눈에 보이지 않던 세계에 흥미를 느끼고 지속적인 관찰과 탐구능력을 기를 수 있다. 최근에는 모바일 기기에 장착 가능한 USB형 현미경을 저렴한 가격으로 구매 가능해 유아교육기관에서 탐구도구로 많이 활용되고 있다. 스마트폰과 같은 모바일 기기에 디지털 현미경 렌즈를 장착하고, 이를 무선으로 빔프로젝터에 송출하면 대집단 활동으로도 활용 가능하다.

USB형 전자현미경

현미경으로 입속 세균을 관찰하는 장면

유아가 현미경으로 나뭇잎을 확대하여 관찰하고 있는 장면

[그림 I-10] 전자현미경 활용의 예

출처: 키드키즈 매거진.

4) 빔프로젝터

빔프로젝터는 빛을 이용하여 동영상 이미지나 문서, 그래픽을 스크린에 비추는 매체이다. 빔프로젝터로 투사되는 이미지나 동영상은 환경에 대한 실제적인 느낌과 심미감을 제공하며, 재료를 통해 구성하기 어려웠던 다양한 배경을 제공할 수 있으며, 그 상황 속에 유아가 직접 있는 것 같은 착각을 줄 만큼 유아에게 큰 몰입감을 준다(김창숙 · 이선혜, 2019). 최근의 빔프로젝터는 무선(블루투스 기능)으로 스마트 기기 및 컴퓨터 등과 연결할 수 있다. 빔프로젝터는 일반적으로 교사가 준비한 이야기 나누기 자료 혹은 동화 등을 대집단으로 보여 줄 때 주로 활용되어 왔으나, 최근 자유놀이 상황에서 유아가 구성해 나가는 놀이의 배경으로 활용되기도 한다. 유아는 사진과 영상을 활용하여 환경을 구성하기도 하고, 유아가 구성한 놀

이에 실제 바탕이 되고 배경이 되어 작품구성에 대한 많은 상상력을 이끌어 내어 놀이환경을 더욱 풍성하게 한다.

유아의 그림을 동극 배경으로 활용한 예

바닷 속 세상을 표현하는 쌓기놀이 배경으로 활용한 예

[그림 I-11] 빔프로젝터 활용의 예

출처: 키드키즈 매거진.

4. 디지털 미디어 통합 학습환경의 구성

교수 매체 중 현재 가장 많이 사용하는 매체는 컴퓨터이다. 컴퓨터를 기반으로 텍스트, 이미지, 사운드, 애니메이션, 동영상 등을 디지털 방식으로 결합하여 활용할 수 있다. 컴퓨터가 도입된 초기에는 학자들 간에 멀티미디어 교수자료가 유아의 집중력, 호기심, 창의성 등 여러 측면의 발달을 저해시킨다고도 하였다(최명숙, 2004). 그러나 컴퓨터를 통한 다양한 교수 매체의 활용은 시각과 청각의 자극에 민감한 유아에게 음향 및 색상 애니메이션 등을 활용함으로써 흥미와 동기를 줄 수 있다(이대균, 2003). 또한, 무선 인터넷을 기반으로 접근성, 이동성, 편의성을 제공하는 태블릿 PC, 노트북과 같은 모바일 디바이스의 발전과 보급은 시간과 공간을 초월한 학습을 가능하게 하여 교육에 커다란 패러다임의 전환을 가져왔다(임정훈, 2009).

디지털 네이티브로서 컴퓨터, 모바일 디바이스를 자연스럽게 접하며 자란 세대인 예비교사들은 이러한 기기 사용에 대한 거부감이 없으며, 사용이 용이하다. 그러나 유아를 대상으로 교수-학습을 하기 위해서는 유아교육의 특성, 유아발달의 특성과 같은 측면을 고려해야 한다. 또한, 미디어의 활용은 현대의 사회적 변화를 반영하여 이루어져야 한다. 교사는 다양한 학습 양식을 반영하고 여러 가지 교육 방법을 제공할 수 있도록 디지털 미디어 활용에 대한 사고의 틀을 가지고 있어야 한다.

1) 교수-학습원리

교사는 교수-학습원리에 따라 유아를 교육해야 한다. 디지털 미디어를 활용하여 교육할 때 고려해야 할 사항은 다음과 같다(교육부, 2019; 이정환 · 김희진, 2017; 지옥정 외, 2018).

① 교사는 교육의 목표를 고려하여 적합한 방식의 교수방법과 교수 매체를 선택해야 한다. 따라서 디지털 미디어를 활용할 때에도 교육목표를 달성하는 데 적합한 방식인지에 대해 고려하여 선정할 필요가 있다.

② 교사는 디지털 미디어를 활용할 때 유아의 발달적 특성과 시기를 고려하여 담고 있는 내용이 적합한지 고려해야 한다. 미디어에 대한 접근이 쉬운 만큼 무분별한 정보가 제공될 수 있다. 따라서 유아의 연령과 발달적 특성에 맞는 내용인지 교사의 확인이 반드시 필요하다. 교사는 유아가 접하는 디지털 미디어의 내용에 대해 먼저 확인하고 적절한지에 대해 검토를 반드시 해야 할 필요가 있다.

③ 유아는 놀이를 통해 배울 수 있도록 해야 한다. 유아는 놀이를 하며 생각을 자유롭게 표현하고, 학습에 대한 호기심을 충족시켜 나가게 된다. 이러할 때 교사는 유아의 놀이가 잘 이루어질 수 있도록 관찰하며, 지원해 주어야 한다. 교사의 지원은 언어적 · 정서적 · 물리적 지원 등 다양한 형태로 나타날 수 있다. 이러한 지원에 디지털 미디어를 활용할 수 있다. 교사는 유아가 놀이를 하면서, 궁금한 것을 확인하고 경험과 지식을 확장하고자 할 때 디지털 미디

어를 활용할 수 있도록 도움을 줄 수 있다. 유아는 디지털 미디어를 활용하여 관심사를 넓히고, 놀이는 변화해 가며, 배워 나갈 수 있게 된다.

④ 교사는 유아가 다양한 놀이와 대 · 소집단 활동을 경험할 수 있도록 실내 · 외 환경을 구성해야 한다. 교사는 학습환경 구성을 통해 유아의 놀이와 대 · 소집단 활동을 지원할 수 있다. 따라서 디지털 미디어를 활용할 수 있도록 적절한 교실 환경을 구성할 필요가 있다. 디지털 미디어는 별도의 영역을 구성하여 유아가 활용할 수 있도록 할 수 있으며, 모바일 디바이스(노트북, 태블릿 PC 등)가 보편화된 현 상황에서는 유아가 필요할 때, 필요한 장소에서 사용할 수 있도록 지원할 수 있다.

⑤ 교사는 개별 유아의 특성에 적합한 방식으로 배울 수 있도록 해야 한다. 따라서 교사가 유아를 위해 제공하는 교수 매체는 개별 유아의 특성을 고려하여 다양화될 필요가 있다. 디지털 미디어는 개별 유아의 특성을 고려하여 활용하는 데 용이한 교수 매체로 그림, 사진, 영상, 소리, 글자 등을 유아의 특성과 수준에 적합하게 제공할 수 있다. 또한, 무선 인터넷을 기반으로 접근성 · 이동성 · 편의성을 제공하는 노트북, 태블릿 PC와 같은 모바일 디바이스의 발전과 보급을 통해 공간의 구애를 받지 않고 유아의 배움을 지원할 수 있다.

⑥ 교사는 유아가 유아, 교사, 환경과 능동적인 상호작용이 이루어지도록 해야 한다. 디지털 미디어를 활용하여 유아가 탐색하는 과정에서도 상호작용이 이루어질 수 있도록 환경적 · 정서적 · 언어적 지원을 해 줄 필요가 있다.

2) 디지털 미디어 통합 학습환경의 실제

(1) 컴퓨터 영역 구성하기

대표적인 디지털 미디어인 컴퓨터를 활용할 수 있도록 하기 위해 교실 흥미영역의 하나로 컴퓨터 영역을 배치할 수 있다. 컴퓨터 영역의 공간 구성을 위해 고려해야 하는 사항은 다음과 같다(박희숙 · 이영주, 2014; 이영석 · 이소희, 2001; 황해익 · 강민정 · 강신영 · 조준오, 2018).

① 컴퓨터 영역은 건조하고 소음이 있는 영역에 설치해야 한다. 멀티미디어는 전기를 이용해야 하므로 주변기기 등을 사용할 때 전선을 많이 사용하게 된다. 따라서 건조한 영역에 배치해야 하며, 안전을 위해 멀티탭(연장선)을 이용해 전선을 잘 정리해야 한다. 또한, 기기 자체의 소음, 동영상, 소리 등을 탐색할 때 발생하는 소음, 유아 간, 교사와의 상호작용에서 발생하는 소음을 고려하여 소음이 발생해도 되는 영역에 설치해야 하며, 화면이 햇빛이나 실내조명을 반사하지 않도록 배치해야 한다.

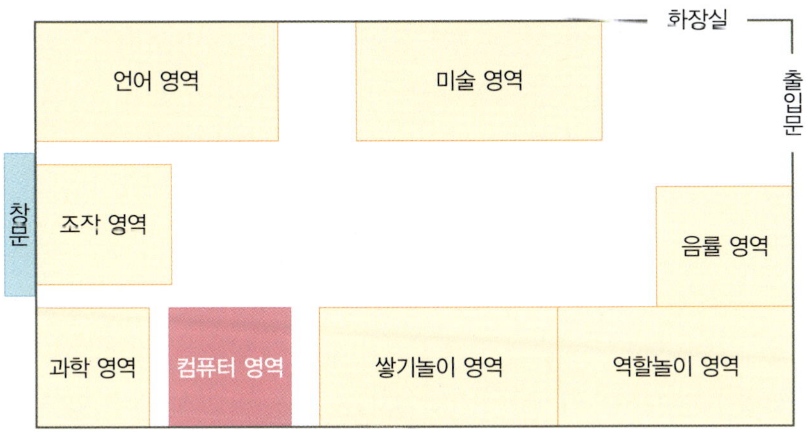

[그림 I-12] 컴퓨터 영역의 배치도

② 컴퓨터를 효과적으로 활용하기 위해 영역을 구성할 때 최소한 2~3대의 컴퓨터를 설치해야 한다. 1대의 컴퓨터가 있는 곳에 2개 이상의 의자를 놓아 유아끼리의 상호작용을 촉진하고 협력학습이 이루어질 수 있도록 해야 한다. 2대의 컴퓨터를 설치할 경우, 컴퓨터의 배열은 서로 모니터가 보일 수 있도록 130도 정도가 되도록 설치하여, 컴퓨터 활동을 하는 유아나 교사가 고개만 돌리면 다른 사람이 활동하는 것을 볼 수 있도록 배치한다.

③ 다양한 학습상황을 유연하게 적용하기 위한 컴퓨터 사양과 주변기기를 고려해야 한다. 유아 스스로 필요한 정보를 탐색할 수 있는 인터넷 설치를 기본으로 하여, 프린터, 스피커, 스캐너, 마이크, 디지털카메라, 실물화상기와 같은

주변기기를 갖추는 것이 좋다. 출력기기인 프린터는 필요한 정보를 인쇄하고 이를 여러 가지 활동으로 연계할 수 있으며, 유아가 음악, 동영상 등을 탐색할 수 있도록 스피커 설치도 필요하다. 스캐너, 마이크, 디지털카메라와 같은 입력기기는 유아의 경험이나 교육활동 결과물을 기록할 수 있을 뿐만 아니라, 디지털 자료화하여 정보를 자유롭게 가공하여 활용할 수 있게 한다. 따라서 컴퓨터와 주변기기의 네트워크는 유아의 아이디어 확장을 촉진한다.

④ 유아의 신체발달에 저해되지 않도록 모니터와 키보드를 배치해야 한다. 모니터는 유아의 눈높이와 같거나 약간 낮게 설치해야 하며, 유아와 모니터와의 거리는 50cm 이상 떨어질 수 있도록 배치하는 것이 바람직하다. 또한, 키보드와 마우스를 사용할 수 있도록 넓은 공간을 제공해야 한다.

⑤ 원활한 사용을 위하여 활동 순서표와 약속을 정해야 한다. 원하는 유아가 순서를 표시하고, 정해진 시간 동안 사용할 수 있도록 순서표와 타이머를 설치할 수 있다. 이는 여러 유아가 공공의 컴퓨터를 원활하고 질서 있게 사용하고 활용시간을 스스로 관리할 수 있도록 돕는다. 또한, 디지털 미디어의 원활한 사용을 위해 필요한 약속을 정하고 게시해 줄 수 있다.

⑥ 모바일 디바이스를 배치하여 유아가 사용할 수 있도록 할 수 있다. 노트북, 태블릿 PC와 같은 이동이 용이한 기기를 활용하여 다양한 학습상황에 적용하고, 이를 통해 유아의 경험을 확장시킬 수 있다.

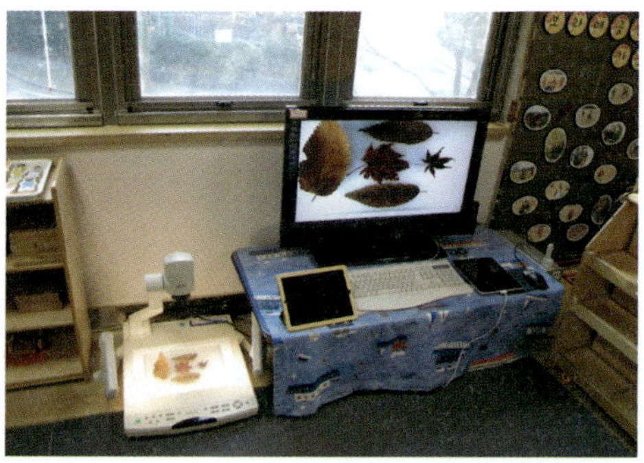

[그림 I-13] 컴퓨터 영역 구성의 예

출처: 좌- Epstein(2015), 우-나랑유치원 홈페이지.

(2) 컴퓨터 영역 구성 없이 디지털 미디어 활용하기

물리적 환경으로 컴퓨터 영역을 구성하는 것도 하나의 방법이지만, 최근 발달하는 디지털 미디어 기기와 기술은 물리적 공간의 한계를 뛰어넘고 있다. 교실에 무선 인터넷이 구축되어 있다면 모바일 디바이스와 기존의 디지털 기기를 통합적으로 활용하여 흥미영역 간 경계 없이 유아 스스로 디지털 미디어를 놀이에 활용하며, 자신의 놀이를 확장시킬 수 있다. [그림 I-14]는 서울 동대문에 위치한 그림 유치원의 역할놀이 장면이다. 다양한 경험을 통해 디지털 미디어 활용에 익숙한 유아들은 역할놀이의 배경으로 인터넷에서 주방 사진을 찾고, 이 이미지를 빔프로젝터에 실시간 송출하여 역할놀이의 몰입감을 더한다. 요리사와 리포터가 된 유아가 역할놀이를 하는 과정을 다른 유아가 스마트폰으로 동영상 촬영을 하여 기록하고 공유한다.

각 흥미영역에서 교육적 경험을 확장할 수 있는 디지털 미디어와 애플리케이션의 활용은 이 책의 〈Part 2. 배운편〉에서 실제 교육 사례와 함께 알아볼 것이다. 언어활동, 수 · 과학활동 등을 목적으로 개발된 애플리케이션을 활용한 교육도 중요하다. 하지만 교사는 유아가 다양한 디지털 기기의 속성을 이해하고, 자신의 놀이를 확장하기 위하여 필요한 디지털 미디어를 선택하고 적절히 사용할 수 있도록 지원함으로써 21세기 학습자 역량인 소통(communication), 창의성(creativity), 비판적 사고(critical thinking), 협력(collaboration)능력 등을 길러 주는 교육이 무엇보다 중요하다.

[그림 I-14] 역할놀이 중 다양한 디지털 미디어 기기를 통합 활용하는 장면

출처: 키드키즈 매거진.

[현장 사례: 선우 유치원]

<table>
<tr><td>생활주제</td><td>동물</td><td>연령</td><td>만 4세</td></tr>
<tr><td>제목</td><td colspan="3">정글 숲으로 떠나요</td></tr>
<tr><td>누리과정 관련요소</td><td colspan="3">자연탐구 〉 자연과 더불어 살기 〉 주변의 동식물에 관심을 가진다.
예술경험 〉 창의적으로 표현하기 〉 신체나 도구를 활용하여 움직임과 춤으로 자유롭게 표현한다.</td></tr>
<tr><td>활동목표</td><td colspan="3">• 우리 주변의 동물의 생김새와 특성에 대해 안다.
• 동물과 관련된 경험, 생각, 느낌을 신체와 도구를 활용하여 자유롭게 움직임으로 표현한다.</td></tr>
<tr><td>활동자료</td><td colspan="3">• 정글 소리 음원
• 정글 숲(PPT)
• 태블릿 PC
• 습자지, 신문지, 잡지 등등
• 악어 머리띠
• 놀이그물</td></tr>
<tr><td colspan="4">교수-학습활동</td></tr>
<tr><td>도입</td><td colspan="3">1. '정글 소리' 음원을 들어본다.
- (정글 소리 음원을 들려준 후) 소리를 잘 들어 보았나요?
- 어디에서 들어 보았나요?
- 무엇의 소리 같나요?
- 그렇게 생각한 이유는 무엇인가요?</td></tr>
<tr><td>전개</td><td colspan="3">1. 정글에 대해 이야기 나눈다.
- 정글은 어떤 곳일까요?
- 정글에는 무엇이 있을까요?
- 정글에서는 무엇을 하면서 지낼 수 있을까요?
2. 정글에 사는 동물들 사진과 동영상을 보며 이야기 나눈다.
- 정글에는 어떤 동물들이 살까요?
- 어떤 특징을 가지고 있나요?
- 무엇을 먹고 사나요?
3. 악어의 생김새, 크기, 색깔, 움직임 등 악어에 대해 패드를 활용해서 알아보아요.
- 악어는 무엇을 먹고 살까요?
- 악어는 어떻게 움직일까요?
- 악어의 큰 입을 팔을 벌려서 흉내 내 볼까요?
- 악어의 다리는 어떻게 생겼나요?
 </td></tr>
</table>

전개	4. 오늘의 활동과 준비된 재료들을 알아본다. – 정글 숲을 어떻게 만들어 볼까요? – 정글 숲을 만들기 위해서 어떤 재료들이 필요할까요? 5. 친구들과 함께 다양한 재료를 사용해 정글 숲을 만들어요. 6. 악어 머리띠를 하고 노래에 맞춰 자유롭게 동작으로 표현해 볼 수 있도록 한다. – 악어가 기어가는 모습을 어떻게 신체로 표현해 볼 수 있을까요? – 정글 숲에 빠진 동물들을 구하려면 어떻게 가야 할까요?
마무리	1. 활동이 끝난 후 평가한다. – 가장 기억에 남는 소리는 무엇인가요? – 어떤 악기를 사용한 것이 기억에 남나요? – 친구와 함께 활동해 보니 어땠나요?
교사 운영 평가	• 정글과 정글에 사는 동물의 특징을 인식할 수 있도록 교수자료를 준비하였는가? • 유아가 다양한 신체표현을 할 수 있도록 언어적 지원을 해 주었는가?
유아 학습 평가	• 동물들이 사는 정글의 모습과 동물의 특성에 관심을 가지는가? • 동물의 특성을 신체나 도구를 활용하여 움직임으로 표현하는가?

Tip. 효과적인 대집단 활동을 위한 기기 설치 원칙

1. 빔프로젝터

빔프로젝터는 작은 교실의 화면부터 강당의 실물보다 크게 보여 줄 수 있는 화면까지 다양한 화면 크기를 채울 수 있을 정도로 이미지를 확대하여 투사한다. 프로젝터는 천정에 고정 설치될 수도 있고, 운반해서 쓸 수 있는 이동형이 있다. 적절한 화면 투사를 위해 아래의 원칙을 지켜 보자.

① 완전히 어둡게 하기보다는 어슴푸레한 상태에서 시청한다. 가능하면 화면 위의 조명은 끈다.
② 화면의 중간 부분으로 최대한 가깝게 대상자들을 앉힌다.
③ 모두가 화면을 선명하게 볼 수 있도록 한다.
④ 프로젝터를 장시간 사용하지 않을 때에는 대기 모드로 전환한다.
⑤ 프로젝터 렌즈와 스크린은 90도를 이루게 정렬한다.
⑥ 투사된 이미지가 스크린에 비해 너무 크다면 프로젝터를 스크린에 좀 더 가깝도록 움직인다.
⑦ 이미지가 너무 작다면 프로젝터를 뒤로 이동시킨다.

[그림 I-15] 빔프로젝터와 스크린 설치 예시(이화여대 부속 유치원, 만 4세반)

2. 스크린

투사된 시각자료를 보기 위한 적절한 환경을 설정하려면 스크린의 크기와 위치를 조절해야 한다. 일반적으로 교실에는 고정된 스크린이 갖춰져 있을 경우 다음과 같은 원칙에 따라 구성해 보자.

1) 크기

스크린 크기와 학습자 좌석은 2×6 규칙을 적용한다. 어떠한 유아도 스크린 폭의 두 배에 해당하는 거리보다 가까운 거리에 위치하거나 또 스크린 폭의 6배에 해당하는 거리보다 먼 거리에 위치해서는 안 된다. 예를 들어, 가장 멀리 떨어진 유아의 거리가 교실 앞에서부터 약 900cm일 경우, 스크린 폭의 6배 이내에 들기 위해서는 폭이 150cm(60인치)인 스크린이 필요하다(900÷6=150). 60×60인치 크기의 스크린 사용을 추천한다.

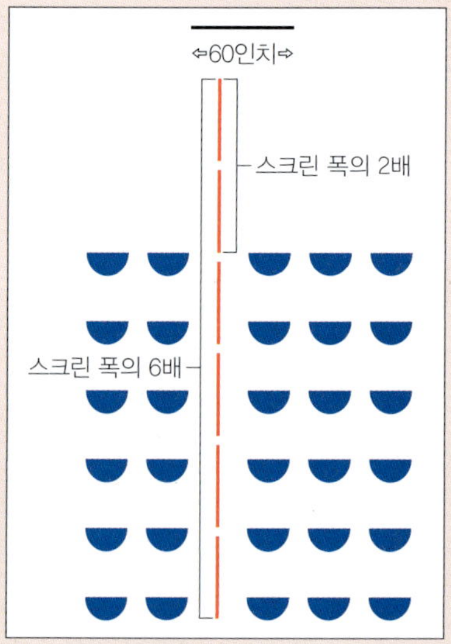

[그림 I-16] 교실 크기에 따른 스크린 크기

2) 위치

일반적으로 스크린의 높이는 스크린 맨 하단에 앉은 유아의 머리 높이 정도로 조정하는 것이 좋다. 스크린의 맨 하단은 시야 방해를 막기 위해 바닥으로부터 적어도 약 120cm 이상의 거리를 두어야 한다. 일반적으로 스크린이 높을수록 시각 영역이 최적화되지만, 유아가 불편하게 목을 뒤로 젖히지 않고 스크린을 볼 수 있도록 주의를 기울여야 한다.

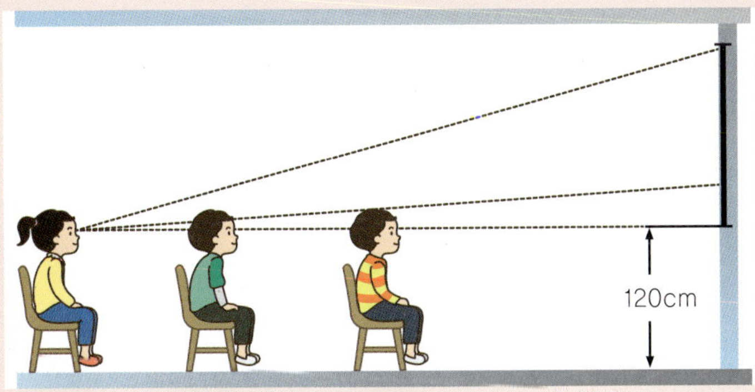

[그림 I-17] 스크린 위치

3. 모니터(뷰어)

1) 좌석 배열

① 시청하는 유아의 수는 스크린 크기를 나타내는 인치 수보다 적게 한다. 예를 들어, 24인치 모니터를 사용하는 경우 최대한 수용할 수 있는 유아의 수는 23명이 될 것이다.

② 어떤 유아도 스크린 크기의 두 배보다 가까운 거리에 배치하지 않는다. 예를 들어, 23인치 모니터를 사용하는 경우 가장 가까이 있을 수 있는 유아의 거리는 46인치(120cm) 정도이다.

③ 시선을 막지 않도록 좌석을 지그재그로 배열하는 것도 필요하다.

2) 조명

① 정상적이거나 희미한 조명에서 시청한다.

② 눈을 부시게 하는 스크린으로의 직접적 조명은 피한다.

③ 모니터 후면으로부터의 자연광은 피한다.

4. 스피커 배치

① 스피커는 유아들의 중앙으로 향하도록 한다.

② 스피커를 앉아 있는 유아 머리 높이 정도에 맞춘다.

③ CD, DVD, MP3 기기를 사용하여 입체 음향 효과가 들어 있는 오디오를 재생하기 위해 다중 스피커를 사용한다면, 중간 위치에서 오른쪽과 왼쪽 스피커 사이의 거리가 동일하게 떨어뜨려 배치한다.

출처: Smaldino, Lowther, & Russell(2011).

PART 2. 배움편

〈Part 2. 배움편〉은 유아교육과정(누리과정)과 연계하여 디지털 교수 매체를 활용할 수 있는 방법을 소개하고 있다. 4장은 인터넷 사이트를 통해 다양한 정보와 이슈를 탐색하여 활용할 수 있는 방법, 박물관이나 미술관과 같은 곳을 활용하여 수업을 전개할 수 있는 방법, 위성지도 서비스를 활용하여 지리, 역사와 같은 개념을 습득할 수 있도록 소개하고 있다. 5장에서는 뉴미디어인 애플리케이션, 증강현실, 가상현실 등의 방법을 활용하여 유아의 배움을 도울 수 있는 방법을 안내하고 있다. 6장에서는 미디어를 보다 안전하게 사용할 수 있도록 유아 미디어 안전교육에 대한 내용을 담고 있다.

Chapter 04.

인터넷을 활용한 배움

1. 정보와 이슈 탐색

유아교육 현장에서 인터넷은 디지털 교수 매체의 기반이 되는 기술임과 동시에 교사주도의 대 · 소집단 활동뿐만 아니라 유아가 학습의 주도권을 가지고 스스로 학습과정을 적극적으로 운영해 나가는 활동까지 그 활용 범위가 넓고 다양한 기술 중 하나이다. 유아교육 현장에서 유아들과 함께 생활하다 보면 오늘 미세먼지가 많은지, 그래서 실외활동을 할 수 있는지에 대한 궁금증부터, 내일 가는 현장학습 장소의 날씨와 거리에 대해 유아가 호기심을 품고 교사에게 질문하는 경우가 많다. 또한, 어제 부모님과 함께 응원했던 올림픽 경기에 대해 친구들과 이야기 나누고 싶어 하고, 프로젝트 학습과정에서 필요한 정보의 원천으로 인터넷을 검색하기도 한다.

인터넷은 기본적으로 하이퍼링크 기능을 통해 유아마다 개별화된 학습 순서와 내용을 구성할 수 있다. 또한, 구성한 지식을 네트워크로 공유하면서 협동학습이 일어날 수 있다. 인터넷의 일상화로 지식을 구성하고, 재구성해 나가는 과정이 유아에게도 쉬워졌다. 다양한 자원을 활용하여 정보를 수집 · 분석 · 활용하는 능력과 협업을 통해 문제를 해결해 나가는 능력은 미래사회에 필요한 핵심역량 중 하나이다.

1) 날씨 정보

(1) 네이버 날씨

주로 검색할 때 많이 활용하고 있는 네이버 메인화면에는 날씨 정보가 우측에 제시된다. 스마트 기기에서 활용할 경우 네이버 앱을 구동하면 가장 먼저 제공되는 서비스가 날씨이다. 위치 정보에 기반해 사용자가 있는 위치의 날씨를 기본으로 보여 준다. 네이버에 접속하는 형태로 유아가 접근하다 보면 불필요한 광고 혹은 정보에 노출되어 처음 목적에 부합하지 않은 검색 활동이 이루어질 수 있다. 교사가 '네이버 날씨' 메뉴를 '즐겨찾기 모음'으로 인터넷 브라우저 상단에 배치해 놓으면 유아가 스스로 정보를 수집 · 검색하고자 할 때 안전하게 접근 가능하다.

(2) 활동 방법

① 네이버에서 '날씨'는 메인화면 우측에 나오므로 클릭해서 들어가거나, 상단의 메인 메뉴 중 '더보기(···)'를 눌러 '날씨'를 클릭한다. 인터넷 주소를 입력해 바로 확인할 수도 있다(https://weather.naver.com)

② 오늘의 날씨, 지역별 날씨, 세계 날씨 정보가 제공된다. 마우스 커서를 갖다 대면 화살표 모양이 손 모양으로 바뀌거나 밑줄이 그어진다. 클릭하면 하이

퍼링크로 추가 정보를 확인할 수 있다.

③ '지역별 날씨'에서 현장학습 갈 장소의 위치 정보를 입력한 후, '조회'를 누르면 현재와 내일 날씨에 관한 정보가 제공된다. 만일, 아침 날씨가 오늘보다 쌀쌀하다면 교사는 유아에게 두툼한 겉옷을 준비할 것을 당부한다.

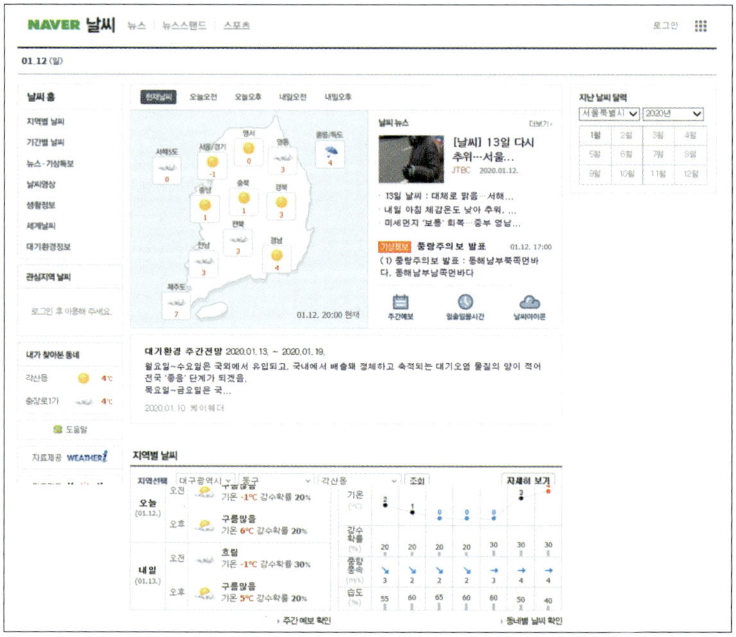

④ 교사 주도로 날씨 정보를 알아보았다면, 다음에 유아가 스스로 정보를 수집할 수 있도록 '즐겨찾기 모음'을 만들어 두고, 유아에게 활용 방법을 알려준다.

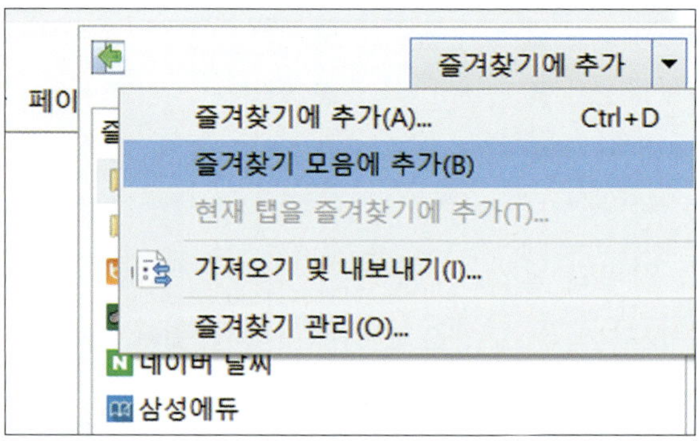

⑤ 브라우저 우측 상단에 별표를 클릭하고 '즐겨찾기–즐겨찾기 모음에 추가'를 클릭하면 '네이버 날씨'가 브라우저 상단에 고정된다.

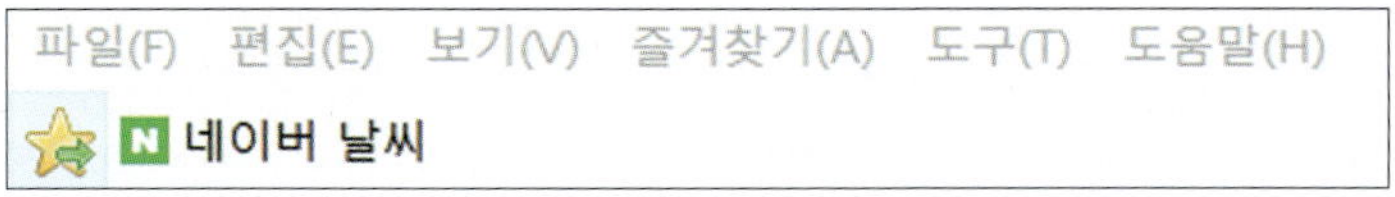

2) 온라인 사전

(1) 네이버 백과사전

유아는 주제탐구 중 주제와 관련된 질문을 교사에게 많이 한다. 대부분 유아의 관심과 흥미에 대해 사전에 파악하고 관련 자료에 대한 숙지가 되어 있겠지만, 때로는 교사가 잘 알지 못하는 분야에 대한 정보(공룡이나 식물의 명칭, 용어 등)를 요구하기도 한다. 이 경우 유아들과 함께 책을 찾아보거나, 인터넷 검색을 통해 궁금한 점을 함께 해결하고 관련된 추가 자료도 찾아볼 수 있다. 최근에는 백과사전을 제작하는 회사에서 인터넷 백과사전으로 동일하게 데이터를 제공하므로 인터넷 검색을 통한 정보의 질적 담보는 물론, 관련 이미지, 동영상, 연관 자료 등 멀티미디어 자료와 심화 정보까지 수집할 수 있다.

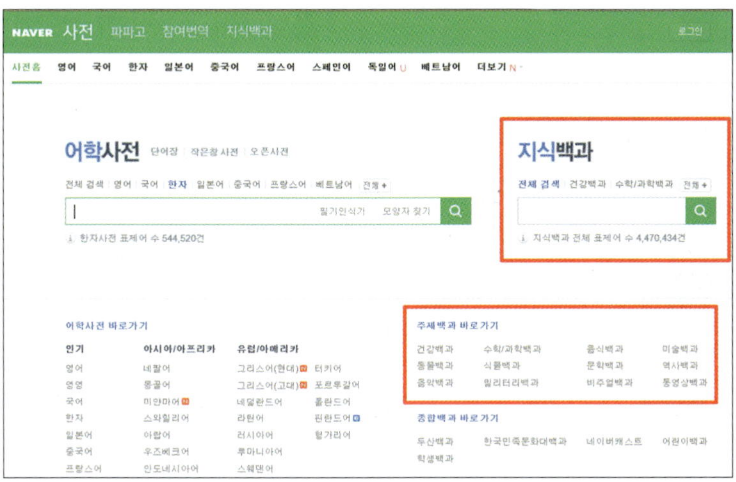

[그림 II–1] 인터넷 백과사전

(2) 활동방법

① 네이버 메인메뉴 중 '더보기'를 클릭하여 '사전' 메뉴를 확인한다. 직접 인터넷 주소를 입력하여 확인할 수도 있다(https://dict.naver.com).

② 예로 '초식공룡'의 종류를 지식백과를 통해 알아보자. 검색창에 검색어 '초식공룡'을 입력한다.

③ '초식공룡'을 검색한 결과이다. 사전적 해설뿐만 아니라 관련 EBS 동영상, 이미지, 유관기관(국립중앙박물관, 다큐사이언스 등)에서 제공한 정보도 확인할 수 있다. 유아는 하이퍼링크를 통해 유아마다 개별화된 내용을 탐색하게 된다.

④ 교사 주도로 인터넷 사전을 활용하는 방법을 알아보았다면, 다음에 유아가 스스로 정보를 수집할 수 있도록 '즐겨찾기 모음'을 만들어 두고, 유아에게 활용 방법을 알려 준다.

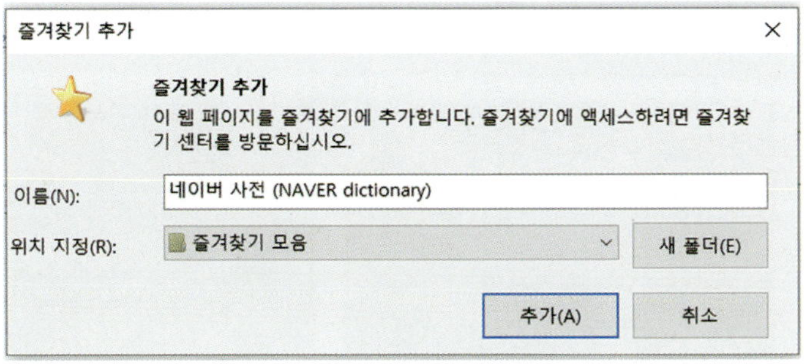

[현장 사례: 선우 유치원]

생활주제	가을	연령	만 5세
제목	가을에 볼 수 있는 곤충		
누리과정 관련요소	자연탐구 〉 자연과 더불어 살기 〉 주변의 동식물에 관심을 가진다. 자연탐구 〉 자연과 더불어 살기 〉 날씨와 계절의 변화를 생활과 관련짓는다. 의사소통 〉 듣기와 말하기 〉 자신의 경험, 느낌, 생각을 말한다.		
활동목표	• 가을에 볼 수 있는 곤충들이 있음을 안다. • 계절의 변화로 볼 수 있는 여러 가지 가을 곤충에 관심을 가진다. • 가을 곤충의 특징과 종류를 언어로 표현할 수 있다.		
활동자료	• 가을에 볼 수 있는 곤충(PPT) • 곤충 소리 음원 • 가을 곤충 모형 • 가을 곤충과 관련된 사진 책	• 질문 목록지 • 태블릿 PC • 자연물(낙엽, 나뭇가지, 솔방울, 열매, 여러 가지 나뭇잎 등)	
교수-학습활동			
도입	1. 요즘 주위에서 볼 수 있었던 곤충에 대하여 이야기해 본다. – 주변에서 곤충을 보거나 곤충 소리를 들은 적이 있나요? – 어디에서 어떤 곤충을 보았나요? – 어떤 소리를 들었나요?		
전개	1. 가을에 볼 수 있는 곤충에는 어떤 것들이 있는지 이야기해 본다. – 가을에 볼 수 있는 곤충에는 무엇이 있을까요? – 왜 가을에만 볼 수 있을까요?		

전개

2. 각 곤충들의 사진을 보며 이름을 알아본다.
   - 이 곤충의 이름은 무엇일까요?
   - 이 곤충을 본 적이 있나요?
   - 이 곤충은 어떤 소리를 낼까요?
3. 동영상을 보며 각 곤충의 특징에 대해 알아본다.
   - 어떤 소리를 내나요?
   - 어디에서 볼 수 있을까요?

4. 곤충들을 관찰하며 생긴 궁금증을 이야기 나눈 후 모둠별로 질문목록을 정한다.
   - 여러 곤충들을 관찰하면서 궁금한 점은 없었나요?
   - 더 알아보고 싶은 점은 무엇이었나요?
   - 궁금한 점을 어떻게 알아볼 수 있을까요?

5. 모둠별로 조사한 가을 곤충을 발표한다.
   - (유아들에게 마무리 시간임을 알린 후) 모둠별로 토의한 내용을 친구들에게 소개해 보도록 할까요?

마무리	1. 활동을 통하여 새롭게 알게 된 점이나 기억에 남는 점에 대해 이야기 나눈다. – 친구들이 소개한 내용 중에 혹시 어떤 곤충이 기억에 남나요? – 오늘 활동을 하며 새롭게 알게 된 점이 있었나요?
교사 운영 평가	• 다양한 곤충의 종류와 특성을 알 수 있도록 교수자료가 준비되었는가? • 유아가 궁금한 사항을 알아볼 수 있도록 충분한 지원을 해 주었는가?
유아 학습 평가	• 가을 곤충의 특징과 종류에 대해서 호기심을 유지하는가? • 가을에 볼 수 있는 여러 가지 곤충에 관심을 가지고 활동에 참여하는가? • 언어적으로 적절하게 표현할 수 있는가?

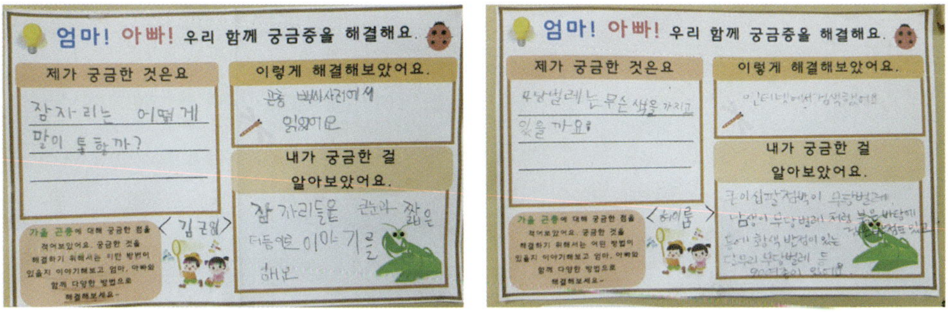

곤충 백과사전에서 읽었어요 인터넷에서 검색했어요

[그림 II-2] 궁금증 해결방법의 다양성 예

3) 뉴스 기사

유아는 TV 뉴스, 인터넷 뉴스, 신문 등 기사를 확인할 수 있는 다양한 매체가 있음을 알 필요가 있다. 다양한 매체를 활용한 기사를 검색해 보며, 우리 주변에서 새로운 소식을 전달하는 다양한 매체를 경험하고, 그 매체들을 활용하여 우리 생활에 도움이 되는 정보를 얻을 수 있다는 것을 알게 되면서 새로운 소식을 접할 수 있는 다양한 매체에 대한 관심이 높아진다. 뉴스를 통한 이야기 나누기 활동 후 다른 뉴스 기사도 검색하려는 유아가 많아지고, 비슷한 기사들을 다양한 매체에서 찾아보는 등 유아는 능동적인 정보 탐색 태도와 이를 통해 얻게 된 정보들을 일상생활에 활용하는 태도를 기를 수 있다. 또한, 뉴스 영상 속에서 다양한 장소와 사람들을 만나고, 영상 속에 인터뷰한 사람들과 전문가들의 의견을 듣고, 그에 대해 생각해 보고 내 생각을 말해 보는 기회 또한 가질 수 있다.

[현장 사례: 선우 유치원]

<table>
<tr><td>생활주제</td><td>생활도구</td><td>연령</td><td>만 5세</td></tr>
<tr><td>제목</td><td colspan="3">우리 생활 속 로봇</td></tr>
<tr><td>누리과정
관련요소</td><td colspan="3">자연탐구 〉 생활 속에서 탐구하기 〉 도구와 기계에 대해 관심을 가진다.
자연탐구 〉 탐구과정 즐기기 〉 궁금한 것을 탐구하는 과정에 즐겁게 참여한다.
의사소통 〉 듣기와 말하기 〉 자신의 경험, 느낌, 생각을 말한다.</td></tr>
<tr><td>활동목표</td><td colspan="3">• 우리 주변에 있는 다양한 로봇에 관심을 갖고 알아본다.
• 로봇을 직접 경험해 보고 문제를 해결하기 위한 과정을 실행해 볼 수 있다.
• 로봇에 대한 생각을 표현할 수 있다.</td></tr>
<tr><td>활동자료</td><td colspan="3">• 우리 생활 속 로봇(PPT)
• 태블릿 PC
• 로봇 뉴스(영상)
• 각양각색의 로봇들(동영상)
• 토의활동 자료
• 여러 가지 로봇 재료(재활용품, 신문, 잡지 등)</td></tr>
<tr><td colspan="4">교수-학습활동</td></tr>
<tr><td>도입</td><td colspan="3">1. 로봇에 대한 경험을 이야기 나눈다.
– 로봇을 본 적이 있나요?
– 어떤 로봇을 보았나요?
– 어디에서 보았나요?
– 로봇의 생김새가 어땠나요?
2. ‘2020년, 로봇의 시대가 온다’ 뉴스 영상을 본다.
– 2020년에는 어떤 로봇들이 발명될까요?
</td></tr>
<tr><td>전개</td><td colspan="3">1. 로봇이 할 수 있는 일에 대해 이야기 나눈다.
– 로봇은 어떤 일을 할 수 있을까요?
– 사람이 직접 하기 위험한 일을 로봇이 할 수 있었던 이유는 무엇일까요?
– 로봇은 사람이 하는 모든 일을 대신 할 수 있을까요?
2. 미래에 생겼으면 하는 로봇에 대해 이야기 나눈다.
– 미래에는 어떤 도구와 기계가 발명되면 좋을까요?
– 발명된다면 사람들은 어떻게 편리하게 될까요?
– 미래에는 어떤 도구와 기계가 발명되면 좋을까요?
– 로봇은 어떤 사람들에게 필요할까요?
– 왜 그렇게 생각했나요?</td></tr>
</table>

<table>
<tr><td>전개</td><td>3. 만약 내가 발명가가 되면 어떤 로봇을 만들고 싶은지 이야기 나눈다.
– 만약 어린이들이 발명가라면 어떤 로봇을 만들고 싶나요?
– 무엇으로 만들면 좋을 것 같나요?
4. 미래의 로봇을 상상해 보고 로봇을 만드는 방법을 친구들과 토의한다.
– 앞으로 10년 후에 어떤 로봇이 발명될지 같은 모둠 친구들과 이야기 나누어 봅시다.

5. 친구들과 함께 생각한 로봇을 여러 가지 재료를 사용하여 만든다.
– 재활용품, 신문, 잡지 등 다양한 재료를 사용하여 내가 만들고 싶은 로봇을 만들어 보세요.
6. 각 모둠이 만든 로봇을 소개하며 발표한다.
– 어떤 모둠의 로봇이 가장 편리할 것 같나요?
– 왜 그렇게 생각했나요?
– 가장 기억에 남는 모둠의 로봇은 무엇이 있었나요?
 </td></tr>
<tr><td>마무리</td><td>1. 활동을 통하여 새롭게 알게 된 점이나 기억에 남는 점에 대해 이야기 나눈다.
– 친구들이 소개한 내용 중에 혹시 기억에 남는 방법이 있나요?
– 오늘 활동을 하며 새롭게 알게 된 점이 있었나요?
– 우리가 만든 로봇을 어디에 제시하는 것이 좋을까요?</td></tr>
<tr><td>교사 운영 평가</td><td>• 로봇의 다양한 기능을 경험할 수 있도록 자료가 준비되었는가?
• 유아가 궁금한 것을 찾아볼 수 있도록 충분히 지원(시간, 자료 등)해 주었는가?
• 유아가 로봇에 대한 다양한 생각을 표현할 수 있도록 지원해 주었는가?</td></tr>
<tr><td>유아 학습 평가</td><td>• 우리의 생활을 편리하게 해 주는 도구와 기계 중 다양한 로봇에 관심이 있는가?
• 궁금한 것을 탐구하는 과정에 즐겁게 참여하는가?
• 자기 생각이나 느낌을 자신 있게 표현하며 다른 사람의 의견을 존중하는가?</td></tr>
</table>

2. 박물관과 미술관 가상 견학

국내 · 외의 주요 박물관, 미술관, 과학관에서는 자체 홈페이지를 통해 직접 방문하지 않고도 전시물을 둘러볼 수 있는 '가상체험관(사이버 전시관)'이나 어린이의 눈높이에 맞춘 전시물 설명 및 교육자료를 제공하는 '어린이 전시관' 등의 서비스를 제공하고 있다. 유아교육기관에서는 현장학습을 가기 전 사전활동으로 박물관 사이트를 방문하여 박물관 장소와 위치, 전시 내용, 현장학습에서 알아보고 싶은 것에 대해 검토할 시간을 가짐으로써 현장학습에 대한 유아의 흥미와 관심을 높일 수 있다. 또한, 사후활동으로 박물관 사이트를 방문하여 현장학습에서 보았던 전시물을 친구들과 둘러보면서 기억을 구체화하고, 확장활동을 전개해 나갈 수 있다. 뿐만 아니라, 주제 전개에 필요한 박물관이지만 지리적 · 시간적 제약으로 실제 현장학습이 어려울 경우가 있다. 이때 이러한 가상체험관을 통해 간접적으로나마 유아에게 학습의 경험을 제공할 수 있다.

최근에는 네이버나 구글과 같은 포털에서 국내 · 외 유명 박물관과 미술관의 작품을 고해상도 사진과 3D 입체 형태로 볼 수 있는 가상 서비스를 제공하고 있으며, 국립중앙박물관은 전국 박물관과 연계하여 문화예술 관련 소장품 정보를 데이터베이스(DB)화하여, 사이트 한 곳에서 검색을 통해 상세 정보를 확인할 수 있는 서비스도 제공하고 있다.

본 책의 초판에 안내된 '네이버 뮤지엄 뷰'는 네이버에서 서비스가 종료되어 더 이상 이용이 불가능하여 이번 개정판에서는 제외되었다.

[그림 II-3] 국립과천과학관 사이버 전시관 중 '자연사관'의 모습

출처: https://www.sciencecenter.go.kr/cyber/museum_2017.

1) e뮤지엄

e뮤지엄(http://www.emuseum.go.kr)은 문화체육관광부와 국립중앙박물관이 주최가 되어 전국의 박물관 소장품을 데이터베이스(DB)화하여 실제 박물관을 가지 않더라도 고화질의 우수한 이미지로 소장품을 관람할 수 있는 전국 박물관 소장품 포털 서비스이다. 2019년 기준 e뮤지엄에 현재 소장품 공개 기관은 261곳이며, 전체 소장품 수 1,720,056개, 전체 이미지 수는 1,858,245개를 보유하고 있다. 소장품은 소장기관, 지정문화제, 국적/시대별, 재질, 출토지 별로 분류되어 있고, 자신만의 소장품 컬렉션을 할 수 있는 '내가 해보는 전시' 서비스도 제공한다. 주제활동 시 중요한 소장자료를 유아들이 직접 가까이에서 세밀하게 관찰해보고 제작연대, 재질, 해설 등 전문적 지식을 함양할 수 있다.

[그림 II-4] e뮤지엄 메인화면

출처: emuseum.go.kr.

2) 구글 Arts & Culture

(1) 소개

구글 Arts & Culture(artandculture.google.com)는 전 세계 40개국 151개 미술관이 참여하여 3만 점 이상의 작품을 볼 수 있는 구글 서비스 중의 하나이다(위키피디아, 2019). 메뉴 구성은 재료별, 아티스트별, 학파별로 모아 볼 수 있으며, 검색해서 원하는 작품을 찾을 수 있다. 또한, 마우스휠로 당겨 작품의 질감까지 관찰할 수 있을 정도로 해상도가 높다. 미술작품뿐만 아니라 세계사에서 중요한 사건들의 사진도 주제별로 검색할 수 있어 양질의 사진을 교수 매체로 활용할 수 있다.

실제 전시사진뿐만 아니라 가상현실(VR) 서비스를 제공하고 있어 실제 미술관을 방문하여 관람하는듯한 실제감을 제공한다. VR 서비스로는 사진, 동영상, 필사본, 예술작품에 담긴 스토리까지 서비스를 제공한다. 앱의 경우 안드로이드용과 iOS용 모두 다운 가능하다. VR 서비스가 가능한 미술관과 박물관은 화면 상단 오른쪽에 아이콘이 생성되어 있다.

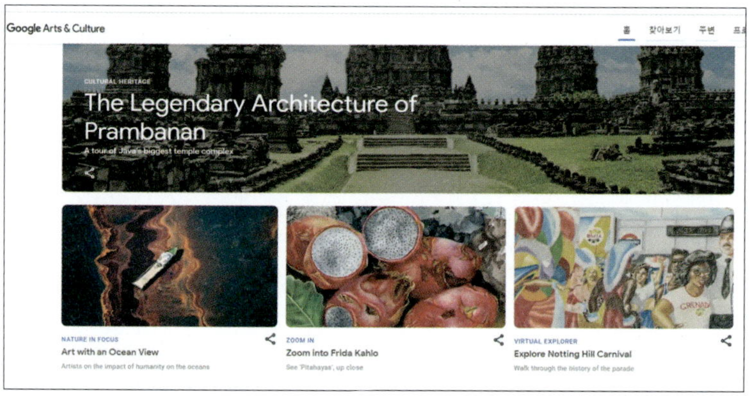

[그림 II-5] 구글 Arts & Culture 메인화면

출처: artandculture.google.com.

(2) 활용 방법

① 구글 아트앤컬쳐를 제공하는 미술관과 박물관 사이트를 들어가면 우측에 모양의 아이콘을 발견할 수 있다. 을 클릭하면 해당 박물관 내부로 입장하게 된다.

② 360°카메라로 촬영된 내부는 사용자가 마우스를 클릭한 상태에서 원하는 방향으로 움직이거나, 마우스 휠을 위아래로 움직여 전시관 내부를 둘러볼 수 있다. 전시물 앞에 'X'모양의 표시를 확인할 수 있는데, 클릭하면 전시물 정면으로 화면이 전환되며, 전시물을 자세히 관찰하거나, 설명문을 읽을 수도 있다.

③ 화면의 우측에는 미술관과 박물관의 현재 위치에서 다른 층으로 이동 가능한 숫자가 표시되어 있어 원하는 층을 누르면 즉시 해당 장소로 이동한다. 마우스로 방향과 줌인(zoom-in)이 가능하지만 화면 우측의 나침반과 + − 메뉴를 클릭하여 방향 전환과 줌인도 가능하다.

3) 전국 미술관 및 박물관 사이버 전시관

(1) 소개

교육부와 육아정책연구소에서 운영하고 2019 개정 누리과정 이해와 실행에 필요한 연수자료와 기타자료를 제공하는 누리과정 포털사이트 'i-누리 사이트(www.i-nuri.go.kr)'에서는 가상견학을 다녀올 수 있는 지역별 미술관 및 박물관 사이트 목록을 제공하고 있다. 각각의 홈페이지에서 온라인전시관, VR전시관 등을 운영하고 있어 유아와 교사는 학습 활동으로 가상견학을 다녀올 수 있다.

(2) 활용 방법

① i-누리 홈페이지 상단의 메뉴 중 '도움누리'를 선택한 후 '전자도서관, 미술관, 박물관 자료'항목을 클릭한다.

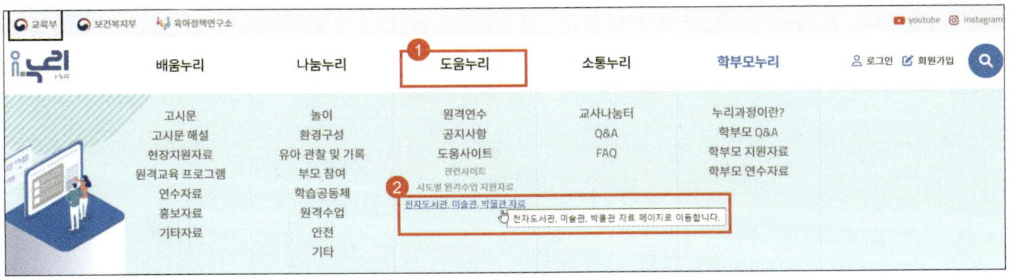

② 전국 광역시 및 시도 미술관과 박물관 목록 및 홈페이지 주소를 확인할 수 있으며, 개별 미술관과 박물관에서 제공하는 서비스 개요와 홈페이지 링크를 제공하고 있다. 이 목록에는 구글 아트앤컬처 서비스를 제공하는 전시관의 경우 별도의 링크를 제공하고 있는데, 구글 아트앤컬처의 기본 기능인 온라인 전시회, 컬렉션 등의 내용만 제공하는 경우와 VR 서비스가 포함된 전시관이 섞여 있으므로 교사는 수업 전 내용 확인을 하여 필요한 기능을 확인해야 한다. 〈표Ⅱ-1〉과 〈표Ⅱ-2〉에서 2023년 12월 현재 사이버 전시관을 운영하는 전국 박물관과 미술관 목록을 제시하였고, 구글 아트앤컬처 VR서비스가 제공되는 전시관은 전시관명 옆에 아이콘을 붙여 구분하였다.

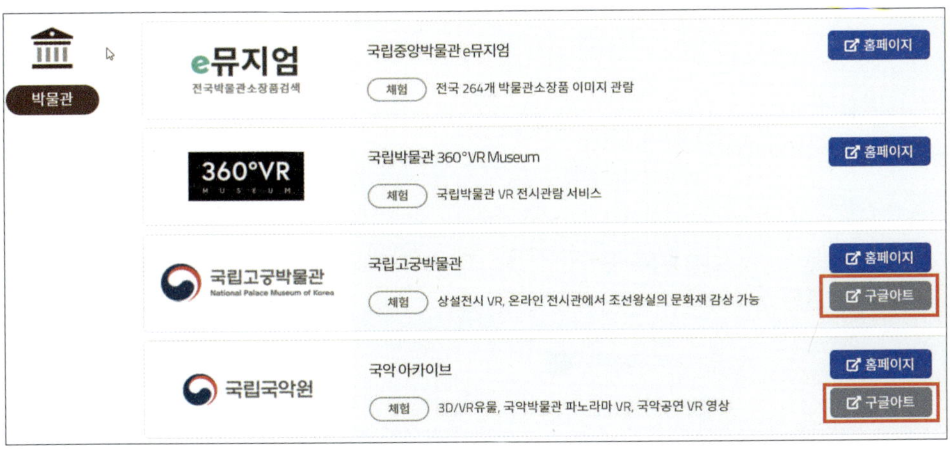

〈표 II-1〉 전국 박물관 목록 (홈페이지 운영 및 구글 아트앤컬처 VR 서비스)

지역	전시관 명	
서울특별시	국립중앙박물관 e뮤지엄	근현대디자인박물관
	국립박물관 360 VR Museum	대한민국역사박물관
	국립고궁박물관	서대문자연사박물관
	국악 아카이브	숙명여자대학교 정영양자수박물관
	국립민속박물관	숙명여자대학교박물관
	국립민속박물관 어린이박물관	이화여자대학교박물관
	국립중앙박물관	전쟁기념관 어린이박물관
	국립중앙박물관 어린이박물관	호림박물관
	국립한글박물관	화정박물관
부산광역시	국립해양박물관	동아대학교석당박물관
대구광역시	국립대구박물관	
인천광역시	국립생물자원관	
광주광역시	국립광주박물관 사이버체험관	
경기	경기도박물관	실학박물관
	경기도어린이박물관	여주박물관
	단국대학교 석주선기념박물관	전곡선사박물관
강원	국립춘천박물관	
충북	국립청주박물관	청주고인쇄박물관
	국립청주박물관 어린이박물관	
충남	국립부여박물관	국립공주박물관
	국립부여박물관 어린이박물관	
전북	국립전주박물관	국립해양생물자원관
전남	고려청자박물관	국립나주박물관
경북	국립경주박물관	국립경주박물관 어린이박물관
경남	국립김해박물관	국립진주박물관
제주	국립제주박물관	해녀박물관
	본태박물관	
세종	대통령기록관	

〈표 II-2〉 전국 미술관 목록 (사이버 전시관 및 구글 아트앤컬처 VR 서비스)

지역	전시관 명	
서울특별시	리움	아트센터 나비
	미래 문화 경영 그룹	재단법인 아름지기
	사바나미술관	한국사립미술관협회
	서울도시건축비엔날레	한국영상자료원
	서울디자인재단	DDP 동대문디자인플라자
	서울시립미술관	JoSanKu
부산광역시	부산시립미술관	이우환공간
대구광역시	경북대학교 미술관	대구미술관
광주광역시	광주시립미술관	국립아시아문화전당
	광주디자인비엔날레	
대전광역시	대전시립미술관	
경기	경기도미술관	국립과천과학관
	경기문화재단	국립현대미술관
	경기창작센터	남한산성세계유산센터
	백남준아트센터	수원문화재단
	수원시립미술관	양주시립장욱진미술관
	양평군립미술관	이천시립월전미술관
충북	청주공예비엔날레	청주시립미술관
	청주시립청호미술관	
전남	국립무형유산원	
경북	포항시립미술관	
제주	온라인제주도립미술관	제주현대미술관

[현장 사례: 선우 유치원]

생활주제	동식물과 자연	연령	만 5세
제목	공룡이 궁금해요		
누리과정 관련요소	자연탐구 〉 탐구과정 즐기기 〉 주변 세계와 자연에 대해 지속적으로 호기심을 가진다. 자연탐구 〉 자연과 더불어 살기 〉 주변의 동식물에 관심을 가진다. 의사소통 〉 듣기와 말하기 〉 상황에 적절한 단어를 사용하여 말한다.		
활동목표	• 공룡이 멸종된 원인을 여러 가지로 상상해 봄으로써 환경에 대해 관심을 가진다. • 공룡의 먹이, 사는 곳, 특성에 대해 안다. • 공룡에 관한 궁금증과 생각을 적절한 어휘로 표현할 수 있다.		
활동자료	• 공룡 막대 인형 • 공룡이 궁금해요 (PPT) • 공룡 모형 • 공룡 관련 책 • 태블릿 PC		
교수-학습활동			
도입	1. 공룡 인형의 이야기를 들으며 주의를 집중한다. – 오늘은 우리 교실에 공룡 친구들이 놀러왔어요. – 어떤 공룡들이 왔는지 살펴볼까요? 2. 어린이들이 알고 있는 공룡에 대해 이야기 나눈다. – 어린이들은 어떤 공룡을 알고 있나요? – 공룡은 어떻게 생겼나요? – 어떤 공룡을 좋아하나요?  		

전개

1. 공룡이 살았던 시대를 상상해본다.
   - 공룡이 살았던 시대에는 어떤 모습일까요? (트라이아스기-쥐라기-백악기)
   - 무엇이 있었을까요?
2. 서로 다른 장소(하늘, 바다, 땅)에서 살았던 공룡에 알아본다.
   - 각각의 장소에서 살았던 공룡들이 잘 할 수 있었던 것은 무엇일까요?
   - 땅: 나무오르기, 뛰기, 뒹굴기,
   - 바다: 헤엄치기, 물속에서 먹이 잡기
   - 하늘: 멀리 날아가기, 날면서 먹이 잡기
3. 하늘, 바다, 땅에서 살았던 공룡의 종류와 특징에 대해 이야기 나눈다.

1)하늘을 날 수 있었던 공룡(익룡)에 대해 이야기 나눈다.
   - 하늘을 날 수 있었던 공룡을 무엇이라고 부를까요?
   - 어떤 종류가 있을까요?
   - 익룡의 특징은 무엇일까요?
   - 익룡은 어떻게 생활했을까요?

2)바다에 사는 공룡(해룡)에 대해 이야기 나눈다.
   - 바다에 살았던 공룡을 무엇이라고 부를까요?
   - 어떤 종류의 공룡이 있을까요?
   - 해룡의 특징은 무엇일까요?
   - 해룡은 어떻게 생활했을까요?

3)땅에 사는 공룡(육룡)에 대해 이야기 나눈다.
   - 땅에 사는 공룡을 무엇이라고 부를까요?
   - 어떤 종류의 공룡이 있을까요?
   - 육룡의 특징은 무엇일까요?
   - 육룡은 어떻게 생활했을까요?

4. 공룡이 살았던 시대에 대해 알아보고, 궁금한 점들에 대해 질문목록을 만들어 본다.
   - 이야기나누기를 통해 공룡에 대해 더 궁금한 점이 있나요?
   - 모둠끼리 토의를 한 후 궁금한 점들을 질문목록으로 만들어보자.
5. 공룡이 살았던 시대에 대해 더 알고 싶어 하는 궁금한 점들을 인터넷 검색을 통해 조사한다.

전개	  6. 네이버 뮤지엄뷰로 '고성 공룡박물관'을 둘러본다.  
마무리	1. ① 공룡을 살펴본 느낌에 대해 이야기 나눈다. – 어떤 점을 더 알아보고 싶었나요? – 궁금한 점을 어떻게 해결했나요? – 어떤 점이 가장 기억에 남았나요?
교사 운영 평가	• 공룡의 특성을 이해하는데 자료가 적절하였는가? • 유아가 궁금한 것을 찾아 볼 수 있도록 충분히 지원(시간, 자료 등)해 주었는가?
유아 학습 평가	• 공룡이 멸종된 이유를 생각하며 환경에 대해 지속적으로 관심을 가지는가? • 공룡의 특성을 이해하는가? • 공룡에 대해 궁금한 점, 아는 것 등을 적절한 어휘로 표현할 수 있는가?

Tip. 구글 Arts & Culture 모바일에서 활용하기

인터넷 웹사이트 방문을 통한 활용뿐만 아니라, 스마트패드 활용 시 애플리케이션으로도 접근 가능하니 알아두자. 앱 스토어에서 'Google Arts & Culture'를 검색하면 다운받을 수 있다(안드로이드용, iOS 모두 가능).

기능	내용
확대/축소 보기	미술작품을 터치하여 확대 혹은 축소하여 세밀하게 관찰 가능함
가상 현실	Google Cardboard 뷰어를 통해 가상현실을 체험함
시대/색상별 검색	예술작품을 색상이나 시대별로 필터링하여 탐색함
가상 투어	세계의 유명 박물관과 상징적인 장소를 가상으로 방문함
개인 컬렉션	좋아하는 예술작품을 저장하고 내 컬렉션을 친구들과 공유함
주변	내 주변에 있는 박물관과 문화 이벤트를 검색함
전시	전문가가 선별한 가이드 투어 정보를 받음
일일 다이제스트	앱을 열 때마다 새로운 정보를 받아볼 수 있음
예술작품 인식기	박물관에 방문했을 때 기기의 카메라를 작품으로 향하면 작품에 관한 정보를 볼 수 있음(단, 일부 박물관만 가능)
알림	문화/예술계 소식 구독
번역	번역 버튼을 사용하여 전 세계의 전시회 정보를 내가 사용하는 언어로 확인함

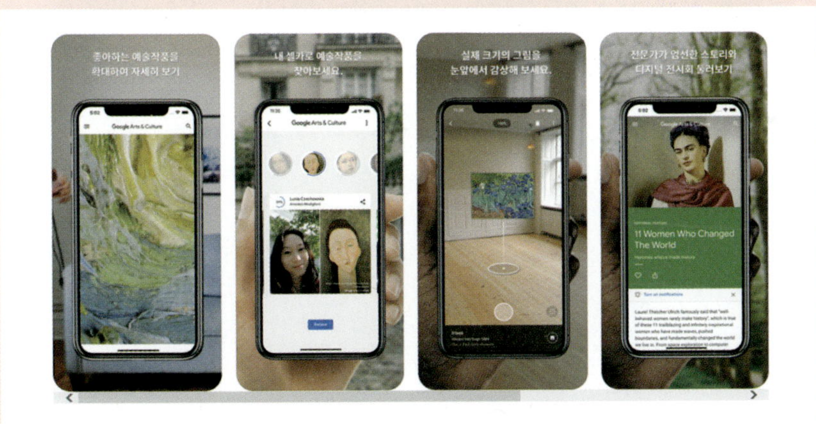

[그림 II-6] Google Arts & Culture 모바일 스크린샷

출처: App Store.

3. 위성 지도를 통한 역사와 지리 탐구

1) 구글 어스

(1) 프로그램 소개

구글 어스(Google Earth)는 구글에서 제공하는 위성지도 서비스이며, 위성 이미지, 지도, 지형 및 3D 건물 정보 등 전 세계의 지역 정보를 제공하는 영상 지도 서비스이다. 2005년부터 서비스를 시작했으며, 현재 30개 이상의 언어로 제공하고 있다. 구글 어스는 지역에 따라 다르지만, 기본적으로 지구 전역은 Earthsat사의 위성사진을 이용하고 있다. 지구뿐만 아니라 달과 화성 등 다른 행성의 모습도 관찰 가능하며, 해당 장소의 과거와 현재의 사진 촬영 히스토리를 제공함으로써 지형의 변화, 장소의 발달 등 지리적 역사를 알 수 있다.

유아들과 함께 우리 집 찾아보기, 현장학습 장소 사전답사 가기, 유명 관광지 둘러보기, 달나라 여행 떠나기 등 다양한 활동 전개가 가능하다. 단, 유의할 점은 사용하는 컴퓨터의 사양이나 인터넷 속도에 영향을 많이 받기 때문에, 수업 준비를 할 때에는 원활하게 구동이 되다가 막상 대 · 소집단 활동 시간에 구동이 느려 당황하는 경우가 발생할 수 있으니 유념해야 한다. 인터넷 버전보다는 데스크톱 버전으로 다운받아 활용하는 것이 안정적이다.

(2) 활용 방법

① 검색창에서 '구글 어스'를 입력하거나, 인터넷 주소 https:/www.google.com/earth를 직접 입력하여 들어간다.

② 'Launch Earth'는 프로그램을 다운받지 않고 인터넷상에서 사용 가능한 버전이다. 이는 구글 크롬 브라우저에서만 구동한다.

③ 상단의 '어스 버전'을 클릭하고, 안정적인 사용을 위해 '데스크톱용 Google 어스 프로'를 다운(실행)받아 설치한다.

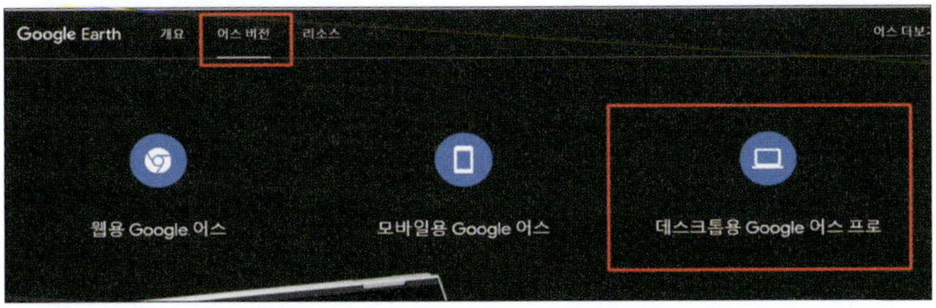

④ 별도의 로그인 없이 사용 가능하다. 프로그램이 열린 화면이다. 좌측에는 장소를 검색할 수 있는 검색창과 3D 빌딩, 바닷속 등 검색할 수 있는 옵션창이 있다. 기본으로 보여지는 구글 어스는 사용자의 위치에 따르므로 우리나라를 기준으로 제시된다.

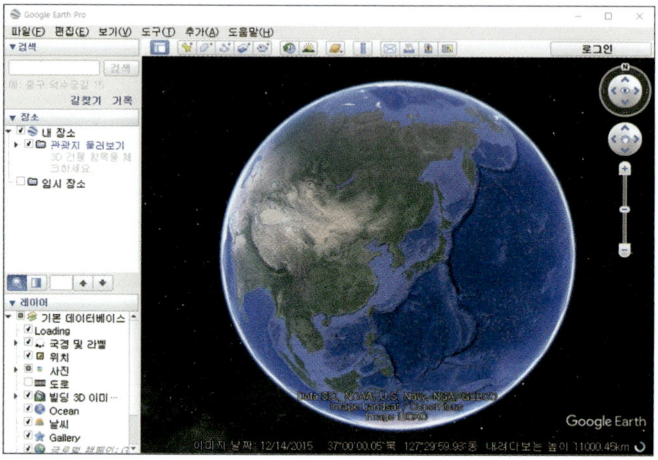

⑤ 검색창에 원하는 장소를 입력하여 '검색' 버튼을 누르면 빨려 들어가듯이 해당 장소로 이동한다. 유아와 함께 우리 유치원을 검색해 보자.

⑥ '선우 유치원'을 검색하면 하늘에서 바라보는 위성사진이 나온다.

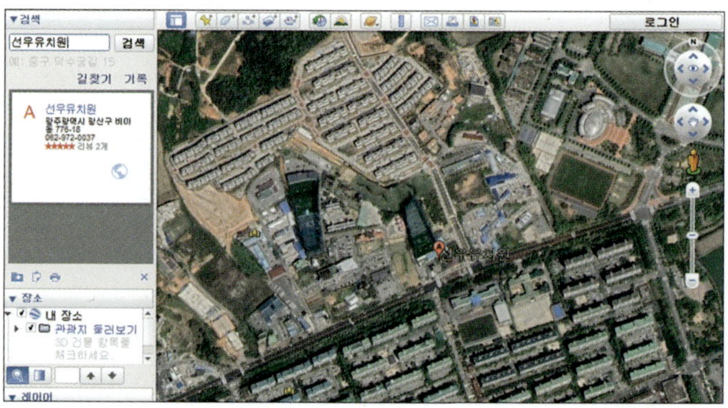

⑦ 화면 우측에 다양한 아이콘이 제공된다. 아이콘의 기능은 다음과 같다. 교사는 실제로 하나씩 조작해 가며 기능을 능숙하게 다루는 연습을 한다.

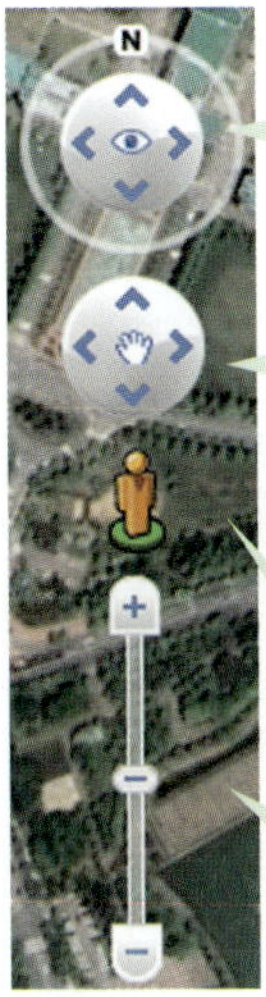

바깥쪽 흰색 휠을 마우스로 잡고 돌리면 동서남북 방향을 바꿀 수 있다.

꺽쇠를 클릭하면 상하좌우 지도 위치를 조정할 수 있다.

사람 모양 아이콘을 가져다 지도의 원하는 위치에 놓으면 항공 뷰에서 스트리트 뷰로 볼 수 있다.

지도를 가까이, 혹은 멀리 조정할 수 있다. 마우스 휠로도 조정 가능하다.

⑧ 상단의 아이콘을 활용해 유아들과 활동해 볼 예시를 알아보자.

☞ 활용 1: 내가 사는 곳의 과거와 현재

상단 아이콘	기능
	• 그동안 구글에서 찍었던 동일 장소의 과거~현재 사진을 볼 수 있음 • 시간여행, 과거와 현재, 장소의 변화된 모습을 시간 바를 당겨서 확인함 

예시(송원대학교)

2002년

2005년

2014년

☞ 활용 2: 달 탐험, 화성 탐험

<table>
<tr><th>상단 아이콘</th><th>기능</th></tr>
<tr><td>
</td><td>• 행성 모양의 아이콘을 클릭하면 지구뿐만 아니라 달, 화성으로 순간이동 할 수 있음
• 마우스로 달을 돌려 보기도 하고, 분화구 등을 자세히 관찰할 수 있음</td></tr>
<tr><th colspan="2">예시</th></tr>
<tr><td colspan="2">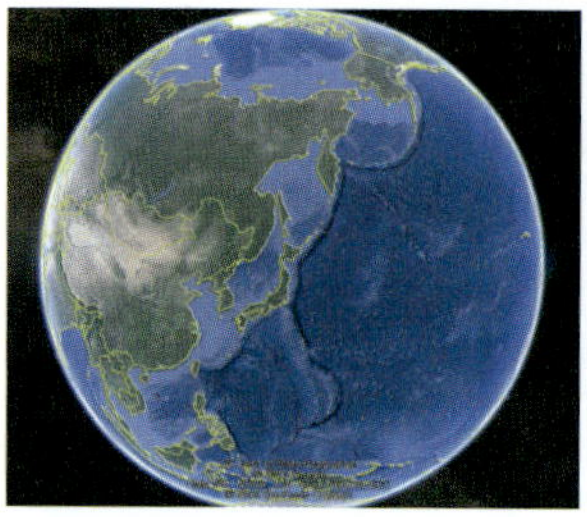
지구의 모습

달의 모습

화성의 모습</td></tr>
</table>

☞ 활용 3: 세계 여러 나라 여행

<table>
<tr><th>상단 아이콘</th><th>기능</th></tr>
<tr><td>
</td><td>• 검색창에 세계 주요 건축물이나 관광지를 입력하여 가상여행을 떠날 수 있음
• 미국을 중심으로 주요 유명 장소의 경우 건축물 3D 이미지를 제공하며, 스트리트 뷰로 걸어다니는 듯한 경험을 할 수 있음</td></tr>
<tr><th colspan="2">예시</th></tr>
<tr><td colspan="2">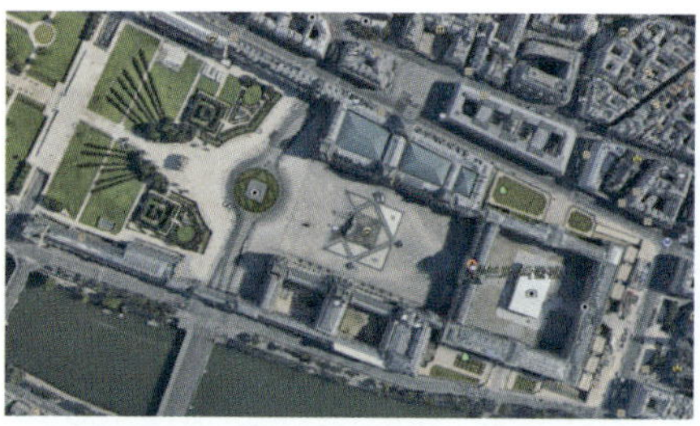
루브르 박물관 3D 입체 지도

자유의 여신상 3D 입체 이미지</td></tr>
</table>

[현장 사례: 선우 유치원]

<table>
<tr><td>생활주제</td><td>세계 여러 나라</td><td>연령</td><td>만 5세</td></tr>
<tr><td>제목</td><td colspan="3">세계 속 신기한 건축물</td></tr>
<tr><td>누리과정
관련요소</td><td colspan="3">사회관계 〉 사회에 관심 가지기 〉 다양한 문화에 관심을 가진다.
자연탐구 〉 생활 속에서 탐구하기 〉 물체의 위치와 방향, 모양을 알고 구별한다.
예술경험 〉 예술 감상하기 〉 서로 다른 예술 표현을 존중한다.</td></tr>
<tr><td>활동목표</td><td colspan="3">• 세계 여러 나라의 문화유산을 알아보고, 관심을 가진다.
• 세계 여러 나라의 다양한 문화유산의 특징을 안다.
• 다양한 나라의 문화유산을 존중하는 태도를 기른다.</td></tr>
<tr><td>활동자료</td><td colspan="3">• 세계지도
• 세계 여러 나라 건축물(PPT)
• '세계의 건축물'(동영상)
• 둥글둥글 지구촌 건축 이야기(동화책)
• 태블릿 PC
• 설계도
• 건축물 만들기 다양한 재료</td></tr>
<tr><td colspan="4">교수-학습활동</td></tr>
<tr><td>도입</td><td colspan="3">1. '세계 여러 나라' 하면 떠오르는 생각을 이야기 나눈다.
– '세계 여러 나라' 하면 어떤 생각이 떠오르나요?
2. 세계 지도를 보며 이야기 나눈다.
– 우리나라는 이 지도에서 어디에 있는지 알고 있을까요?
– 세계 여러 나라로 여행을 가 본 경험이 있나요?
– 어떤 나라를 가 보았나요?</td></tr>
<tr><td>전개</td><td colspan="3">1. 세계의 유명한 건축물에 대해 알아본다.
– 우리나라에 유명한 건축물이 있듯이 세계 여러 나라에도 유명한 건축물이 있어요.
– 세계 여러 나라에 있는 유명한 건축물은 어떤 것이 있을까요?
2. 세계 여러 나라 건축물 사진을 차례로 보며 이야기 나눈다.
– (세계의 건축물 그림을 살펴보며) 어느 나라에 있는 건축물일까요?
– 어떻게 생겼나요?
– 어떤 모양처럼 보이나요?
– 왜 이 건축물을 만들었을까요?
 </td></tr>
</table>

전개	3. 현대의 독특한 건축물을 살펴본다. – 세계의 유명한 건축물 말고도 재미있는 건축물을 본 적이 있나요? – 이 건축물 모양은 어떤 것 같나요? – 만약 우리가 이 건축물의 이름을 지어 준다면 무엇이라 붙여 볼 수 있을까요? 4. 세계지도를 보면서 내가 여행 가고 싶은 곳을 이야기해 본다. – 여행을 간다면 가고 싶은 곳이 있나요? – 그곳에 가면 어떤 건축물을 보고 싶나요? 5. 구글 어스로 세계 여러 나라에 유명한 건축물을 찾아본다. (과거~현재, 시간여행, 장소와 건축물의 변화된 모습을 시간 바를 사용해 활동하기)   6. 구글 어스를 활용해 모둠별로 설계도를 그린다. (모둠 친구들과 함께 구조와 특징에 대해 이야기를 나눈 후 설계도를 그리기) 7. 완성된 설계도대로 다양한 재료를 이용하여 건축물을 만든다. – 어떤 재료가 필요할까요? – 높지만 쓰러지지 않게 만들 수 있을까요? 8. 완성된 건축물의 이름을 정하고, 간단한 소개를 적은 종이를 건축물 앞에 붙인다. – 이 건축물의 이름은 무엇인가요? – 어떤 것을 생각하면서 만든 건축물인가요? 9. 모둠 구성원들과 함께 만든 건축물을 친구들에게 소개한다. – 만든 건축물을 친구들에게 소개해 봅시다.
마무리	1. 여러 나라의 건축물을 살펴본 느낌에 대해 이야기 나눈다. – 가장 기억에 남는 세계의 건축물은 무엇인가요? – 어떤 나라의 건축물을 더 알아보고 싶나요?
교사 운영 평가	• 다양한 문화유산의 특징에 관심을 가질 수 있도록 교수자료를 제공하였나? • 유아가 계획한 건축물을 표상할 수 있는 시간과 자료가 적절하였나?
유아 학습 평가	• 여러 나라의 건축물에 관심을 가지는가? • 다양한 건축물의 특징을 알고 적용하여 구성물을 만들 수 있는가? • 세계 여러 나라의 문화유산을 존중하는 태도를 갖는가?

2) 네이버 지도 & 카카오 맵 거리뷰

네이버 지도와 카카오 맵 등은 우리나라 기업에서 제공하는 대한민국 전용 지도 서비스이기 때문에 보다 우리나라 사용자에게 최적화되어 있다. 데스크톱 홈페이지, 모바일 홈페이지, 안드로이드 및 iOS 등의 다양한 플랫폼에서 서비스된다. 주요 기능으로는 지형도 포함 등산로, 벡터지도를 지원하며, 주요 기관, 건물 및 상호로도 검색된다. 일반지도, 위성지도, 지형지도로 선택 가능하다.

구글 어스는 주로 미국과 유럽 쪽을 중심으로 3D 건물 이미지 등 상세한 정보를 제공해 주어, 막상 대 · 소집단 활동 시 우리 유치원을 거리뷰로 보았을 때 정보를 제공 못할 경우가 있다. 네이버 지도와 카카오 맵의 경우 유치원이나 우리 집이 위치한 동네의 다양한 지리적 정보를 제공해 주어 유아에게 보다 구체적인 경험을 영상적 자원을 통해 지원할 수 있다.

[그림 II-7] 우리 유치원 주변 사진

출처: 네이버 지도 거리뷰.

Tip. 유아교육용 인터넷 콘텐츠 평가 척도

인터넷 자료를 교수 매체로 활용할 경우 유아교사는 콘텐츠의 적절성을 판단하여 유아에게 제공해야 한다. 다음은 유구종(2006)에서 제시한 유아교육용 인터넷 콘텐츠 평가 척도이다. 사용의 용이성 · 흥미성 · 교육성 · 내용의 적합성 · 기술성 등 종합적인 측면에서 평가기준에 따라 판단해 보고, 유아의 발달을 도모할 수 있는 교수 매체로서 인터넷 콘텐츠를 활용하자.

평가영역	평가기준요소
사용의 용이성	1. 전체 그림이 유아의 흥미 수준에 맞게 제시되는가? 2. 하나하나의 지시가 그림 메뉴 또는 말로서 제시되는가? 3. 하위활동이나 메뉴 표시가 내용을 알기 쉽게 아이콘 모양 등으로 내용을 잘 나타내고 있는가? 4. 문자를 읽을 수 없어도 사용할 수 있는가? 5. 유아가 어른의 도움을 적게 받고도 시작하기 쉽고 원할 때 끝낼 수 있는가? 6. 초기 메뉴에 빠르고 쉽게 도달할 수 있는가? 7. 유아가 실수한 것을 스스로 알 수 있으며 교정하도록 유도하는가? 8. 유아의 조작에 따라 쉽게 통제 가능한가? 9. 내용이나 설계에 있어서 일관성 있게 작동하는가?
흥미성	1. 내용이 성별에 따른 유아들의 흥미를 고려한 내용인가? 2. 주제가 유아들에게 의미를 제공하여 흥미를 느낄 수 있는가? 3. 유아들이 계속해서 사용하는가? 4. 유아가 다양하게 도전할 수 있고, 자신의 수준을 선택할 수 있는가? 5. 효과음이 시끄럽거나 거슬리지 않고 재미있고 사실적인가? 6. 사물이 실재처럼 구체적으로 표상되는가?
교육성	1. 학습목표가 교육적 가치를 지니고 있는가? 2. 유아의 상상력과 호기심을 자극하는가? 3. 유아가 이해하기 쉬운 다양한 예를 제공하는가? 4. 한 개념이 다양한 방법으로 경험할 수 있도록 조직되었는가? 5. 내용이 유용하고 정확하고 최신의 것인가? 6. 시행착오를 통한 학습이 가능하며 발견하고 탐색하는 과정을 결과보다 중시하는가? 7. 또래 간의 협동심을 조장하는가? 8. 음성언어를 사용하는가? 9. 퀴즈나 게임 같은 상호작용 구성을 활용하고 있는가? 10. 의미 있는 그림이 음향과 함께 피드백이 주어지는가?

평가영역	평가기준요소
내용의 적합성	1. 활동이 유아의 연령별 수준으로 제시되어 다양하게 나타나 있는가? 2. 내용이 유아의 직접적인 경험과 연결되는가? 3. 유아의 아이디어를 내용에 반영시킬 수 있는가? 4. 내용에 인종과 성에 대한 편견은 없는가? 5. 내용에 폭력적인 인물과 행동이 제시되지 않는가?
기술성	1. 실행이 지연되지 않고 순조롭게 이루어지는가? 2. 사이트 내용 목록이 전체적으로 알 수 있게 제시되며 하이퍼(링크) 기법을 사용하였는가? 3. 일러스트레이션, 동영상, 애니메이션, 사운드 등의 멀티미디어적 요소가 적절히 제공되는가?

출처: 유구종(2006).

Chapter 05.

뉴미디어를 활용한 배움

1. 애플리케이션을 활용한 배움

1) 애플리케이션의 개념과 특징

애플리케이션은 음악, 동영상, 통신, 책, 소프트웨어 등의 콘텐츠를 활용할 수 있는 스마트폰, 태블릿 PC에서 사용하는 응용프로그램이다. 유아용 콘텐츠는 모바일 기술의 발전에 따라 웹 사이트에서 많이 이용되고 있으며, 플래시 기반의 콘텐츠로부터 애플리케이션(앱)으로의 변화의 과정을 거쳤다. 이제 CD-ROM으로 멀티미디어 자료를 활용하는 것이 아니라 디지털화된 음원 및 파일, 인터넷 검색 및 활용자료, 혹은 애플리케이션 형태로 교수 매체의 유형이 변화하고 있다.

애플리케이션의 교육적 특징은 학습 및 교육의 환경 개선에 매우 효율적이고, 학습자로 하여금 지리적 · 시간적 제약에 구애받지 않고, 다양한 학습기회를 제공받을 수 있다. 이러한 애플리케이션의 특징은 첫째, 자료 제시에 다양성을 제공한다. 둘째, 공간을 초월한 비실시간적 상호작용을 가능하게 해 준다. 즉, 학습자와 강의자 간 시간과 공간에 제약을 받지 않고 학습할 수 있고, 전 세계 사람들과 동기적인(synchronous) 형태 및 비동기적인(asynchronous) 상호작용을 할 수 있는 환경을 제공한다. 셋째, 시뮬레이션을 통해 실제적인 학습환경을 제공한다. 실제와 매우 유사한 시뮬레이션 학습환경을 통해 학습할 수 있어 다양한 간접적인 체험을 할 수 있다(유구종 · 김민경 · 김은아, 2012). 유아용 애플리케이션의 유형은 〈표 II-3〉과 같다. 유아교육 현장에서 대 · 소집단 활동 시 활용할 수 있는 유아교육용 애플리케이션의 예를 살펴본다.

〈표 II-3〉 유아용 애플리케이션 유형

분야	내용
놀이형	게임, 만들기, 꾸미기 등 놀이를 제공하는 유형
감상형	동요, 동화, 동시 등 이야기를 서술하는 유형
문제 풀이형	퀴즈, 수학문제 등 정답을 맞춰 스토리를 진행해 나가는 유형
복합형	게임이나 여러 가지 콘텐츠가 한 주제를 통해 종합적으로 제공하는 유형

2) 유형 및 사례

App 명	캡처화면	주요 기능
뽀로로 스케치팝		• 대상: 만 5세 이상 • 색칠을 통해 캐릭터와 상호작용하는 놀이를 제공하는 콘텐츠 • 스케치 종이를 홈페이지에서 프린트할 수 있으며, 프린트된 종이를 인식해서 증강현실을 제공하고 캐릭터를 감상할 수 있음
꽃 검색 앱 (Daum 꽃 검색/ 네이버 스마트렌즈)		• 대상: 만 3세 이상 • 실외활동 시 계절에 따라 피는 꽃들에 관심을 가지고 이름과 관련 정보를 알고자 할 때 사진 촬영으로 쉽게 접근 가능함. 촬영을 하면 포털사이트(다음, 네이버)에서 정보를 얻는 형태임

App 명	캡처화면	주요 기능
에디의 수과학놀이		• 대상: 만 3세 이상 • 지구본, 로봇, 파이프, 망원경을 터치하면 관련 숫자, 과학놀이를 할 수 있음 • '재활용 장난감 로봇'의 경우 자석에 붙는 물건들을 손가락으로 골라 로봇으로 만드는 놀이로 자력을 띠는 물체에 대한 이해가 필요함
베이비버스 키즈 앱 '터치놀이'		• 대상: 만 2세 이상 • 지문 모양 캐릭터들이 소리를 내며 등장하여 감정표현(웃기, 울기), 노래 부르기 등 다양한 동작을 표현함 • 유아의 탐구욕구와 창의적 활동 지원
스마트 그림책 앱 '타요콘' 아바타 동화		• 대상: 만 3세 이상 • 메뉴는 동화와 놀이로 구성됨 • 포토존에서 유아 사진에 표정을 입혀 주면 동화의 주인공으로 제시됨. 인성동화를 포함한 다양한 동화 선택 가능
포포야 동물 한글 낱말 카드		• 대상: 만 4세 이상 • 플레이와 게임으로 구분됨. 'ㄱ'에 해당하는 낱말 '개'부터 시작, 낱말 듣기, 동물 소리 듣기, 자음 모음 써 보기, 소리 듣고 낱말 맞히기, 같은 그림 찾기 등의 활동이 가능함 • 게임은 유료이므로 주의함

2. 증강현실 기술을 활용한 배움

1) 개념과 특징

증강현실(AR: Augmented Reality)은 실제 환경에 가상 정보를 합성하여 현실 세계의 뷰(view)를 변화시키는 가상현실 기술의 한 분야이다. 우리에게 익숙한 증강현실 기술은 '포켓몬 고' 앱이 대표적이다. 증강현실이 학습과정을 촉진시킬 수 있는 이유는 주로 맥락화된 환경에서 학습 객체에 대한 실제적인 조작활동을 수반하고, 조작활동은 학습자의 경험을 증진시키며 학습장면에 몰입을 유발하기 때문이다. 또한, 학습장면을 그대로 활용하여 그 위에 학습객체를 부가적으로 보여 주는 증강현실의 기술적 특성이 학습 맥락에 대한 이해를 촉진시킬 수 있다는 장점을 지닌다. 이러한 증강현실이 지닌 매체적 속성으로 능동적 학습, 구성주의적 학습, 의도적 학습, 실제적 학습 및 협동학습을 촉진시킬 수 있다(Shelton, 2003).

포켓몬 고

매직 리프

[그림 II-8] AR 기술을 적용한 대표적인 예

〈표 II-4〉 현실세계 vs 증강현실, 가상현실의 교육적 특성

구분	배경	객체	가상성	교육적 특성	사례
현실	실제	실제	매우 낮음	직접 체험 환경 지원	직접 수술 참관
증강현실 (AR)	실제	가상	약간 높음	현실의 맥락성을 유지한 상태에서 가상 객체를 활용한 체험 활동을 제공함으로써 학습의 현존감 강화	가상 심장 관찰
가상현실 (VR)	가상	가상	매우 높음	완벽한 가상 환경 지원을 통해 학습상황에 대한 몰입 극대화	1인칭 시점의 몸속 탐험

출처: 김영희 외(2015).

2) 유형 및 사례

(1) 퀴버(Quiver)

퀴버(Quiver)는 증강현실 마커가 포함된 도안을 제공하는 사이트로, 해당 홈페이지(Quivervision.com)에서 도안을 프린트하여 유아가 색칠한 뒤 퀴버 앱으로 촬영하면 유아가 그린 그림이 3D 입체물로 나타나 마치 살아 움직이는 듯한 영상을 직접 볼 수 있는 서비스이다. '인쇄하기-색칠하기-촬영하기'의 비교적 간단한 단계만으로 유아가 자신이 색칠한 그림이 구현되는 모습에 흥미와 동기부여를 가지고 교육적 효과를 높일 수 있다. 또한, 3D 입체 그림으로 유아가 손가락으로 조작하여 전후, 좌우, 위아래를 볼 수 있기 때문에 평면조형과 입체조형 활동 모두 가능하다(황해익 외, 2015). 도안을 모아 놓은 'Coloring Packs'에서 'Free'라고 적힌 도안은 무료이며, '$' 표시가 된 도안은 해당 가격을 지불해야 다운받을 수 있다. 특히, 교육과정과 접목하여 활용할 수 있는 자료만 별도로 제공하는 'Quiver Education' 메뉴의 도안은 무료로 제공되고 있으므로 생활주제에 따라 활용해 보는 것도 좋겠다.

[그림 II-9] 퀴버로 그린 그림이 증강현실로 구현되는 장면

① 먼저 Quivervision 홈페이지에 접속한다.

② 우측 상단의 'coloring Packs'는 다양한 주제의 도안을 제공하는 곳이다. 여기를 클릭해 보자.

③ 'Coloring Packs'에는 다양한 증강현실 도안을 제공한다. 'Free'는 무료도안을, '$'는 금액이 있는 도안을 의미한다.

④ 'Quiver Education'은 교육과정에 연계할 수 있는 자료를 제공한다. 클릭해 본다.

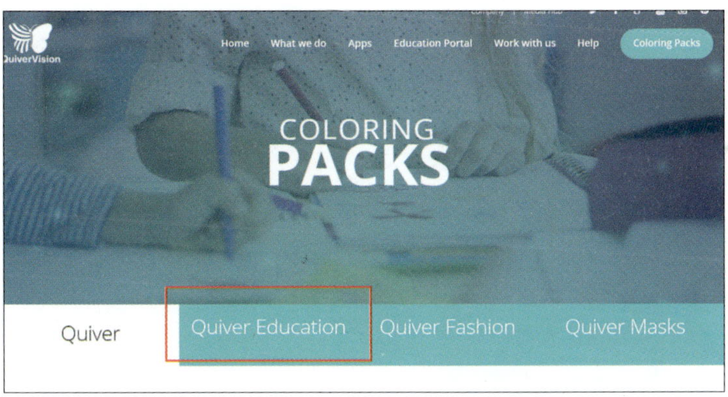

⑤ 'Education Starter Pack'에는 화산 폭발 실험, 세포의 구성과 이름, 지구본의 3D 그림도안을 제공한다. 이외에도 계절과 특정 기념일 등에 활용할 수 있는 도안이 많으니 교사가 선별하여 활용한다. 예로, 스타터를 클릭한다.

⑥ 화산 폭발 모습을 볼 수 있는 'Volcano' 도안을 활용하려면 'Download Page'를 누른다. 컴퓨터와 연결된 프린터가 있다면 바로 인쇄 가능하다.

⑦ 유아에게 주제에 따라 도안을 나눠 주고 색칠하도록 한다.

⑧ 앱스토어에서 퀴버 앱을 스마트 기기에 다운받고, 색칠을 모두 마친 도안을 증강현실로 보기 위해 가장 하단의 '플레이' 버튼을 누른다.

⑨ 카메라 앱이 구동되면서 네모 상자가 나타난다. 유아가 그린 그림을 바닥에 놓고 전면으로 나오도록 모양을 맞추면, 네모 상자의 색깔이 보라색으로 바뀌면서 3D 입체 그림이 나타난다.

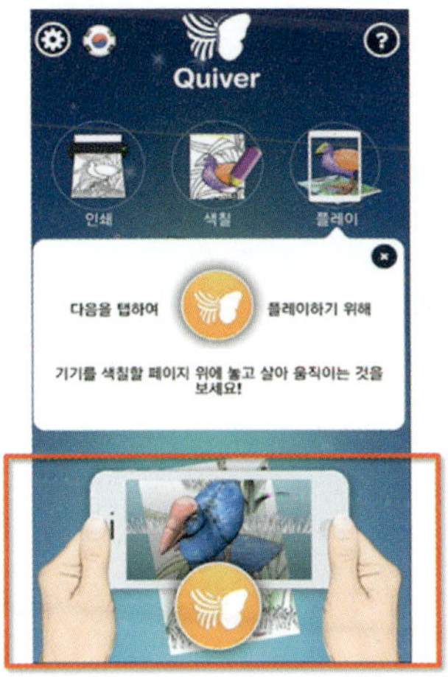

(2) 구글 3D AR

구글은 검색하면 일부 검색결과를 3D 및 증강현실(AR)로 볼 수 있는 서비스를 운영하고 있다. 3D 검색결과 보기는 안드로이드 7 이상을 실행하는 안드로이드 휴대전화에서 가능하며, 아이폰(iOS) 사용자의 경우 Google 앱을 다운로드 받아 앱을 실행시킨 후 사용가능하다. 한국어로 검색했을 때 구글 3D AR이 구현되는 종류는 2023년 12월 기준 육상동물(호랑이, 대왕판다, 표범, 염소, 치타, 조랑말, 큰곰, 회색늑대, 셰틀랜드 포니, 비단뱀, 아라비아말, 아메리카너구리, 고슴도치, 사슴), 수중 및 습지동물(청둥오리, 엘리게이터, 백상아리, 문어, 아귀, 바다거북), 조류(마코앵무새, 황제펭귄, 독수리), 반려동물(포메라니안, 골든 리트리버, 래브라도 리트리버, 프렌치 불도그, 퍼그, 고양이), 문화 유적지(치첸이트사, 브란덴부르크 문, 토머스 재퍼슨 기념관, 게이트웨이 오브 인디아, 쇼베 동굴, 아후 나우 나우), 문화적 대상(아폴로 11 사령선과 닐 암스트롱) 이며, 영어로만 지원되는 종류는 인체의 해부학적 구조, 세포 구조, 화학 용어, 생물학 용어, 물리학 용어 등이니 참조하자.

① 먼저 안드로이드 휴대전화에서 google.com으로 이동하거나 Google 앱 G을 연다.

② 동물, 사물 또는 장소를 검색한다. 예를 들어 '사자'로 검색해 보자.

③ '사자'를 검색하면 사자에 대한 설명과 함께 사자의 울음소리도 들을 수 있다. 우측의 🔊를 탭해 소리를 들어보자.

④ 3D 검색결과가 나오면'3D로 보기' [3D로 보기] 를 탭한다. 이후 사자의 모습이 3D 나타나는데, 확대하거나 손가락으로 움직여 사자를 360도로 돌려 볼 수 있다.

⑤ 증강현실로 보고 싶으면 '내가 있는 공간에서 보기' 를 탭하고 화면에서 안내하는 대로 평평한 곳을 찾아 빗자루로 쓸 듯 비춰주면, 바닥면 인식이 되는 순간 바닥에 화면 실제 크기의 사자가 나타난다. 증강현실이 실행되면 실제 공간에 사자가 존재하는 것처럼 보인다. 스마트폰을 들고 가까이 하거나 멀리하면서 관찰할 수 있고, 사자 주변을 돌면서 관찰할 수도 있다.

(3) Anatomy 4D

아나토미 4D(Anatomy 4D)는 인간의 신체와 장기의 구조와 모습에 대해 학습할 수 있는 애플리케이션이다. 장기를 하나씩 분리해서 살펴볼 수 있고, 근육과 골격 시스템의 관계를 관찰할 수 있는 등 인간의 신체에 대한 AR 학습도구이다. 특히, 3D 이미지와 함께 움직임도 함께 제시되어 보다 실제적인 경험을 제공한다. 미국의 초등학교에서는 과학수업에 적용하여 수업참여도 개선에 효과를 나타내었다. 국내에서도 인체탐험이나 바닷속 생물에 대한 학습을 위해 저렴한 가격으로 마트에서 구입 가능한 학습용 포스터도 보급되고 있다. 아나토미 4D와 같이 세밀한 신체구조 관찰은 어렵지만, 장기의 위치나 모양, 소리 등의 경험을 제공한다. 어린 연령의 학습자나 학습목표가 낮은 수준일 경우 오히려 단순한 그림 형태의 증강현실 자료가 효과적일 수 있다.

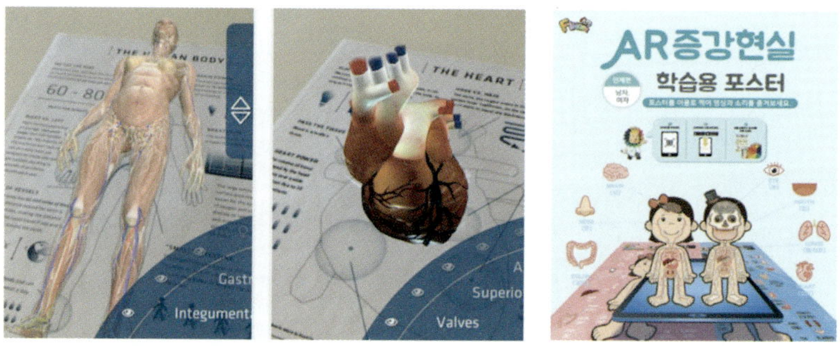

[그림 II-10] 아나토미 4D와 국내 AR 증강현실 포스터 자료

3. 가상현실 기술을 활용한 배움

1) 개념과 특성

가상현실(VR: Virtual Reality)은 컴퓨터 등을 사용하여 실제와 유사하지만 실제가 아닌 환경이나 상황 등을 만들어 내는 기술을 말한다(홍선주 · 이명진 · 최영인 외, 2017). 이때 만들어진 가상의 환경을 통해 실제와 유사한 공간적 · 시간적 체험

을 하게 함으로써 사용자는 현실과 상상의 경계를 자유롭게 드나들 수 있다. 대표적으로 비행훈련 3D 시뮬레이션과 세컨드라이프 플랫폼이 있다. 360도 VR 영상이나 사진은 현장학습의 안전교육을 위해 활용될 수 있다. 사전답사에서 360도 카메라로 촬영한 장소를 보여 주며 미리 위험한 곳과 주의해야 할 사항을 설명할 수 있다. 학생들이 체험하기 어려운 남극과 북극, 독도 등을 360도 VR 영상으로 체험할 수 있다. [그림 II-11]은 MS Keynote에서 개발한 유아를 위한 키네틱(Kinect)으로 3D 카메라를 이용하여 유아의 몸동작을 인식하는 가상공간 적용의 모습이다.

[그림 II-11] MS사의 유아 키네틱 가상공간 예

출처: microsoft.com.

가상현실은 증강현실과 함께 대표적인 실감형 기술이다. 현실감을 극대화하여 집중력이 낮은 학습자에게 학습 몰입도를 제공할 수 있으며, 오감을 극대화하여 실제와 유사한 경험을 제공하고 학습자와 콘텐츠 사이에 능동적인 상호작용이 가능하다. 지금까지 VR기술을 활용하기 위해서는 고가의 스마트폰이나 VR 기기(안경)가 필요하다는 문제점과 3D 콘텐츠를 교사가 자체 제작하기 어렵다는 한계에 부딪혀 교육 현장에 적용이 적었다. 하지만 최근에는 유튜브(YouTube)에 수많은 VR 콘텐츠가 업로드되어 있으며, VR 저작도구인 360도 카메라의 보급으로 VR 콘텐츠 제작 또한 쉬워졌다. 또한, 무료 VR 앱의 다양화와 구글에서 '카드보드'라고 하는 종이 VR안경 제작 도면을 공개함으로써 천 원 정도면 종이 VR안경을 접할 수 있어 아주 세밀하지는 않지만 교육 현장에의 VR 활용이 많아지고 쉬워졌다.

2) 유형 및 사례

(1) 구글 익스퍼디션(Google Expedition)

구글 익스퍼디션(Expeditions)은 교사용 기기에 와이파이로 연결된 학생용 기기로 학생들이 VR로 세계 곳곳을 탐험하는 애플리케이션이다. 세계 600여 곳의 유적과 관광지를 체험할 수 있으며, 행성협회(Planetary Society), 미국 자연사 박물관, 베르사유 궁전 등 세계 유수의 단체들과 콘텐츠 협약을 맺고 있다. 우리나라의 경우 '남한산성 세계유산센터'와의 협력을 통해 남한산성 가상현실 투어를 제공한다. 남한산성의 남문, 수어장대, 옹성, 암문, 행궁 등 유네스코 세계유산으로 등재된 남한산성을 방 한가운데서 둘러볼 수 있다. 각 장소에 어울리는 별도의 설명이 있어, 마치 현장에서 안내문을 읽어 보는 듯한 느낌을 준다. 구글 익스퍼디션은 교사가 학생들이 어디를 초점을 두고 보고 있는지 확인할 수 있다. [그림 II-12] 왼쪽은 교사용 디바이스에 현재 학생들이 보고 있는 부분을 스마일 아이콘으로 보여주는 장면이며, 오른쪽은 학생들이 자신의 기기에서 보고 있는 장면이다.

[그림 II-12] 구글 익스퍼디션 타지마할 궁전 관람(좌: 교사용, 우:학생용)

출처: http://samstory.coolschool.co.kr/zone/story/superman/streams/1129.

(2) 구글 카드보드(Cardboard)

카드보드는 구글에서 출시한 간이 VR안경을 의미하기도 하고, '카드보드'라는 앱을 의미하기도 한다. 카드보드 VR안경은 구글에서 도면을 전면 공개하였고, 도면을 활용하여 누구나 만들 수 있다. 구글 카드보드 앱과 VR안경은 함께 사용 가능하며, 유튜브에도 동영상 옵션으로 구글 카드보드에 맞춘 영상이 제공된다. 단점은 골판지로 제작하는 간이 VR 기기이므로 고가의 VR 기기의 모든 기능을 구현하지 못한다. 스마트폰을 카드보드에 끼워서 사용하므로 스마트폰의 직접 조작이 어렵고, 영상을 보는 것 외에 메뉴 이동과 가상공간에서 물건 잡는 것과 같은 추가적인 사용자의 행위는 불가능하다. 카드보드 앱은 여행, 문화유산 및 박물관 등의 콘텐츠가 있고, 내 폰의 동영상이나 구글 카메라로 찍은 360도 이미지를 감상할 수도 있다. 일반 동영상은 2D 스크린으로, 360도 동영상은 돌려보기가 가능하다.

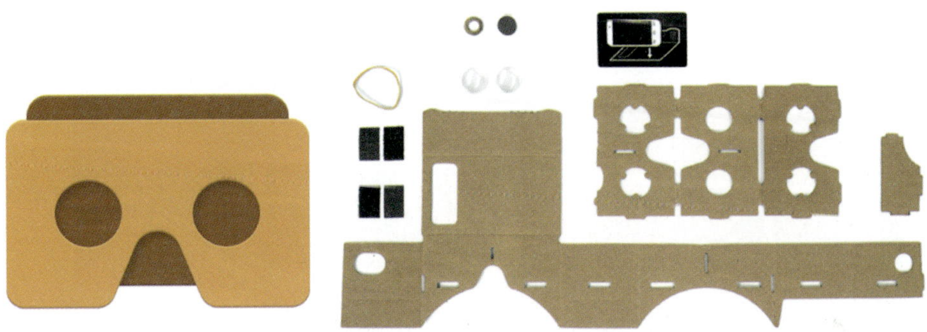

[그림 II-13] 구글 카드보드 VR안경 도면

출처: catmon.com/wiki/구글_카드보드.

(3) 유튜브의 VR 콘텐츠

이미 유튜브는 VR 콘텐츠의 천국이라 할 수 있다. 카네기홀(Carnegie Hall) 필라델피아 오케스트라 영상은 세계에서 가장 유명한 공연장 가운데 하나인 미국의 카네기홀에서 열린 필라델피아 오케스트라 공연을 담은 VR 콘텐츠이다. 360도 시야각을 제공하기 때문에 시청자는 마우스를 활용해 보고 싶은 방향을 설정해 감상할 수 있다. 객석뿐만 아니라 무대에서도 VR 영상이 촬영돼 연주자들의 움직임을 눈앞에서 보는 것처럼 느낄 수 있다.

유튜브의 VR 콘텐츠로 가상 현장학습을 다녀올 수 있다. 내셔널 지오그래픽에서는 360도 카메라로 촬영한 고화질의 비디오 영상을 제공하고 있다. 세계 곳곳의 생생한 자연의 모습을 VR로 볼 수 있어 마치 유아가 현장 속에 있는 듯한 실제감과 몰입감을 줄 수 있다. 아프리카 사파리에 사는 사자의 모습이나, 바닷속 상어가 바로 내 눈앞에서 지나가기 때문에 자세한 동물의 모습을 관찰할 수 있다.

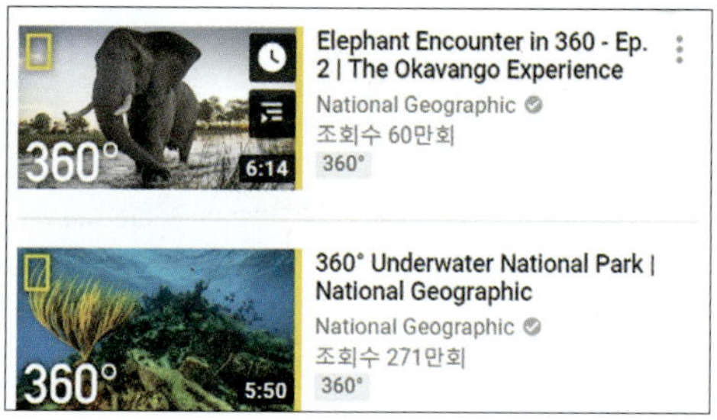

[그림 II-14] 유튜브에 제공된 내셔널 지오그래픽 제공 360 VR 영상

출처: https://www.youtube.com/watch?v=sPyAQQklc1s.

(4) 구글 Arts & Culture VR 콘텐츠

구글 Arts & Culture는 세계 유명 미술관과 박물관의 소장품의 사진을 제공함과 동시에 VR로도 볼 수 있는 서비스를 제공하고 있다. 가상 박물관 견학 시 사진이 질감에 대한 세밀한 구체성을 제공한다면, VR은 실제 현장에 가서 보는 듯한 몰입감을 더 제공한다고 볼 수 있다. 영국 대영박물관을 가상투어하기도 하고, 50여 개 자연사박물관의 멸종 생물 콘텐츠를 VR로 제공하고 있다. 우리나라 국립과천과학관의 '한반도 고유 생물'전이나 국립해양생물자원박물관의 5천 점이 넘은 해양 표본을 360도 파노라마 뷰로 관찰할 수 있다.

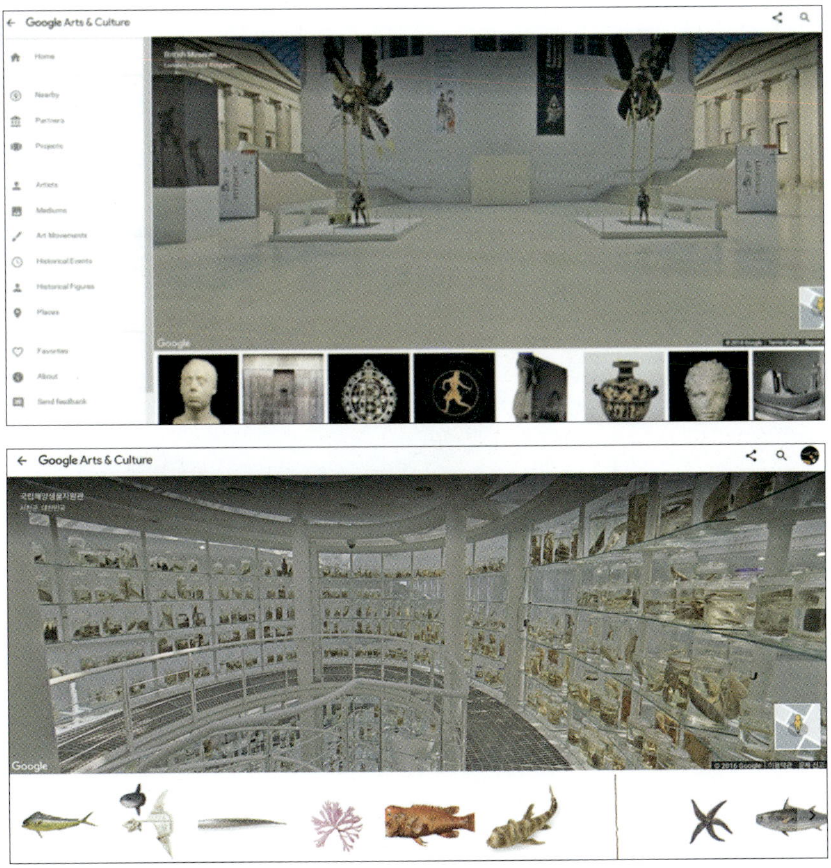

[그림 II-15] 영국 대영박물관 가상 투어와 국립해양생물자원박물관 360도 VR 영상

출처: artandculture.google.com.

Tip. VR 저작도구 '360도 카메라'

360도 카메라는 수평 및 상하 360도를 전 방향 촬영해 구면 사진 및 영상을 만드는 카메라이다. 360도의 구면 이미지와 영상이 가상현실(VR) 감상 콘텐츠로 사용된다는 점에서 'VR카메라'로 불리기도 한다. 대중화된 제품이 아니었으나 최근에는 10만 원 미만~50만 원 사이에서 구매가 가능해졌다. 스마트폰과 같은 모바일 기기에 장착하여 고해상도(3,840×1,920)의 360도 사진과 비디오 촬영이 가능하며, 블루투스와 와이파이에 연결이 가능해 SNS 공유 및 실시간 방송도 가능해졌다.

스마트폰에 360도 카메라를 장착하여 촬영하거나, '카드보드 카메라 앱'을 활용하여 촬영하면 VR 사진을 얻을 수 있다. 이 사진의 경우 모바일에서 손가락으로 돌려가며 360도 방향에서 볼 수 있을 뿐만 아니라 VR 기기를 통해 시청할 경우, 마치 내가 촬영 현장에 있는 듯한 가상현실을 경험할 수 있다.

[그림 II-16] 360도 카메라와 예시 사진

출처: 인스타 360 에어, 정보통신산업진흥원.

4. 스마트 토이를 활용한 배움

1) 개념과 특징

스마트폰, 태블릿 PC와 같은 스마트 기기에서 사용되는 디지털 기술이 접목된 토이가 등장했다. 스마트 토이(smart toy)는 컴퓨터에 연결하거나 혹은 놀이를 지원하는 정교한 센서와 전기회로를 내장하여 컴퓨터의 힘으로 사용하는 놀잇감을 의미한다. 이러한 스마트 토이는 내부에 와이파이나 블루투스와 같은 통신모듈, 모바일 프로세서(AP) 등을 내장하고 있어, 인터넷에 연결되거나 스마트폰, 태블릿 PC와 접속해 조작 가능하고 자체적인 컴퓨터 연산이 가능하다. 이들 스마트 토이는 외형적인 측면에서 물리적인 토이의 특징과 함께 기능적인 측면에서는 스마트 기기의 특징을 함께 지니는 일종의 하이브리드 토이로 볼 수 있다. 스마트 토이는 스마트 기기와 접속해 작동한다는 의미에서 '커넥티드 토이(Connected Toy)'로도 불린다. 스마트 토이의 긍정적인 측면은 다음과 같다.

① 전통적인 놀잇감의 개념을 넘어서 새로운 형태의 놀이와 교육을 창조할 수 있는 가능성을 보여 주고 있다. 사용자와의 상호작용이 제한적이었던 전통적인 물리적 놀잇감과는 달리 스마트 토이는 사용자의 언어와 움직임에 반응하거나 컴퓨터 프로그래밍을 통한 맞춤화가 가능하기 때문에 보다 폭넓고 다양한 상호작용을 구현할 수 있다.

② 스마트 토이의 디지털 상호작용 기능은 사용자에게 보다 높은 몰입감과 재미를 주어 기존의 토이와는 다른 새로운 놀이도구로서의 가능성을 제시한다.

③ 로봇형 스마트 토이는 프로그래밍을 통한 맞춤 기능 구현이 가능하므로 유아가 스마트 토이를 이용한 코딩활동으로 디지털 시대에 필요한 컴퓨팅적 사고(Computational Thinking)를 발달시킬 수 있다.

스마트 토이의 새로움과 혁신성이 주목받고 있지만, 디지털 기술의 접목에 따른 문제도 제기된다.

① 스마트폰과 태블릿 PC와 같은 스마트 기기의 문제점 중 하나는 높은 몰입감 때문에 사용자가 기기에 대한 과도한 의존과 중독현상이 발생할 수 있다는 점이다. 스마트 토이가 즉각적이고 직접적인 디지털 상호작용으로 감각을 자극하고, 인터넷 접속으로 제공되는 방대한 콘텐츠 등 즐길 거리가 많아 중독 문제가 발생할 수 있다는 우려가 제기된다.

② 스마트 토이는 스마트폰이나 태블릿 PC와 연동해 원가를 절감함으로써 가격이 저렴하다는 장점이 있지만, 반대로 부모의 스마트폰을 사용할 경우 아이에게 스마트폰을 빌려주어야 한다는 문제와 이를 해결하기 위해서는 새로운 스마트폰이나 태블릿 PC를 사야 한다는 문제도 동시에 제기된다.

2) 유형 및 사례

(1) 스마트블록(S-Block)

스마트블록(S-Block)(미래창조과학부, 2015)은 전통적 형태의 레고블록 구조에 다양한 입출력 기능을 넣고, 각 기능이 블록 간의 상호작용으로 작동될 수 있도록 IoT(사물인터넷 혹은 Internet of Things) 네트워크로 무선 연결한 교육용 스마트 토이이다. KIST에서 개발한 스마트블록(S-Block)의 목적은 아동이 IoT 테크놀로지를 활용하여 논리적 설계와 사고를 경험할 수 있도록 지원하는 동시에, 전통적 형태의 블록교구를 활용하는 실물 중심의 직접적인 놀이가 이루어지도록 하는 데 있다. 스마트블록(S-Block)은 친숙한 기존 아날로그 블록과 호환되고, 유아가 친구들, 부모와 함께 직접 새로운 장난감을 설계하고 만들어 볼 수 있어 창의력 · 협동심 · 논리력 향상에 도움이 될 것으로 예상했다. 가상의 화면이 아닌 실물과 감각을 활용하기 때문에 유아의 학습능력 발달에 긍정적 영향을 주며, 아날로그 블록의 제약성을 확장함으로써 기존 놀잇감에서 느껴보지 못했던 성취함을 느낄 수 있다(이병호 · 김윤희, 2018).

[그림 II-17] 스마트블록 구성요소

출처: 이병호 · 김윤희(2018).

이병호와 김윤희(2018)는 경기도 소재 A 어린이집 만 5세 유아 26명을 대상으로 스마트블록(S-Block)을 활용하는 스토리텔링 프로그램을 통해 유아의 논리 · 수학적 사고와 공간능력 향상에 어떠한 영향을 미치는지에 대해 알아보았다. 4~5명의 소집단을 대상으로 한 이 연구에서 유아들은 〈표 II-5〉와 같이 자기주도적이면서, 문제 확인-계획-실행, 문제해결력과 반성적 문제해결과정에 참여하였고, 〈표 II-6〉은 실제 활동의 일부이다. 연구결과, 스마트블록 놀이 경험이 논리 · 수학적 수행능력에 긍정적 영향을 미치며, 특히 신호와 반응체제로 구성된 블록 간 관계에 대한 물리적 경험이 논리 · 수학적 귀결과 창의적 문제해결의 경험을 이끌어 내었을 것이라 보았다.

〈표 II-5〉 스마트블록(S-Block) 프로그램 내용 및 누리과정 요소

회기	생활주제	스마트블록	활동내용	누리과정 관련요소
1	–	전체적 개념	1. 스마트블록 교육 프로그램의 스토리 전개 2. 스마트블록의 기능 소개 및 탐색	사회관계 의사소통 자연탐구
2	유치원과 친구	빛깔블록	1. 우리 주변의 색 찾기 2. 스마트블록으로 색 구현하기 3. 유치원 구성놀이	사회관계 자연탐구 예술경험
3	건강과 안전	숫자블록	1. 안전한 생활을 위해 돕는 기관과 번호 알기 2. 스마트 숫자블록으로 안전번호 표시하기 3. 안전생활기구 구성놀이	신체운동건강 자연탐구 예술경험 의사소통
4	나와 가족	글자블록	1. 이름의 구성 알기(자음, 모음, 받침) 2. 나와 친구들의 이름을 스마트블록으로 표현 3. 초성게임(자음으로 초성 보고 이름 맞추기)	의사소통 자연탐구 사회관계
5	교통기관	모터블록	1. 모터의 동심형 움직임 연상하기 2. 모터의 기능과 활용 탐색하기 3. 모터를 이용해 헬리콥터 만들기	자연탐구 예술경험 의사소통
6		모터+바퀴	1. 모터의 움직임이 같은 방향 vs 다른 방향 2. 자동차 만들기	자연탐구 예술경험
7	건강과 안전	조절 +신호숫자 +글자	1. 아날로그 입력 블록의 기능 탐색하기 2. 점점 커지는 소리, 문자의 조합 기능 알기 3. 숫자블록의 카운터를 이용하여 볼륨의 변화와 문자 알림 표시 만들기	신체운동건강 자연탐구 예술경험 의사소통
8	도구와 기계	조절 +신호숫자 +글자 색	1. 자동화 기능의 생활 속 도구 및 기구 탐색 2. LED블록과 조절블록의 연합 구성놀이 (스탠드의 밝기, 현관 및 화장실 자동 등)	자연탐구 예술경험 사회관계 의사소통
9				자연탐구 사회관계
10	우리 동네	소리 +스위치 +신호+글자	1. 자동화 기능의 생활 속 안전도구 탐색 2. 자동차의 후방 경보음, 경보등 3. 스쿨버스 만들기	자연탐구 예술경험 사회관계

<table>
<tr><th>회기</th><th>생활주제</th><th>스마트 블록</th><th>활동내용</th><th>누리과정 관련요소</th></tr>
<tr><td>11</td><td rowspan="2">환경과 생활</td><td rowspan="2">모터
+조절숫자
+신호+글자
+모터</td><td>1. 큰 자동차/작은 자동차의 속도 비교하기
2. 모터의 빠르기 조절의 의미 경험하기
3. 무거운 짐 나르는 자동차 만들기</td><td>자연탐구
사회관계</td></tr>
<tr><td>12</td><td>1. 모터블록과 입력블록의 연합놀이
2. 카레이싱 놀이</td><td>자연탐구
사회관계</td></tr>
<tr><td>13</td><td>우리나라</td><td rowspan="4">주제 연합놀이</td><td>1. 물건 나르기, 옮기기를 돕는 기계 알기
2. 수평이동 vs 수직이동 생활도구 연상하기
3. 연합놀이–케이블카 만들기</td><td>자연탐구
예술경험
사회관계</td></tr>
<tr><td>14</td><td>세계 여러 나라</td><td>1. 세계 여러 나라의 특색터널 탐색하기
2. 터널 통과의 변화, 구성놀이 계획하기
3. 연합놀이–음악터널 만들기</td><td>자연탐구
예술경험
사회관계</td></tr>
<tr><td>15</td><td rowspan="2">동식물과 자연</td><td rowspan="2">1. 스마트블록 기능 재탐색
2. 스마트블록 연합 기능 구성놀이
3. 연합놀이–놀이공원 만들기</td><td rowspan="2">사회관계
자연탐구
예술경험
의사소통</td></tr>
<tr><td>16</td></tr>
</table>

출처: 이병호 · 김윤희(2018).

〈표 II-6〉 활동계획안 예

<table>
<tr><td>차시</td><td>6</td><td>활동명</td><td>모터블록–교통기관 2</td></tr>
<tr><td>활동목표</td><td colspan="3">• 모터와 에너지에 대해 이해할 수 있다.
• 모터 2개를 사용하여 자동차를 만들 수 있다.
• 생활 속 교통기관의 편리함을 느낀다.</td></tr>
<tr><td>활동자료</td><td colspan="3">모터 스마트블록 2</td></tr>
<tr><td colspan="4">활동내용</td></tr>
<tr><td>도입</td><td colspan="3">누리는 헬리콥터를 타고 다시 여행을 시작했지만 큰 도시로 들어오게 되고 도시에서는 헬리콥터를 타고 이동할 수 없게 됨을 느낀다. 누리는 헬리콥터를 변형하여 도시를 자유롭게 다닐 수 있는 자동차가 필요함을 느끼는데...
미션카드가 도착하고, 퀴즈를 풀면 자동차로 변신할 수 있는 모터블록 1개를 추가로 받게 되어 자동차를 완성할 수 있게 된다.</td></tr>
</table>

전개	1. 모터블록 2개를 활용한 생활도구 찾기 – 모터블록 2개가 활용되는 생활도구에 대해 이야기 나눈다. "모터가 2개가 필요한 생활도구가 무엇이 있을까요?" "모터가 2개가 있다면 어떠한 점이 좋을까요?" 2. 모터의 움직임이 같은 방향 vs. 다른 방향 알기 – 모터블록 추가 및 탐색 "모터블록이 하나 더 있다면 어떻게 될까요?" "같은 방향 회전 vs. 다른 방향 회전이 된다면?" 3. 자동차 레이싱 – 모터 2, 바퀴 2개를 이용하여 자동차를 만든다. – 조절블록과 스위치블록을 조립하여 리모컨을 만든다. – 속도를 조절하면서 자동차 경주놀이를 한다.  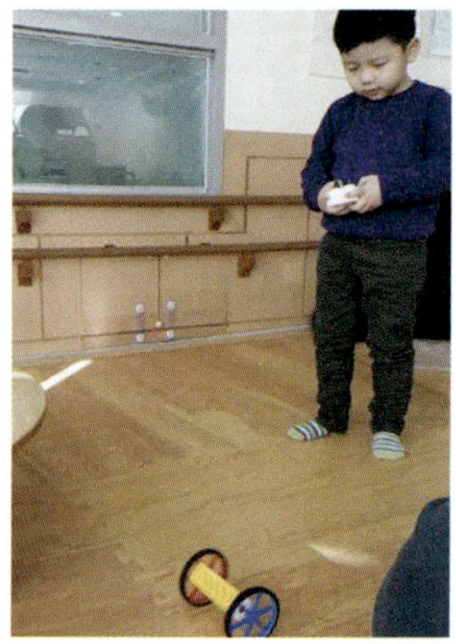
마무리	1. 놀이 및 감상하기 – 완성한 자동차를 움직여 본다. – 다양한 자동차의 기능과 특별한 점 등을 찾아 친구들에게 소개한다. 2. 문제해결 확인하기 – 자동차를 완성했다면 미션을 성공한 것이며, 문제해결을 했음을 확인하고 캐릭터 6을 선물 받는다. 3. 정리하기
관찰 및 평가	유아들이 조절하는 바퀴가 동그랗게 돌거나 짧게 직진하기도 하였으며, 벽에 부딪혀도 다시 방향을 바꿔 움직였다. 유아들은 스스로의 조작을 통해 바퀴가 굴러가는 경험에 즐거움과 흥미를 나타내 보였다. "선생님 이게 어떻게 움직이는 거예요?", "눌렀는데 왜 안 굴러가지?" 등 계속된 질문과 시행착오를 통해 바퀴가 굴러가는 원리에 대해 실험하고 조작해 볼 수 있었다. 다음 활동에서는 자동차, 오토바이 등을 구성해 보는 경험으로 확장될 수 있을 것이다.

출처: 이병호 · 김윤희(2018).

(2) 대시(Dash)와 닷(Dot)

대시(Dash)와 닷(Dot)은 스타트업 기업인 원더 워크숍(Wonder Workshop)이 스마트폰 앱으로 조작하며 간단한 프로그래밍이 가능한 스마트 토이이다. 대시(Dash)는 바퀴를 장착해 이동이 가능하며, 닷(Dot)은 움직일 수는 없지만 불빛을 비추고 소리를 내거나 대시와 상호작용이 가능하다. 대시와 닷은 내장 마이크를 이용해 사용자의 말을 인식해 각종 조작에 이용할 수 있고, LED 라이트에서 다양한 색의 빛을 만들어 내거나 스피커로 사운드를 재생한다. 이들의 조작은 기본적으로 제공되는 4종류의 스마트폰 및 태블릿용 앱을 통해 이루어진다.

[그림 II-18] 원더 워크숍의 스마트 토이 '대시'와 '닷

출처: https://news.joins.com/article/21348352.

〈표 II-7〉 '대시'와 '닷'의 움직임 관련 애플리케이션과 실행 화면

앱	기능 및 작동 방식 설명	실행 화면
Go	• 스마트폰이나 태블릿 화면에 나타나는 원형 모양의 컨트롤러 아이콘으로 대시의 이동 방향 및 속도 조작 • 대시와 닷의 눈과 귀 부분에 장착된 LED 라이트 불빛 색과 깜박이는 패턴을 조정 • 대시와 닷에 장착된 스피커를 통해 강아지 울음소리나 '안녕(Hi!)' 등 각종 소리를 재생	
Path	• 대시의 이동거리를 화면에 그려서 조작 • 이동 중 일정 지점에서 돼지, 닭, 울음소리를 내는 등의 액션 지정 • 드래그 앤드 드롭으로 간편하게 조작 가능한 비주얼 인터페이스 제공	
Xylo	• 대시에 부착 가능한 작은 미니 실로폰 액세서리를 직접 연주 가능하게 해 주는 앱 • 앱에 내장된 기존의 동료를 재생 • 사용자가 직접 실로폰 형태의 악보에서 음을 선택해 음악을 만들어 연주하는 것도 가능	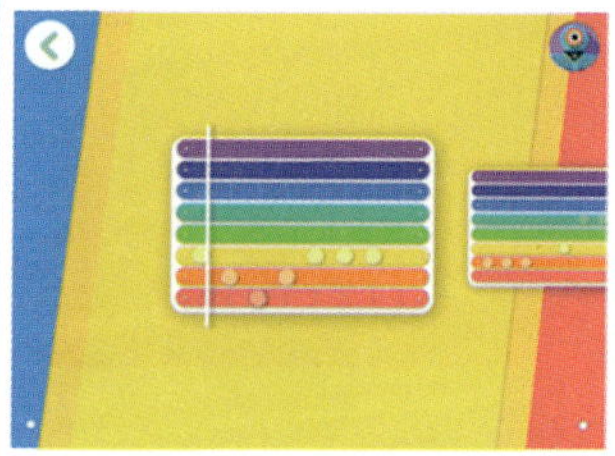
Blockly	• 대시와 닷이 사용자와 상호작용하는 기능을 간단한 프로그래밍으로 구현 • '대시가 목소리를 들으면([When] [Dash] [Hear Voice]), 안녕 인사([Say] [Hi])'와 같이 텍스트 명령어를 조합해 로봇과 사용자의 상호작용 구현 • 쉽고 간단한 방식으로 아이들이 코딩을 체험해 볼 수 있는 기회 제공	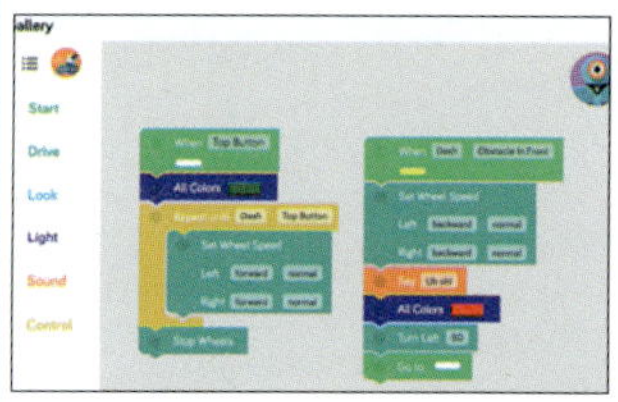

(3) 우블리(Ubooly)

우블리는 스타트업 기업인 우블리에서 만든 아이들과 대화를 나누거나 이야기를 들려주는 인형 모양의 스마트 토이이다. 우블리는 귀가 달린 동물 모양의 봉제 인형 속에 스마트폰이나 태블릿 PC를 삽입해 이들 기기에서 앱을 실행해 이용하는 4~8세 아이들을 대상으로 한 인터렉티브 인형이다. 음성 기능을 갖추고 있어서 음성 명령에 맞는 동작을 하거나 대화를 나누는 등 아이들과의 상호작용이나 동화구연 등 앱에 내장된 교육용 콘텐츠를 이용하는 것도 가능하다. 메모리폼 소재가 인형 속을 채우고 있어 3층 높이에서 떨어뜨려도 안에 삽입된 스마트폰을 보호해 주며, 부드럽고 따뜻한 직물과 털이 외부를 감싸고 있다. 현재 아이팟 터치, 아이폰, 안드로이드 스마트폰을 삽입해 사용하는 우블리(29.95$, 약 3만 5천 원)와 아이패드 미니와 7인치 태블릿을 삽입해 이용하는 보다 큰 크기의 점보 우블리(59.95$, 약 7만 원) 2종이 시판되고 있다.

우블리의 외형은 봉제인형이지만 핵심 콘텐츠는 스마트폰이나 태블릿을 통해 다운로드한 우블리 앱을 통해 구현되기 때문에 인터넷으로 갱신되는 최신 콘텐츠를 이용 가능하다. 우블리는 숲속 탐험 등의 미니게임과 동화나 스토리텔링과 같은 콘텐츠를 담고 있으며, '모험을 떠나자', '이야기를 말해줘', '게임을 플레이하자' 등 아이의 음성에 따라 해당하는 기능이 동작하는 음성인식 기능을 탑재하고 있다.

[그림 II-19] 우블리와 점보 우블리(스마트 패드용) 모습

출처: https://www.kickstarter.com/projects/73256377/ubooly-the-customizable-toy-designed-by-teachers.

5. 언플러그드 코딩을 활용한 배움

1) 개념 및 특징

제4차 산업혁명과 디지털 시대에 살고 있는 우리는 스마트 기기, 인터넷, IoT, 인공지능 비서 등의 컴퓨터 기술을 일상생활에서 친숙하게 사용하고 있다. 이러한 사회변화에 따라 인공지능 등 소프트웨어 관련 분야의 중요성이 강조되고, 미래사회 핵심역량으로 컴퓨팅 사고력(computational thinking)과 문제해결력, 논리적 추론능력 등이 강조되면서 이제는 컴퓨터 프로그래머가 아니더라도 컴퓨터 언어를 이해하고 상호작용할 수 있는 최소한의 능력은 갖추어 한다. 코딩(coding) 혹은 프로그래밍이 디지털 시대에 기본 언어가 된 셈이다. 이러한 관점에서 초 · 중등 2015 개정 교육과정에 소프트웨어 교육(SW교육)이 초등 5학년부터 이루어지고 있으며, 초등은 17시간 이상, 중학교는 단계적으로 34시간 이상의 의무시수가 확보되었다.

유치원 단계에서도 코딩에 대한 관심이 높아지고 있다. 코딩교육은 코딩기술의 습득이 아니라 소프트웨어의 기본원리를 이해하여 컴퓨팅 사고력과 논리력을 배우고, 이를 바탕으로 창의적 문제해결력을 증진하는 데 그 목적이 있다. 따라서 유아의 경우 발달단계에 맞지 않는 컴퓨터 활용 코딩보다는 놀이와 체험 중심으로 이러한 핵심역량을 함양시킬 교육방법을 모색하는 것이 필요하다.

언플러그드(unplugged)란 '언플러그드 컴퓨팅'을 줄여서 부르는 말로 컴퓨터의 플러그를 뽑는다는 의미이다. 주로 컴퓨터 없이 아동이 놀이를 통해 컴퓨터의 과학적인 원리를 이해하고 학습활동을 하는 것을 말한다(천재학습백과 초등 소프트웨어 용어사전, 2018). 초기 언플러그드 학습은 저학년 학생을 위한 교수방법으로 사용되었지만, 점차 컴퓨터 과학의 원리를 배우려 하는 모든 사람에게 활용되고 있다. 학생들은 여러 가지 다양한 방법의 언플러그드 코딩활동을 통해 알고리즘, 순차구조 등 문제 상황의 핵심원리를 찾아내 이를 재구성하고 순서도를 만들어 해결하는 방식인 컴퓨팅 사고능력(Computational Thinking)을 증진시킬 수 있다.

2) 유형 및 사례

(1) 코더필러(Code-a-pillar™) 애벌레 코딩

코더필러는 유 · 아동 장난감 회사로 유명한 피셔 프라이스사(The Fisher-Price)에서 5~6세 유아가 프로그래밍이 가능하도록 개발한 장난감의 일종이다. 코더필러 애벌레의 각 몸통 마디는 저마다 직진, 좌우 방향 전환, 음향효과, 음악재생 등의 명령어를 담고 있다. 머리 부분에는 스피커와 전원 버튼이 달려 있는데, 전원 버튼을 누르면 조립된 순서대로 명령을 수행하듯 해당 단계 마디에 불이 켜지면서 애벌레가 움직이게 된다. 프로그래밍한 순차적 단계를 유아가 실제 구체물로 확인할 수 있으며, 몸통 순서를 바꿔 끼워 가며 자연스럽게 프로그래밍 명령어 실행에 대한 개념을 익힐 수 있다. 조립은 몸통 마디 앞뒤에 달린 USB 포트를 이용해 블록 조립하듯 끼워 연결하며, 몸통 마디마다 건전지(AA사이즈×2개)로 동력을 얻기 때문에 유치원과 가정에서 유지가 쉬운 편이다. 코더필러를 개발한 피셔 프라이스사에서는 교사와 부모를 위한 활동 지침서를 제공하며, 동일한 애플리케이션을 앱스토어에서 다운받아 스마트 기기에서도 게임 형태로 코딩과 단어 학습을 할 수 있다.

[그림 II-20] 피셔 프라이스사의 코딩 애벌레 '코더필러'

출처: 피셔프라이스사.

(2) 종이 레고 코딩활동

매클래넌(McLannan, 2017)은 유아의 경우 코딩이전단계(precoding)가 필요함을 제안하였다. 별도로 코딩을 위한 교구를 활용하지 않더라도 일상적인 놀이에서 코딩 스토리를 만들어 내고 코딩게임(hands-on)을 통해 초기 코딩을 경험하고, 이 과정에서 협업능력과 상호작용의 기회를 제공받는다고 하였다. 이를 통해 디지털 시대에 필요한 21세기 핵심역량인 의사소통과 사고력, 문제해결력을 통합할 수 있다고 보았다. 〈표 II-8〉은 Research Parent(2016)에서 제안된 레고미로를 종이로 코딩활동을 한 사례이며, 각 단계에 대한 번역은 최종문과 이병호(2019)의 자료에서 발췌하였다.

〈표 II-8〉 종이 코딩 레고미로 활동

단계	활동	사진
1단계	눈금이 표시된 종이와 레고블록을 이용하여 간단한 미로를 종이 위에 구성한다. 유아는 레고인형을 미로 안에 배치하여, 인형이 어떻게 미로에서 빠져나올 수 있는지 생각한다. 유아는 어떤 명령문이 몇 개가 필요한지 토의한 후, 가위로 잘라서 조합하여 하나의 명령문 페이지를 구성한다.	
2단계	동일한 명령을 반복해서 내리는 것보다 효율적인 방법이 무엇일지 토의해 본다.	

<table>
<tr><th>단계</th><th>활동</th><th>사진</th></tr>
<tr><td>3단계</td><td>미로를 통과하는 과정이 수많은 명령과 생각이 필요한 과정임을 토의한다. ‘IF’ 명령문을 도입함으로써 유아가 구성한 미로를 빠져나갈 수 있는지 실험한다.</td><td>
</td></tr>
<tr><td>4단계</td><td>한 가지 유형의 미로를 통과하는 데 유용한 명령문 페이지가 다른 미로에는 적용되지 않음을 실험한다. 다른 구조의 미로를 통과하는 데 어떤 예측과정과 행동이 필요한지 토의한다.</td><td>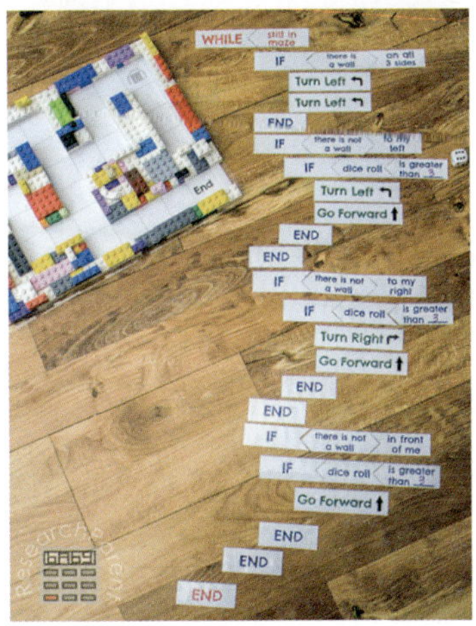
</td></tr>
</table>

출처: Research Parent(2016).

(3) 터틀봇(TurtleBot)

터틀봇은 로보메이션(Robomation) 회사에서 만든 코딩교육용 로봇으로 피지컬 컴퓨팅 도구 중 로봇형에 속하는 교구이다. 크기는 가로 76mm, 세로 95mm, 높이 50mm이며, 전체 무게가 100g 정도 되는 작고 가벼운 로봇이다. 컬러 LED는 거북이 머리 부분에 표시되며, 스피커는 소리를 출력할 때 사용된다. 터틀봇 머리 아랫부분에는 컬러센서가 있어서 컬러 인식이 가능하며, 색상을 보정할 수 있는 기능이 있다. 도형을 그리거나 터틀봇을 움직이기 위해서는 2개의 모터가 작용하여 정밀한 움직임 표현이 가능하다. 터틀봇은 크게 언플러그드 코딩 모드, 블루투스 연결모드 및 자율행동 모드의 3가지가 있다. 언플러그드 코딩 모드는 라인코딩 및 카드코딩 기능, 컬러센서 화이트 밸런스 기능이 있고, 블루투스 연결 모드는 PC나 태블릿을 연결해서 사용한다. 마지막으로 자율행동 모드로는 카멜레온 악기, 도형 그리기, 리듬 댄스 등이 있다.

프로그램 입력과 실행방법은 다음과 같다. 먼저 카드를 바닥에 놓은 상태에서 터틀봇 머리 아래쪽으로 밀어 넣는다. 카드 입력이 인식되면 '삐' 소리와 함께 해당 명령어 카드 색으로 조명이 바뀐다. 카드를 빼면 다시 흰색으로 켜지는데 이는 입력 가능 상태를 표시한다. 카드 코딩 명령은 최대 32회까지 가능하다. 입력이 완료되면 실행을 위해 버튼을 한 번 클릭하면 입력된 명령 순서대로 로봇이 동작한다. 카드는 색깔에 따라 터틀봇 행위를 입력하게 된다. 녹색 카드는 '앞으로 이동하기', 빨간색 카드는 '뒤로 이동하기', 파란색 카드는 '오른쪽으로 돌기', 노란색 카드는 '왼쪽으로 돌기'를 하게 된다.

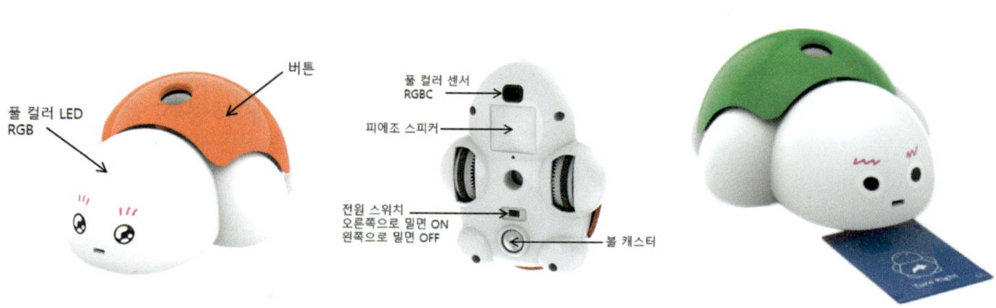

[그림 II-21] 터틀봇(Turtle) 구조와 카드 인식

출처: http://www.srook.net/kfcman/636884474067845OO.

남기원 · 김혜정 · 이수연(2019)은 교육용 로봇(터틀봇) 활용 카드 코딩활동이 유아의 컴퓨팅 사고력과 수학적 문제해결력 향상에 어떠한 영향을 미치는지에 대한 연구를 진행하였다. 연구는 서울시 소재 H 유치원 만 5세반 유아를 대상으로 총 12회 활동을 8주에 걸쳐서 진행하였다. 〈표 II-9〉와 같이 유아들은 먼저 터틀봇의 기능과 조작방법을 익히기 위해 4회의 기본 기능 익히기 활동을 한 후 8회의 응용 활동에 참여하였다.

기본 기능 익히기 활동에서는 유아 4명이 한 그룹이 되어 터틀봇을 탐색하며 어떻게 하면 움직일 수 있을지 생각을 나누고 사용방법을 익혔다. 연구자는 유아들이 터틀봇이 카드를 인식하기 위해 켜는 방법부터 시작하여 바르게 카드를 입력하는 방법, 코딩 후 실행하는 방법에 대해 단계별로 익힐 수 있도록 지도하였다. 응용 활동은 연구자가 실험집단 교실에 들어가 자유선택활동 시간에 수 · 조작 영역에서 소그룹으로 진행하였다. 소그룹 활동 전 전체 유아가 모여 연구자가 그날의 활동에 대해 소개하고 유사한 문제를 함께 해결해 보는 시간을 가졌다. 대집단 활동 후 개인별로 활동지가 제공되고 2명의 유아가 한 그룹이 되어 개별적으로 터틀봇 활동을 실행하였으며, 평균 소요 시간은 15~20분가량 진행되었다. 개별 활동 후 어려운 점이 있거나 모르는 것이 있는 경우 서로 협력하여 문제를 풀 수 있도록 허용하였다. 연구결과, 유아의 로봇을 통한 카드 코딩 경험은 순차구조와 문제해결 과제를 통한 유아의 컴퓨팅 사고력 발달에 효과가 있는 것으로 나타났다.

〈표 II-9〉 터틀봇 카드코딩 활동 사례

단계	차시	활동 주제 (컴퓨팅사고 관련요소)	활동내용
1단계 :기초	1~4	기능과 조작방법 익히기 – 시작, 전진 – 시작, 전진, 후진 – 전진, 후진, 우회전 – 전진, 후진, 우회전, 좌회전	• 유아 4명이 한 그룹이 되어 터틀봇을 탐색하며 어떻게 하면 움직일 수 있을지 생각을 나누고 사용방법을 익힘 • 교사는 유아가 터틀봇이 카드를 인식하기 위해 켜는 방법부터 시작하여 바르게 카드를 입력하는 방법, 코딩 후 실행하는 방법에 대해 단계별로 익힐 수 있도록 지도함
2단계 :적용	5	아기 새 둥지로 돌려보내기 (절차적 사고)	• 카드로 코딩하기 전 활동지로 먼저 활동 진행 – 카드 색깔과 동일한 색 펜이나 스티커를 이용해 이동 경로를 화살표로 표시한 후 터틀봇에 카드를 입력하여 실행해 보는 순서로 진행   • 유아가 실행에 실패할 경우 원한다면 다시 도전할 수 있도록 허용하였고, 자신이 표시한 경로가 틀린 경우 교사가 개입하여 "어느 부분에서 잘못되었는지 알 수 있었나요?", "이 방법 말고 다른 방법은 없을까요?", "틀린 부분을 고쳐 볼 수 있나요?"라는 발문을 통해 스스로 문제해결을 할 수 있도록 유도함 
	6	봉봉 만나러 가기 (알고리즘 사고)	
	7	도넛 찾기 (효율적 사고)	
	8	버스 타기 (효율적 사고)	
	9	샌드위치 만들기 (절차적 사고, 효율적 사고)	
	10	중국 여행 가기 (패턴)	
	11	편지 찾기 (효율적 사고, 알고리즘 사고)	
	12	다양한 세계 춤 여행 (효율적 사고, 알고리즘 사고, 분해)	

출처: 남기원 외(2019).

Chapter 06.

유아 미디어 안전교육

1. 유아 스마트 미디어 사용 현황

스마트 폰이나 태블릿 PC와 같은 스마트기기는 성인뿐만 아니라 유아에게도 이미 익숙한 생활 도구 중 하나이다. '2022 인터넷 이용 실태조사'에 따르면 가구 인터넷 접속률은 99.96%로 우리나라 2,136만 가구 중 2,136만 가구가 인터넷 접속이 가능하며, 만 3세 이상 국민 5,081만명 중 대한민국 인터넷 이용사 수는 약 47,253,345명으로 93%에 달한다. 만 3세 이상 인구의 92.0%가 모바일 인터넷을 이용하고 있으며, 2018년 대비 1.6%가 증가하였다. 여기서 모바일 인터넷이용자라 함은 최근 1개월 내 일반 이동전화, 스마트폰, 스마트패드, 웨어러블기기 등을 통해 무선인터넷을 이용한 사람을 의미한다. 구체적으로 연령별 스마트폰 이용률 추이를 살펴보면 10년 전 대비 연령별 인터넷 이용 격차가 감소하여, 전 연령대가 인터넷을 이용하는 것으로 파악되었다. 특히 만3세-9세의 스마트폰 이용률은 2022년 91.7%로 2018년에 비해 4년새 3.9%의 증가폭을 보였고, 유 · 아동 보호자의 주 연령으로 볼 수 있는 30대와 40대는 각각 99.8%, 99.8%로 거의 대부분이 스마트폰을 사용하고 있다(한국지능정보사회진흥원, 2023).

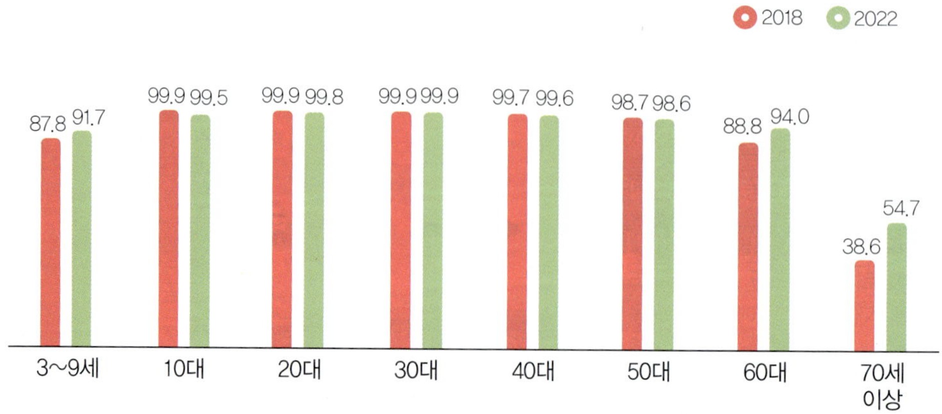

[그림 II-22] 만 3세 이상 인구의 스마트폰 이용률(%)

출처: 과학기술정보통신부 · 한국인터넷진흥원(2019).

이와 함께 스마트폰 과의존 위험성도 커지고 있다. '2022 스마트폰 과의존 실태조사 보고서'에 따르면, 우리나라 스마트폰 이용자 중 23.6%는 스마트폰 과의존 위험군에 속하는 것으로 나타났다. 이는 전년대비 0.6% 감소한 수치로, 지난 4년 대비 처음 감소한 수치를 보인 것이다. 하지만 유아동, 성인, 60대 연령층에서 스마트폰 과의존 위험군의 감소를 보인것과 상반되게 청소년은 매년 2020년 45.8%, 2021년 37.0%, 2022년 40.1%로 상승세를 지속하고 있어 스마트폰 과의존 예방교육이 절실한 실정이다. 특히 유아동은 청소년기 직전의 집단으로 저연령층의 과의존 예방의 필요성 및 부모와 교사의 지도가 잘 이루어진다면 이러한 상승률을 낮출 수 있을 것이다.

유아동 집단의 결과를 구체적으로 살펴보면, 유아동의 과의존 위험군의 비율은 2020년 27.3%였던 것에 비해 2022년 26.7%로 다소 감소하였다. '자녀에게 스마트폰을 보여주는 상황'을 묻는 질문에 과의존 위험군은 일반사용군에 비해 공공장소에서 자녀를 통제하기 위해 더 많은 스마트폰을 보여준다고 응답하였고, 일반사용군은 과의존 위험군에 비해 부모의 활동시간 확보를 위해 더 많이 스마트폰을 보여주는 것으로 나타났다. 또한 '유아 자녀의 스마트폰 과의존의 주요 원인'을 묻는 질문에는 과의존 의험군은 일반사용군에 비해 훈육방법을 몰라서, 일반사용군은 훈육시간 부족을 상대적으로 더 많이 응답하였다. 이러한 연구결과에서도 볼 수 있듯이, 교육대상이 저연령일수록 스마폰 과의존에 대한 예방과 바른 사용에 대한 지도가 필요하며, 이를 위해서는 부모와 교사를 비롯한 보호자가 스마트폰 과의존과 위험성 및 악영향을 이해하고 일상에서 유아가 스마트폰을 바르게 사용할 수 있는 구체적인 방법들을 제시하고 지도해주어야 한다. 이를 통해 스마트폰 과의존을 예방하고 바르고 건강한 이용문화를 정착시킬 수 있다. 이에 체계적이면서 보다 실제적인 지도를 위한 부모교육 자료 혹은 교육 프로그램 지원 역시 필요하다고 볼 수 있다.

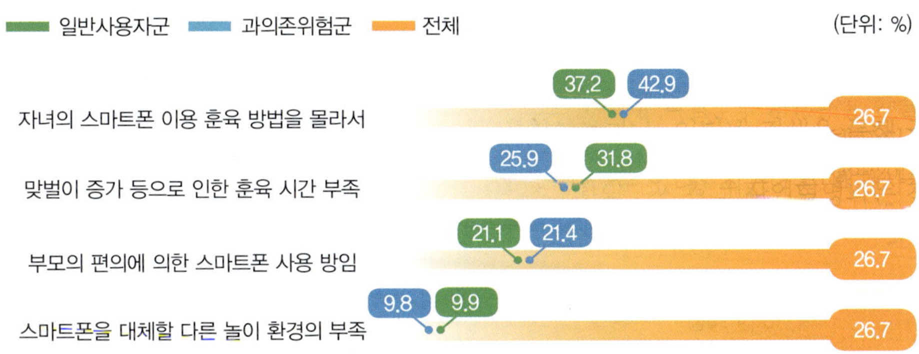

[그림 II-23] 부모의 유아 자녀의 스마트폰 과의존 주요 원인에 대한 인식(%)

출처: 한국지능정보사회진흥원, 2023.

2. 유아 미디어 안전교육의 내용과 방법

1) 유치원 교육과정에서의 안전교육 내용

우리나라는 유치원 교육과정인 '누리과정'을 통해 유아를 대상으로 하는 안전교육을 실시하고 있다. 안전교육에 대한 내용은 신체운동 · 건강 영역에서 제시하고 있으며, 이 영역의 안전에 관한 주요 목표는 '안전한 생활습관을 기른다'이다. 이를 위해 신체운동 · 건강 영역의 내용범주로 '안전하게 생활하기'에 대한 내용을 다루고 있다(교육부, 2019). 유아기에 경험하는 안전교육 내용은 유아의 안전한 생활 및 미래의 건강하고 안전한 생활방식에 직접적으로 영향을 주기에 중요하다.

안전교육의 내용은 방대하고 다양하다. 2019 개정 누리과정에는 '일상에서 안전하게 놀이하고 생활한다', 'TV, 컴퓨터, 스마트폰 등을 바르게 사용한다', '교통안전 규칙을 지킨다', '안전사고, 화재, 재난, 학대, 유괴 등에 대처하는 방법을 경청한다'라는 교육내용을 제시하고 있다. 미디어 안전에 관한 내용은 'TV, 컴퓨터, 스마트폰 등을 바르게 사용한다'로 디지털 미디어의 바른 사용법을 알고, 발생할 수 있는 위험을 이해하고 대처할 수 있는 방법에 대해 알도록 교육하고 있다.

안전교육은 '생활도구'를 주제로 접근할 수 있으며, 현대 사회에서 사용되는 다양한 도구를 적절하게 활용하는 기술을 경험할 수 있도록 할 수 있다. 디지털 미디어 및 스마트 기기를 교육에 활용하고자 한다면, 디지털 미디어 및 스마트 기기의 올바른 사용방법과 과몰입 예방에 대한 교육이 함께 병행되어 생활에 편리한 도구를 이롭고 가치 있게 사용할 수 있도록 하는 과정이 함께 수반되어야 하겠다.

2) 학교 안전교육의 내용 및 방법

교육부는 학생과 교원, 학부모 등 교육주체의 학교 안전에 대한 중요성과 관심이 증대하면서 '2014년 교육분야 안전 종합대책'을 마련하였다. 이 대책을 통해 「학교안전교육 실시 기준 등에 관한 고시」를 제정하고, 교육부와 시도교육청은 「학교안전교육 7대 표준안」을 개발하여 안전교육의 영역과 학교안전교육의 실시 기준 등을 마련하였다. 「학교안전교육 7대 표준안」은 그동안 학교 안전교육이 통일된 체계를 갖추지 못한 채 이루어져 안전 사각지대가 발생한다는 지적에 따라, 안전교육 전문가와 현장 교사를 위촉하여 유아에서 고교까지 발달단계에 따라 체계적인 안전교육이 가능하도록 개발하였다. 구체적으로 표준안은 유치원부터 초등학교(1~2, 3~4, 5~6), 중학교, 고등학교의 교과와 창의적 체험활동에서 활용하도록 각 6종으로 개발하였고, 안전교육을 7개 영역(생활안전, 교통안전, 폭력예방 및 신변보호, 약물 및 사이버 과의존 예방, 재난안전, 직업안전, 응급처치)으로 구분하고, 각 영역에 따른 교육활동 지료를 개발하여 안전교육이 체계적으로 이루어지도록 하였다.

「학교안전교육 7대 표준안」은 2023년 2월에 추가로 개편되었는데, 이번 개편은 일상생활에서 예기치 못한 새로운 위험요인에 대비하기 위해 관련 자료를 보강하는데에 중점을 두었다. 최근 발생한 개인이동장치 및 다중밀집상황에서의 안전사고와 예방법 등을 포함하여 학생들이 생활 속 위험과 안전사고에 대비하는 역량을 함양하도록 하였고, 학생 활동 중심으로 표준안을 개편한 점이 특징이다. 기존의 교사용 지도서 형태의 표준안을 학생 활동용 자료 중심으로 구성하여 학교 현장에서의 활용도를 높이고, 학생활동의 안전교육이 구현되도록 하였다.

교육부 고시 제 2017-121호 '학교안전교육 실시 기준 등에 관한 고시 개정안'에 따르면, 학교안전교육 7대 영역에 해당하는 안전교육을 〈표 Ⅱ-10〉, 〈표 Ⅱ-11〉에 따라 계획을 수립 · 시행하여야 한다. 유치원에 해당하는 내용은 다음과 같다.

〈표 II-10〉 학교 안전교육 내용 및 방법(유치원)

(단위: 단위활동, 차시)

구분	생활안전 교육	교통안전 교육	폭력예방 및 신변보호 교육	약물 및 사이버중독 예방교육	재난안전 교육	직업안전 교육	응급처치 교육
교육 시간	13	10	8	10	6	2	2
횟수	학기당 2회 이상	학기당 3회 이상	학기당 2회 이상	학기당 2회 이상	학기당 2회 이상	학기당 1회 이상	학기당 1회 이상

〈표 II-11〉 학교 안전교육 유치원 교육내용 및 방법

구분	생활안전	교통안전	폭력예방 및 신변보호	약물 및 사이버중독 예방	재난안전	직업안전	응급처치
교육 내용	1. 교실, 가정, 등하굣길에서 안전하게 생활하기	1. 표지판 및 신호등의 의미 등 교통안전 규칙 알고 지키기	1. 내 몸의 소중함과 정확한 명칭 알기	1. 올바른 약물 사용법 알기	1. 화재의 원인과 예방법 알기	1. 일터 안전의 중요성 및 안전을 위해 지켜야 할 일 알기	1. 응급상황 알기 및 도움 요청하기
	2. 안전한 장소를 알고 안전하게 놀이하기	2. 안전한 도로 횡단법 알기	2. 좋은 느낌과 싫은 느낌 알기	2. 생활 주변의 해로운 약물·화학제품 만지거나 먹지 않기	2. 화재 발생 시 유의사항 및 대처법 알기	2. 일터 안전시설 현장 체험하기	2. 119 신고와 주변에 알리기
	3. 놀이기구나 놀잇감, 도구의 바른 사용법을 알고 안전하게 사용하기	3. 어른과 손잡고 걷기	3. 성폭력 예방 및 대처방법 알기	3. TV, 인터넷, 통신 기기(스마트폰 등) 등의 중독 위해성을 알고 바르게 사용하기	3. 각종 자연재난 및 사고 적절하게 대처하는 방법 알기		3. 손씻기와 소독하기 등 청결 유지하기
	3. 실종, 유괴, 미아 상황 알고 도움 요청하기	3. 교통수단(자전거, 통학버스 등) 안전하게 이용하기	3. 나와 내 주변 사람(가족, 친구 등)의 소중함을 알고 사이좋게 지내기		3. 각종 재난 유형별 대비 훈련 실시		3. 상황별 응급처치방법 알기
	5. 몸에 좋은 음식, 나쁜 음식 알기		5. 아동학대 신고 및 대처방법 알기				
교육 방법	1. 유아 발달 수준을 고려한 전문가 또는 교원 설명 2. 유아 참여 수업방법 연계 적용(예시: 역할극, 프로젝트 학습, 플립러닝 등) 3. 교내외 체험교육 또는 현장학습 4. 일상생활을 통한 반복지도 및 부모교육 연계						

3) '안전교육 7대 표준안' 적용 미디어 안전교육

교육부에서 제시한 학교 안전교육 7대 표준안(유치원) 중 '약물 · 사이버안전'영역이 유아 미디어 안전교육 부분에 해당된다. 안전교육 표준안은 [그림Ⅱ-24]과 같이 교육부 학교안전정보센터 홈페이지 자료실에서 다운받을 수 있으며, 해당 홈페이지에는 표준안 외에도 유치원 현장맞춤형 안전교육 콘텐츠, 연구유치원 계획서 등 자료가 업로드되어 있다. 유치원 별로 미디어 안전교육 자료를 자체 개발하는 것도 좋으나, 주제에 적합한 교육자료와 매체를 선별하고, 판단하고, 이를 적절히 활용할 수 있는 능력 또한 유아교사가 지녀야 할 중요한 능력이므로, 교육부의 여러 자료들을 적극 활용하는 것도 의미가 있다. 유치원 학교급에서 필요한 '약물 · 사이버안전'영역 중 미디어 안전교육에 해당하는 활동은 〈표Ⅱ-12〉와 같다.

[그림 Ⅱ-24] 교육부 학교안전정보센터 홈페이지(http://www.schoolsafe.kr)

출처: http://www.schoolsafe.kr.

〈표 II-12〉 미디어 안전교육 표준안 내용

중분류	소분류	학습주제	학습의 중점	수업 방법
사이버 과의존	33. 인터넷게임 과의존 예방	1. 나의 인터넷 사용 습관 알아보기	• 일상생활에서 인터넷을 사용하는 습관을 점검해본다. • 인터넷을 사용할 때 지켜야 할 예절에 대해 알아본다.	PBL 수업 모형
		2. 인터넷게임 과의존 예방하기	• 인터넷게임 과의존에 대해 알아본다. • 인터넷게임 과의존을 예방할 수 있는 방법을 알아본다.	PBL 수업 모형
		3. 건전한 인터넷게임 사용 습관 알아보기	• 인터넷게임을 올바르게 사용하는 방법에 관심을 가진다. • 인터넷게임을 올바르게 사용하는 방법을 알고 실천해본다.	PBL 수업 모형
	34. 스마트폰 과의존 예방	1. 나의 스마트폰 사용 습관 알아보기	• 일상생활에서 스마트폰을 사용하는 습관을 점검해본다. • 스마트폰을 사용하는 습관의 문제점을 알아본다.	PBL 수업 모형
		2. 스마트폰 과의존 예방하기	• 스마트폰 과의존에 대해 알아본다. • 스마트폰 과의존을 예방할 수 있는 방법을 알아본다.	PBL 수업 모형
		3. 스마트폰의 올바른 사용 습관 알아보기	• 스마트폰을 올바르게 사용하는 방법에 관심을 가진다. • 스마트폰을 올바르게 사용하는 방법을 알고 실천해본다.	PBL 수업 모형

[현장 사례: 선우 유치원]

<table>
<tr><td>생활주제</td><td>생활도구</td><td>연령</td><td>만 5세</td></tr>
<tr><td>제목</td><td colspan="3">스마트폰을 건강하게 사용하면 좋은 점이 많아요</td></tr>
<tr><td>누리과정
관련요소</td><td colspan="3">신체운동 · 건강 〉 안전하게 생활하기 〉 TV, 컴퓨터, 스마트폰을 바르게 사용한다.
의사소통 〉 듣기와 말하기 〉 자신의 경험, 느낌 생각을 말한다.</td></tr>
<tr><td>활동목표</td><td colspan="3">• 스마트폰을 올바르게 사용하는 방법을 안다.
• 스마트폰을 바르고 안전하게 이용하는 올바른 습관을 가진다.
• 스마트 미디어에 대한 자신의 경험을 말한다.</td></tr>
<tr><td>활동자료</td><td colspan="3">• 스마트폰을 바르게 사용해요(PPT)
• 스마트폰
• '위기탈출 넘버원' 스마트폰을 보며 길 걷지 않기(동영상)
• '출동! 파이어로브' 스마트폰, 이렇게 사용해요(동영상)
• 캠페인 만들기 재료(색상지, 여러 가지 사진 등)</td></tr>
<tr><td colspan="4">교수-학습활동</td></tr>
<tr><td>도입</td><td colspan="3">1. 스마트폰에 대한 수수께끼를 내며 이야기 나눈다.
– 인터넷을 통해서 내가 보고 싶은 동영상이나 궁금한 것을 찾아 해결할 수 있어요.
– 사진과 동영상을 찍을 수 있어요.
– 전화나 문자메시지는 물론 메일을 보낼 수 있어요.
2. 스마트폰에 대한 경험을 이야기 나눈다.
– 스마트폰을 이용해서 무엇을 해 보았나요?
– 왜 스마트폰을 이용하게 되었나요?</td></tr>
<tr><td>전개</td><td colspan="3">1. 스마트폰에 대해 알아본다.
– 스마트폰이란 무엇일까요?
– 스마트폰을 왜 사용하는 걸까요?
2. 스마트폰을 사용하면 이로운 점에 관해 이야기 나눈다.
– 스마트폰을 사용하면 좋은 점이 무엇일까요?
(유익한 정보를 언제든지 빠르게 얻을 수 있음, 은행에 가지 않아도 저금하고 다른 사람에게 보낼 수도 있음, 우체국에 가지 않아도 메시지나 편지로 보낼 수 있음, 전화통화 대신 대화를 할 수 있음, 재미있는 게임을 하거나 동영상을 볼 수 있음 등)
 </td></tr>
</table>

전개

3. 스마트폰을 사용하면 해로운 점에 관해 이야기 나눈다.
   - 스마트폰은 좋은 점만 가지고 있을까요?
   - 스마트폰을 오래 사용하면 어떻게 될까요?
4. 스마트폰 중독에 대해 알아본다.
   - '중독'이라는 말을 들어본 적이 있나요?
   - 중독은 무엇을 말하는 것일까요?
   - 핸드폰으로 동영상을 보다가 멈추지 않고 계속 더 보고 싶었던 적이 있나요?
   - 스마트폰에 중독되어 계속해서 사용하면 어떻게 될까요?
5. 올바른 스마트폰 사용에 관해 이야기 나눈다.
   - 스마트폰을 바르게 사용하는 방법은 무엇일까요?
6. 스마트폰 바르게 사용하기에 대한 포스터를 생각해 본다.
   - 안전에 대한 포스터를 만들려면 어떤 것이 필요할까요?
   - 어떤 내용이 들어가야 할까요?
   - 사람들에게 무엇을 알려 주고 싶나요?
7. 색상지, 여러 가지 사진 및 꾸미기 자료를 활용해 포스터를 꾸민다.

8. 완성된 포스터와 피켓을 이용해 우리 원 주변에서 캠페인을 연다.
   - 우리가 만든 홍보 자료를 어떤 방법으로 알리면 좋을까요?
   - 어디에서, 누구에게 홍보 캠페인을 알리면 좋을까요?
   - 스마트 미디어 기기를 올바르게 사용하기로 약속한다.

마무리	1. 캠페인을 한 후 소감을 나눈다. – 캠페인을 하니 어땠나요? – 어떤 점이 좋았나요? – 다음에 캠페인을 한다면 어떻게 하면 좋을까요? – 앞으로 우리의 이야기를 들은 사람들은 어떻게 변할까요?
교사 운영 평가	• 스마트폰의 이로운 점과 해로운 점을 설명하고, 올바른 사용법을 알 수 있도록 하는 교수자료가 유아의 이해를 돕는 데 적절하였는가? • 유아가 자신의 경험과 생각을 표현할 수 있도록 충분한 시간을 제공했는가?
유아 학습 평가	• 스마트폰을 올바르게 사용하는 방법에 대해 알고 있는가? • 스마트 미디어에 대한 자신의 경험과 생각을 적절한 말로 표현하는가?

[표준안 일부 - 인터넷게임 과의존 예방]

약물 및 사이버 과의존 예방사이버 과의존인터넷게임 과의존 예방

33 | 인터넷게임 과의존 예방

교수학습개관

학 습 목 표	인터넷게임의 올바른 이용수칙에 대해 알아보고 인터넷게임 과의존을 예방할 수 있다.

누리과정 관련요소	• 신체운동 · 건강 〉 안전하게 생활하기 〉 TV, 컴퓨터, 스마트폰 등을 바르게 사용한다. • 신체운동 · 건강 〉 건강하게 생활하기 〉 질병을 예방하는 방법을 알고 실천한다. • 자연탐구 〉 생활 속에서 탐구하기 〉 도구와 기계에 대해 관심을 가진다.

학습주제	학습의 중점
1. 나의 인터넷 사용 습관 알아보기	• 일상생활에서 인터넷을 사용하는 습관을 점검해본다. • 인터넷을 사용할 때 지켜야 할 예절에 대해 알아본다.
2. 인터넷게임 과의존 예방하기	• 인터넷게임 과의존에 대해 알아본다. • 인터넷게임 과의존을 예방할 수 있는 방법을 알아본다.
3. 건전한 인터넷게임 사용 습관 알아보기	• 인터넷게임을 올바르게 사용하는 방법에 관심을 가진다. • 인터넷게임을 올바르게 사용하는 방법을 알고 실천해본다.

교수학습 흐름자료 1

학 습 주 제	나의 인터넷 사용 습관 알아보기
학 습 활 동	PBL 수업모형

구분	교수학습활동	활용자료
경험나누기	• 인터넷을 사용했던 경험을 유아들과 함께 이야기 나누기 – 인터넷의 사용 경험 및 이유, 좋은 점 등	
문제 해결 계획 수립	• 인터넷의 장점과 단점에 대해 알아보기 – 인터넷의 장점 : 여러 가지 정보 및 유익한 교육 영상 제공, 편리한 물건 구입 등 – 인터넷의 단점 : 오랜 시간 사용 시 여러 가지 질병 유발, 계속하고 싶어짐 등	

문제 해결 계획 수립	**지도상의 유의점** 유아들은 인터넷게임을 처음부터 접하기보다 인터넷 사용이 친숙해 진 후 게임에 과의존하는 경향이 있습니다. 처음에는 유아들의 인터넷 사용습관을 알아보다가 과의존 증상에 대한 내용으로 자연스럽게 지도할 수 있도록 합니다.	
탐색 및 해결책 고안	• 〈토토와 약속 시계〉 동영상을 시청한 후, 유아들의 인터넷 사용습관을 점검해보기 – 부모님의 지도에 따라 인터넷 사용하기 – 정해진 시간만큼 인터넷 사용하기 – 다른 놀이 보다 인터넷 사용시간이 많지 않은지 점검해보기 – 인터넷을 하면서 자세가 안 좋아지거나 눈이 나빠지지 않았는지 점검해보기 – 인터넷을 계속 하고 싶은 마음 때문에 부모님과 싸운 적이 없는지 점검해보기	동영상 ① 토토와 약속 시계
정리 및 실전 생활화	• 유아들의 인터넷 사용습관을 점검해본 후, 올바른 사용습관을 형성할 수 있도록 알려주기 (교수학습 흐름자료3과 연계)	

l 동 영 상 출 처 l	토토와 약속시계  방송통신위원회, NIA한국지능정보사회진흥원 https://www.youtube.com/watch?v=0Hq-s5AO7vE

교수학습 흐름자료 1

학 습 주 제	인터넷게임 과의존 예방하기
학 습 활 동	PBL 수업모형

구분	교수학습활동	활용자료
경험나누기	• 지난 시간에 배웠던, 〈인터넷 사용 습관〉 내용에 대해 회상해 보기 • 동영상을 시청한 후, 영상 속 내용에 대해 이야기해보기	
문제 해결 계획 수립	• 인터넷게임 과의존이 무엇인지 알아보기 〈인터넷게임 과의존이란?〉 – 인터넷게임이 일상생활에서 가장 우선시 되는 활동이 되고 (현저성) 이용조절력이 감소(조절실패)하여 신체적 · 심리적 · 사회적 문제를 겪는(문제적 결과) 상태 – 2020년 지능정보화 기본법 개정으로 인해 '인터넷 중독'을 '지능정보서비스 과의존'으로 용어가 변경됨에 따라 〈인터넷 게임 과의존〉이라는 용어로 사용	
탐색 및 해결책 고안	• 인터넷게임 과의존의 특징 알아보기 – 안구건조증 및 시력 저하 – 신체 활동량 감소로 인한 질병 발생 : 소아 비만 및 신체 발달 저해 • 동영상을 시청해보고, 인터넷게임 과의존의 해결 방법 알아보기 – 인터넷게임은 약속한 시간만큼만 사용하기 – 인터넷게임은 바른 자세로 사용하기 – 인터넷게임 대신, 친구들과 재미있는 놀이하기	동영상 ① 토순이가 인터넷 중독을 이겨냈어요! 동영상 ② 미디어 중독은 위험해!
정리 및 실천 생활화	• 참고자료 QR코드를 통해 가정으로 학부모용 영상을 배부하기 • 부모님이 먼저 인터넷 과의존에 대해 점검하고 지도할 수 있도록 연계지도 하기	참고자료 ① 유아 미디어교육 영상 (학부모용) [QR코드: 유아 미디어 교육] 참고자료 ② 을 가정통신문에 배부하기 편리하게 QR코드를 탑재하오니, 기관의 상황에 알맞게 사용하시기 바랍니다.

<table>
<tr>
<td rowspan="2">| 동 영 상 출 처 |</td>
<td>동영상 ① 토순이가 인터넷 중독을 이겨냈어요!

인천남동구보건소, 인천남동구 중독관리 통합지원시스템
https://www.youtube.com/watch?v=ujzVUAzY6gY&t=1s</td>
</tr>
<tr>
<td>동영상 ② 미디어 중독은 위험해!

충청남도교육청 유아교육원 북부체험교육원
https://www.youtube.com/watch?v=6mJPwo9f7iw</td>
</tr>
</table>

[교육부 안전교육 파워포인트 자료]

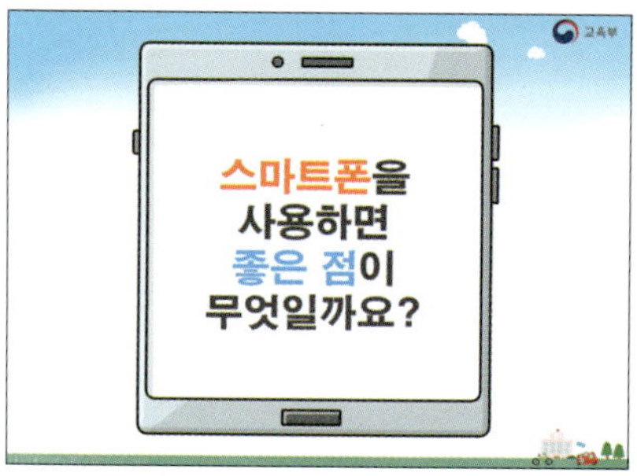

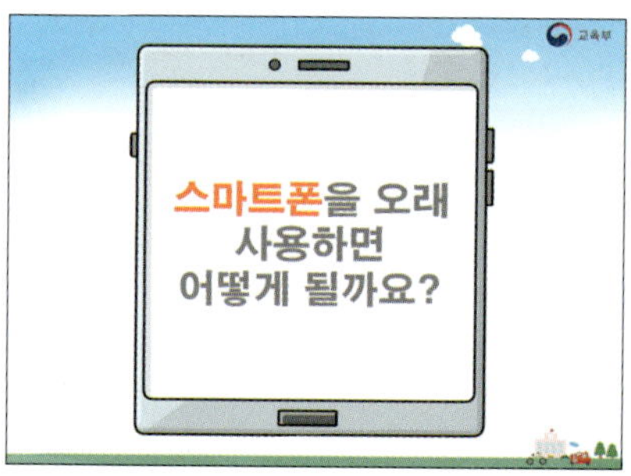

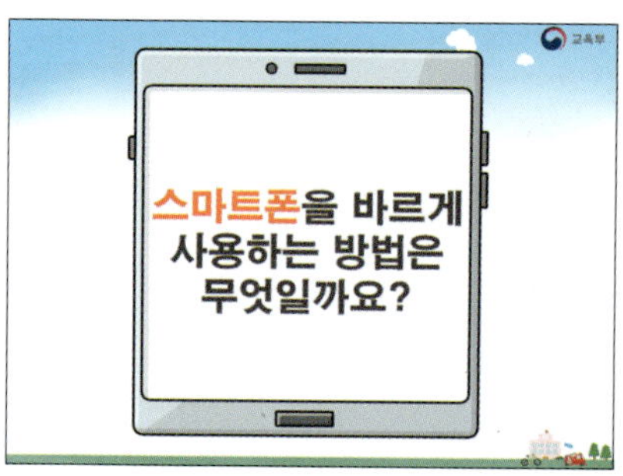

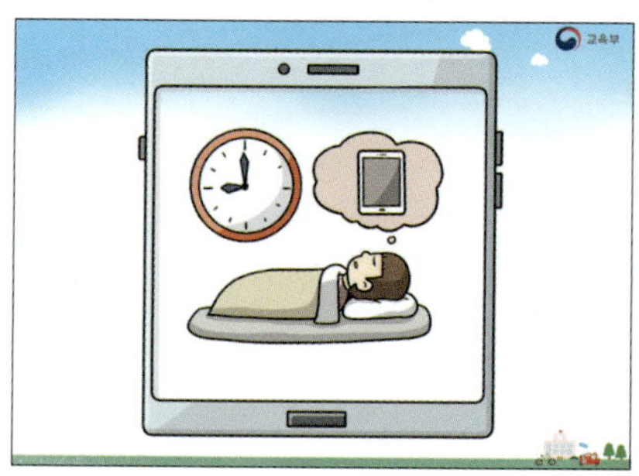

Tip. 유아 및 보호자용 스마트폰 과의존 척도

〈유아용〉

요인	항목	전혀 그렇지 않다	그렇지 않다	그렇다	매우 그렇다
조절실패 (역문항)	1) 스마트폰 이용에 대한 부모의 지도를 잘 따른다.	①	②	③	④
	2) 정해진 이용시간에 맞춰 스마트폰 이용을 잘 마무리한다.	①	②	③	④
	3) 이용 중인 스마트폰을 빼앗지 않아도 스스로 그만둔다.	①	②	③	④
현저성	4) 항상 스마트폰을 가지고 놀고 싶어 한다.	①	②	③	④
	5) 다른 어떤 것보다 스마트폰을 갖고 노는 것을 좋아한다.	①	②	③	④
	6) 하루에도 수시로 스마트폰을 이용하려 한다.	①	②	③	④
문제적 결과	7) 스마트폰 이용 때문에 아이와 자주 싸운다.	①	②	③	④
	8) 스마트폰을 하느라 다른 놀이나 학습에 지장이 있다.	①	②	③	④
	9) 스마트폰 이용으로 인해 시력이나 자세가 안 좋아진다.	①	②	③	④

기준점수 (36점 최고점)	1)~3)번 문항 역채점(1점 → 4점, 2점 → 3점, 3점 → 2점, 4점 → 1점으로 변환)
고위험군 (28점 이상)	스마트폰 과의존 경향성이 매우 크므로 관련 기관의 전문적인 지원과 도움이 필요합니다.
잠재적 위험군 (27~24점)	아이의 스마트폰 사용 행동을 적절히 조절하지 않을 경우, 스마트폰에 과의존될 위험성이 있습니다. 아이의 스마트폰 사용을 관리하고, 계획적으로 사용할 수 있도록 도와주세요.
일반 사용자 (23점 이하)	스마트폰을 적절히 이용하고 있지만, 앞으로도 지속적인 관심과 지도가 필요합니다.

〈부모용〉

요인	항목	전혀 그렇지 않다	그렇지 않다	그렇다	매우 그렇다
조절실패 (역문항)	1) 스마트폰 이용시간을 줄이려 할 때마다 실패한다.	①	②	③	④
	2) 스마트폰 이용시간을 조절하는 것이 어렵다.	①	②	③	④
	3) 적절한 스마트폰 이용시간을 지키는 것이 어렵다.	①	②	③	④
현저성	4) 스마트폰이 옆에 있으면 다른 일에 집중하기 어렵다.	①	②	③	④
	5) 스마트폰 생각이 머리에서 떠나지 않는다.	①	②	③	④
	6) 스마트폰을 이용하고 싶은 충동을 강하게 느낀다.	①	②	③	④
문제적 결과	7) 스마트폰 이용 때문에 건강에 문제가 생긴 적이 있다.	①	②	③	④
	8) 스마트폰 이용 때문에 가족과 심하게 다툰 적이 있다.	①	②	③	④
	9) 스마트폰 이용 때문에 친구 혹은 동료, 사회적 관계에서 심한 갈등을 경험한 적이 있다.	①	②	③	④
	10) 스마트폰 때문에 업무(학업 혹은 직업 등) 수행에 어려움이 있다.	①	②	③	④

기준점수 (40점 최고점)	–
고위험군 (29점 이상)	스마트폰 과의존 경향성이 매우 크므로 관련 기관의 전문적인 지원과 도움이 필요합니다.
잠재적 위험군 (28~24점)	스마트폰 과의존에 대한 주의가 필요합니다. 스마트폰 과의존의 위험성을 깨닫고 스스로 조절하고 계획적인 사용을 하도록 노력해야 합니다.
일반 사용자 (23점 이하)	스마트폰을 적절히 이용하고 있지만, 앞으로도 지속적인 자기 점검이 필요합니다.

출처: 과학기술정보통신부 · 한국정보화진흥원(2019).

PART 3. 실무편

〈Part 3. 실무편〉은 교육 현장에서 필요한 디지털 교수 매체를 제작하고 적합하게 활용하는 방법에 대해 소개하고 있다. 7장에서는 디지털 교수 매체 제작의 기초인 이미지, 동영상, 음원자료를 제작하는 방법에 대해 안내하고 있다. 8장에서는 기초적 제작 방법을 활용하여 디지털 동화와 스톱 모션 애니메이션을 제작하는 방법에 대해 소개하고 있다. 9장에서는 기관 행사에 필요한 자료를 제작하는 방법을 담고 있으며, 10장에서는 유아교육기관과 가정과의 연계에 디지털 미디어를 활용할 수 있는 방법을 소개하고 있다.

Chapter 07.

디지털 교수 매체 제작 기초

유아교육기관에서 디지털 미디어를 활용한 교수 매체는 이야기 나누기, 음률, 자유선택활동, 동화, 동시, 게임 등 대부분의 대 · 소집단 활동에서 활용되고 있다고 해도 과언이 아니다. 이번 장에서는 익숙하게 활용하고 있는 파워포인트 프로그램과 무료 프로그램을 활용해서 이미지 자료를 편집하는 방법과 함께, 유튜브에 업로드되어 있는 영상을 녹화 · 녹음하여 동영상자료 및 음원자료화하는 방법에 대해 다루어 보고자 한다. 단, 인터넷에 업로드되어 있는 이미지나 영상을 활용할 때에는 저작권 문제가 발생할 수 있으니, 수업에서의 활용 외에 공유하는 행동은 주의해야 한다.

1. 이미지 자료 편집

1) 그림 배경 제거

(1) 파워포인트 '배경 제거' 기능 활용

① 사진이나 그림을 삽입해 사용할 때, 배경을 없애야 하는 경우가 있다. 이때 파워포인트의 메뉴 '그림 서식–배경 제거' 기능으로 쉽게 제거할 수 있다. 마

우스로 그림을 선택하면 '그림 서식' 메뉴가 활성화된다. 가장 앞에 있는 '배경 제거'를 누르면 기능이 활성화되면서 사진에서 지울 부분이 보라색으로 표시된다.

② '배경 제거'에서 '보관할 영역 표시', '제거할 영역 표시'를 이용해 보라색 영역을 추가하거나 제외할 수 있으며, 배경 제거가 모두 완료되면 '변경 내용 유지'를 클릭해 작업을 완료한다. 편집한 이미지를 저장하려면 마우스 오른쪽 클릭 후 '그림으로 저장'을 눌러 그림파일 형식(jpg, png 등)으로 저장하면 된다.

(2) 배경 제거 사이트 활용(www.remove.bg)

① 이미지의 불필요한 배경을 제거하거나, 배경만 바꾸고 싶을 때 자동으로 배경을 제거해 주는 'remove.bg' 사이트를 이용할 수 있다. 배경과 중요 이미지(전경)의 구분이 선명한 이미지일수록 프로그램에서 배경 자동 제거가 더 잘 된다. 먼저 사진 폴더를 열어서 사진을 드래그 앤드 드롭하거나, '이미지 업로드' 버튼을 눌러 이미지를 불러온다.

② 어린이 이미지를 업로드하였더니, 아래와 같이 배경이 자동으로 제거된 것을 확인할 수 있다. 이 배경 제거된 이미지를 다운로드하려면 '다운로드' 버튼을 눌러 png파일로 다운받을 수 있다.

③ 편집한 이미지에 배경을 바꾸고 싶으면 '배경추가' 버튼을 누른다. '사진'을 클릭하면 다양한 배경이미지 예시가 보여지며, 원하는 배경이미지를 클릭하면 편집한 이미지에 배경이 합성된 이미지를 볼 수 있다. '색'은 배경을 원하는 단색으로 채울 수 있는 기능이다. '블러'는 배경에 블러효과(초점을 흐리게 하여 테두리를 뿌옇게 하는 효과)를 적용하는 기능으로 4단계로 조절 가능하다.

④ 이외에도 '지우기/복원'은 직접 지울 수 있는 지우개 기능으로, 자동으로 제거된 배경에서 불필요한 부분이 남았다면 활용해 볼 수 있다. 원하는 배경으로 편집이 완료 되었다면 '다운로드' 버튼을 눌러 해당 이미지를 png 파일로 다운받을 수 있다. '디자인 만들기'를 누르면 디자인 편집 프로그램인 켄바(Canva)로 바로 이동하여 편집할 수 있으니 활용해보자.

2) 그림 효과

(1) 파워포인트 '그림 서식' 기능 활용

① '색'을 클릭하면 사진의 색상을 자유롭게 변경할 수 있다. 색채도와 색조는 물론 다시 칠하기에서 필터 기능도 제공한다. '다시 칠하기'의 두 번째 '회색조'를 선택하면 자연스러운 흑백 사진으로 변경 가능하다.

② '꾸밈 효과'를 클릭하면 사진 효과 목록이 나타난다. 목록에서 선택한 효과는 선택된 이미지에 적용된다. 파워포인트에서 제공하는 꾸밈 효과는 총 23가지이다.

(2) 그림 효과 사이트 활용(www.photofunia.com)

① 포토퍼니아 사이트를 활용하여 유아의 사진을 다양한 템플릿에 합성해 재미있는 이미지로 표현할 수 있다. 제공하는 템플릿의 종류는 600여 종이 넘으므로, 좌측의 주제별 카테고리를 활용해 원하는 이미지를 쉽게 합성해 보자. 실습을 위해 'Christmas' 카테고리에서 'Festive Greetings'를 선택해 보았다.

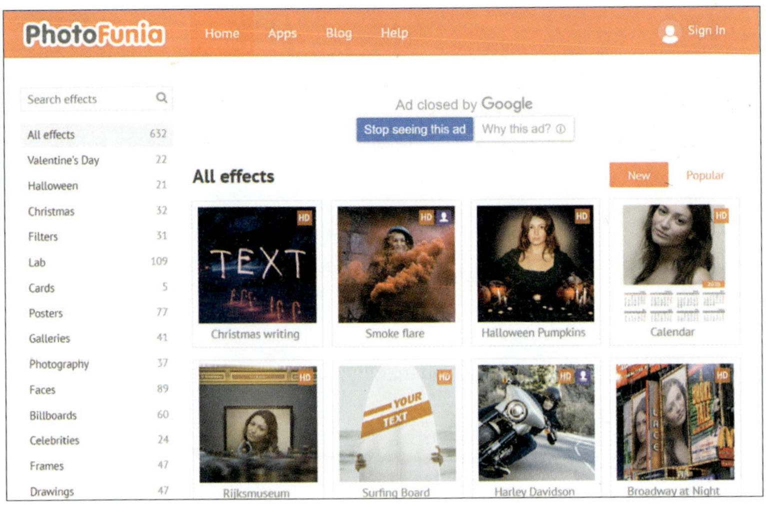

② 하단의 'Choose photo' 버튼을 누르고, 'Upload from device'를 눌러 합성하고자 하는 원본 이미지를 내 컴퓨터에서 불러온 다음, 'Crop' 버튼을 눌러 필요한 부분만 남겨 둔 후 'GO' 버튼을 누르면 합성된 이미지를 확인할 수 있다.

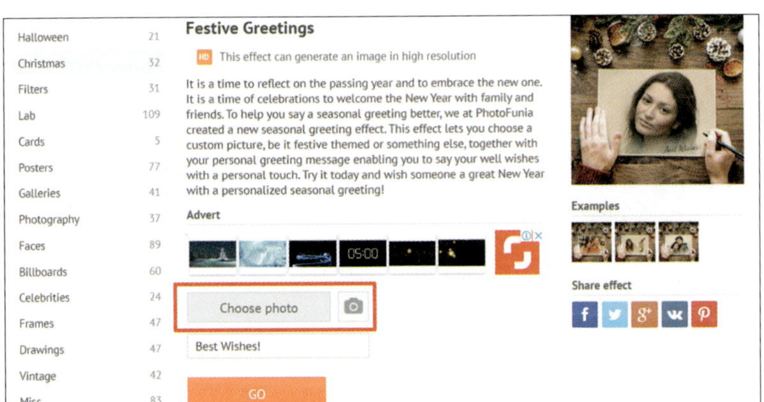

③ 이제 합성한 이미지를 그림파일로 저장하거나 공유해 보자. 우측 상단의 'Download' 버튼을 눌러도 그림파일로 저장할 수 있고, 아래의 'Large, Regular, Small' 사이즈를 선택하여 다운받을 수도 있다.

3) 그림 자르기

(1) 그림 자르기 기본

① 그림은 '자르기' 기능으로 그림 일부분만 남기고 사용할 수 있다. 그림을 선택하면 메뉴의 '그림 서식'이 활성화된다. 메뉴 우측의 '자르기'를 선택하면 그림을 자르기 모드가 활성화된다.

② 자르기 모드에서는 그림 테두리에 '자르기 조절 핸들'이 활성화된다. 이때 그림의 밝은 부분이 '남길' 부분으로 이미지 자체를 드래그해 자르기 틀에서 위치를 변경할 수 있고, '자르기 조절 핸들'을 직접 조절해 자르기 틀의 크기를 변경할 수 있다. 그림 자르기가 끝나면 슬라이드의 빈 부분을 클릭하거나 '자르기'를 다시 클릭해 작업을 완료한다.

(2) 도형에 맞게 그림 자르기

① 그림의 크기를 조절하고 가로 세로에 맞게 자르는 것 외에도 파워포인트에서 기본으로 제공하는 도형의 모양에 맞추어 자를 수 있다. 그림을 선택하면 '그림 서식'이 활성화된다. 메뉴 가장 우측에 '자르기'를 클릭한 후 '도형에 맞춰 자르기'를 클릭하고 원하는 도형을 선택한다.

② '그림 서식', '자르기', '가로 세로 비율'을 순서대로 클릭하면 다양한 비율로 사진을 자를 수 있다.

(3) 도형에 맞게 그림 삽입하기

① 도형에 맞춰 그림을 자르는 것 외에도 그림을 도형 안에 배경으로 삽입해 표현할 수도 있다. 먼저 삽입된 도형을 선택하면 '도형 서식' 작업 창이 활성화된다. '도형 채우기'를 선택한 후 하단에 '그림'을 선택한다. 그림으로 도형을 채운다는 안내가 나온다.

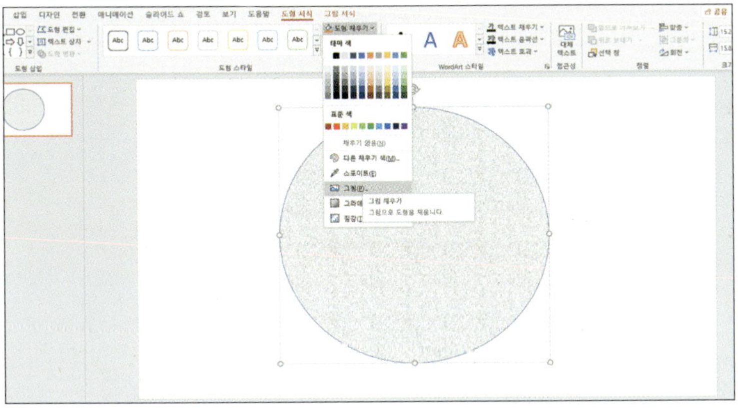

② 선택한 이미지가 도형 안에 삽입된 것을 확인할 수 있다. 이렇게 도형에 사진이 들어간 것은 '채우기'가 색 대신 그림으로 채워진 것이기 때문에 '자르기'와는 다르게 투명도를 설정할 수 있다. '그림 투명도'를 40%로 설정해 보자. 도형에 삽입된 사진이 반투명하게 변경되는 것을 확인할 수 있다.

4) 분할 인쇄 기능으로 확대 출력하기

(1) 한글 나눠 찍기 기능 활용

① 한글 프로그램을 활성화한 다음, 메뉴에서 '그림' 버튼을 눌러 '그림 가져오기'를 한다. 협동화의 밑그림을 출력하는 것이므로, 여백 없이 그림을 용지에 맞춰 크기를 조정한다.

② 메뉴에서 '파일'–'인쇄' 버튼을 눌러 인쇄창이 나오면 '인쇄 방식'–'나눠 찍기'를 선택한다.

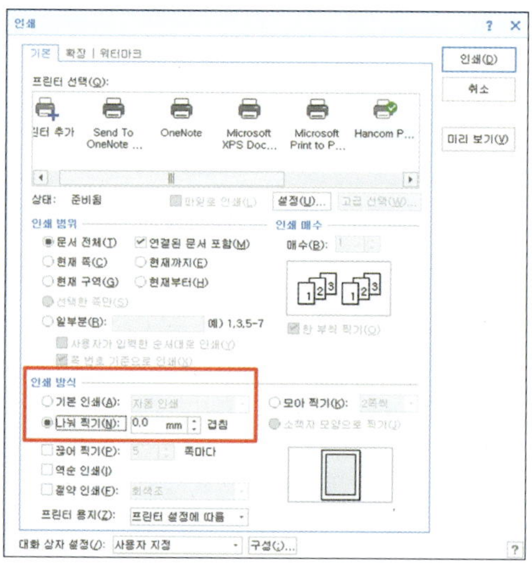

③ 다시 인쇄창 상단의 '확장' 탭을 연다. 200배 확대 출력을 할 계획이라면, '가로 비율'과 '세로 비율'에 200%에서 조금 뺀 190%로 입력한 후 '미리 보기' 버튼을 눌러 확인한다.

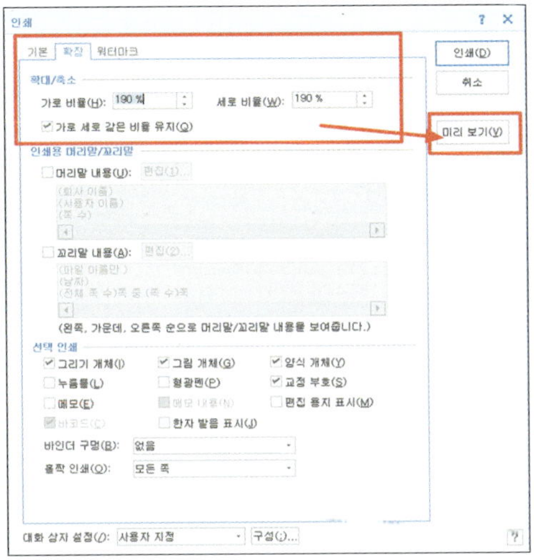

④ 출력하여 유아들에게 나눠 주고 색칠하도록 한 후, 모양에 맞게 이어 붙이면 협동화가 완성된다. 필요에 따라 인쇄 확대 비율을 조정하면 되며, 협동화 외에도 벽에 부착할 안내문을 크게 출력해야 할 경우에도 활용할 수 있다.

(2) 사진 분할 인쇄 프로그램 활용(www.posteriza.com)

① 포스터리자(posteriza)는 그림, 사진, 도면 등 그림파일을 여러 장에 분할 인쇄할 때 활용할 수 있는 프로그램이다. 먼저 ttps://www.posteriza.com에 접속하여 'POSTERIZA'를 클릭하고 'with installer(exe)'를 눌러 프로그램을 설치한다. 한국어를 지원하지 않으므로 언어선택에서 'English'를 선택한다.

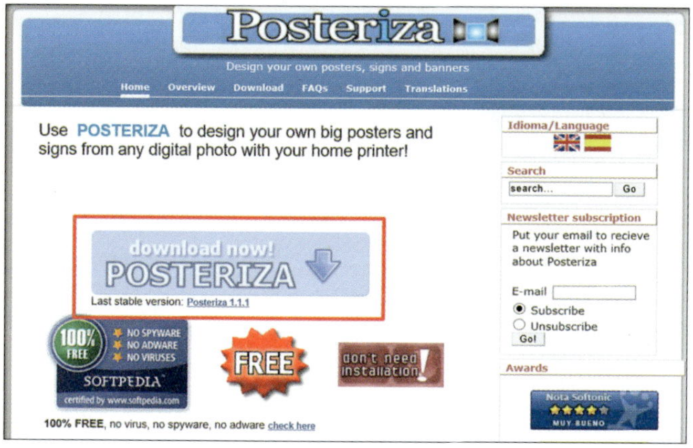

② 상단의 'New'를 클릭하고, '1.Texts'를 선택한다. 'with Text'는 분할된 사진에 텍스트를 입력하는 메뉴이다. 이 항목에 체크하고 텍스트 창에서 입력하면 미리보기 창에 입력한 내용이 나타난다. 하지만 협동화에서는 텍스트를 입력하지 않기 때문에 'with Text'의 체크를 해제한다.

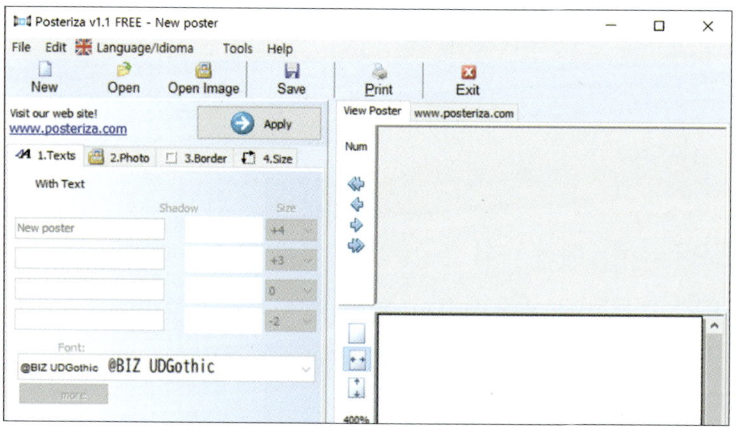

③ '2.Photo' 탭을 선택한 후 'Open Image'를 클릭하여 분할 인쇄하려는 이미지를 선택한다. 'more'를 클릭하면 사진의 영역을 선택할 수 있다. 조절점을 클릭하여 원하는 영역만큼 사진을 선택한다. 다음으로, '3.Border' 탭을 선택한 후 'with border'를 체크하고, 'Border width'를 0으로 변경한다.

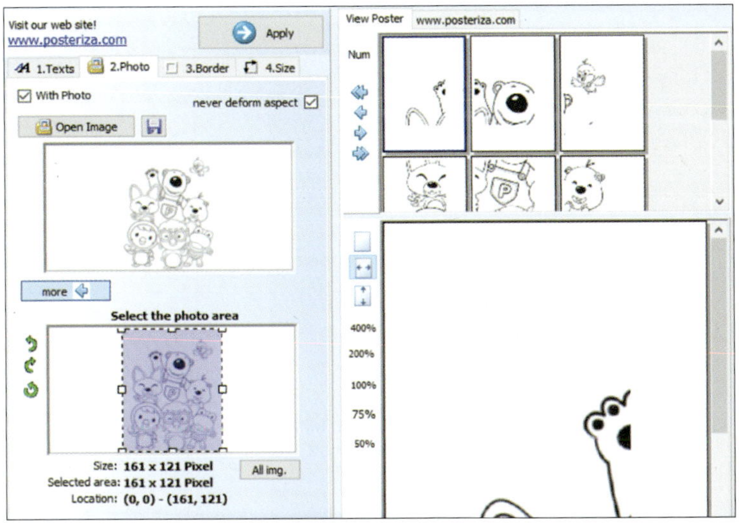

④ '4.Size' 탭을 선택한 후 분할할 사진의 숫자를 입력한다. 'Auto'를 선택하고 'width'에 숫자를 입력하면 가로와 세로 크기가 비율에 맞게 자동 분할된다. 'Apply' 버튼을 눌러 미리보기 창에 나타난 사진의 분할 모습을 확인한다. 우측 'View Poster'에 자동으로 6페이지가 분할된 것을 확인할 수 있다.

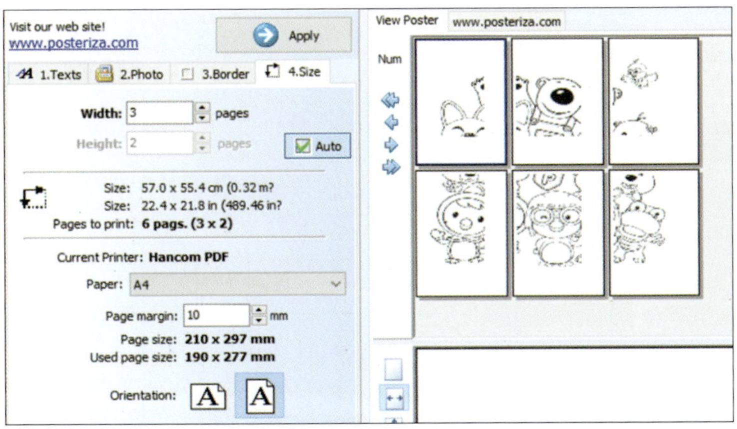

⑤ 마지막으로 'Print' 메뉴를 눌러 인쇄한다. 분할한 그림을 유아들과 나누어 색칠하고, 게시판에 게시할 수 있다.

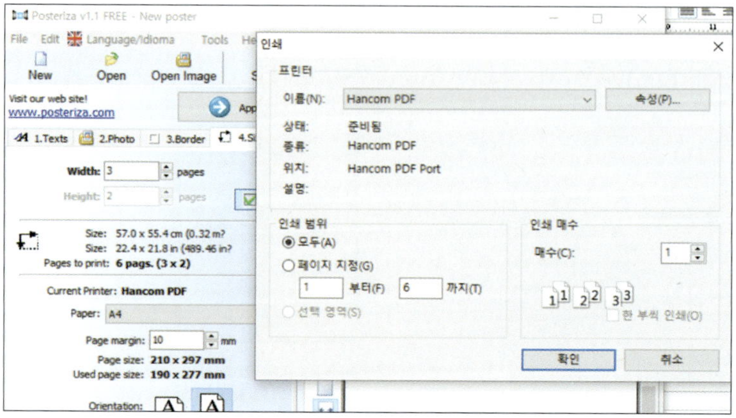

Tip. 저작권 없는 무료 이미지 사이트 BEST 5

1. 픽사베이(pixabay.com)

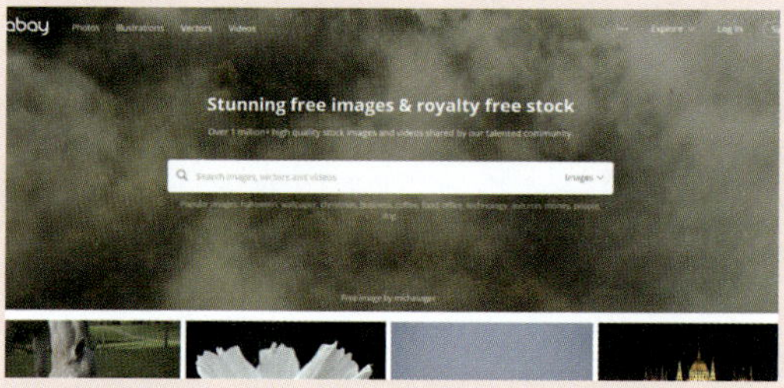

- 가장 많은 사진을 보유하고 있는 무료 이미지 사이트
- 사진과 일러스트, 벡터 그래픽, 비디오 자료를 보유하고 있고, 카테고리별로 구분되어 있음
- 한글로 검색이 가능

2. 언스플래시(unsplash.com)

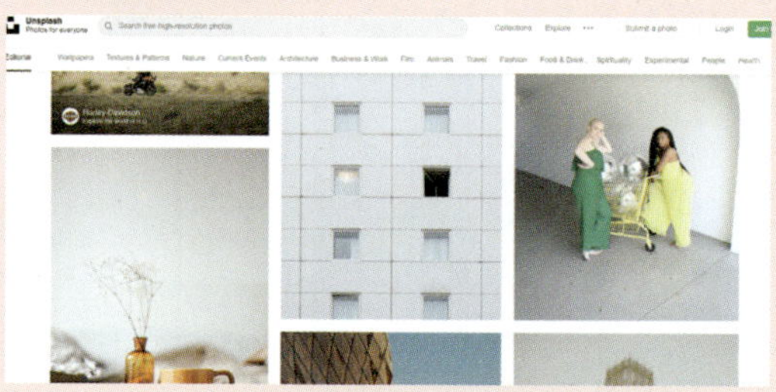

- 고퀄리티의 분위기 있는 풍경 사진이 많음
- 회원가입 후 사진구독 신청을 할 경우 10일마다 고해상도 사진을 받아볼 수 있음
- 회원가입 없이도 사진 다운로드 가능

3. 스플릿샤이어(www.splitshire.com)

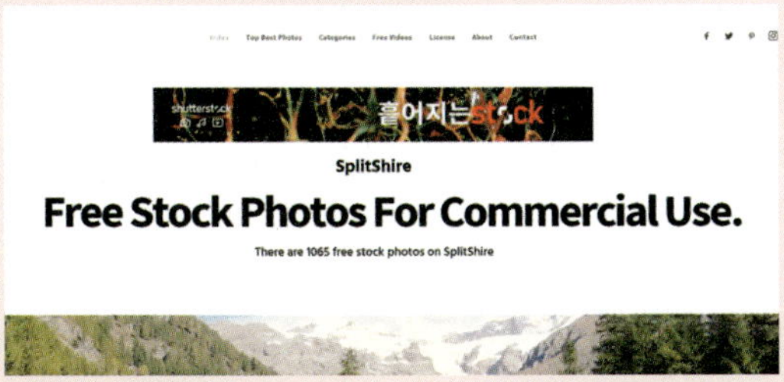

- 포토그래퍼 다니엘 나네스쿠가 자신의 사진과 영상을 무료로 공유하는 사이트
- 퀄리티가 높은 감성 사진과 영상들이 많아 업무나 자료작성 시 ppt 화면 배경에 좋은 이미지들을 찾을 수 있음

4. 픽셀스(www.pexels.com)

- 감성적인 이미지와 실용적인 이미지를 모두 찾을 수 있는 이미지 사이트
- 매주 70장의 고해상도 그림을 업로드하며 현재 다운로드기 완전 무료인 45,000장 이상의 이미지 보유

5. 프리큐레이션(www.freeqration.com)

- 30여 개 무료 이미지 사이트를 모두 연결해 놓은 이미지 큐레이션 사이트
- 원하는 검색어를 입력하면, 연결된 모든 이미지 사이트에서 검색해 보다 빠르게 찾을 수 있도록 도움

2. 동영상 자료 편집

1) 오캠(oCam)으로 화면 녹화와 소리 녹음하기

(1) 기본 기능

오캠(oCam)은 컴퓨터 화면, 재생 중인 비디오의 녹화 및 녹음이 가능한 무료 화면 캡처 녹화 프로그램이다. 오캠 홈페이지(http://ohsoft.net)에서 프로그램을 다운로드할 수 있고, 각종 포털사이트(네이버, 다음)에서도 다운로드할 수 있다. '무료 다운로드'를 클릭하고, 가장 하단의 왼쪽 'exe 다운'을 클릭하여 설치한다.

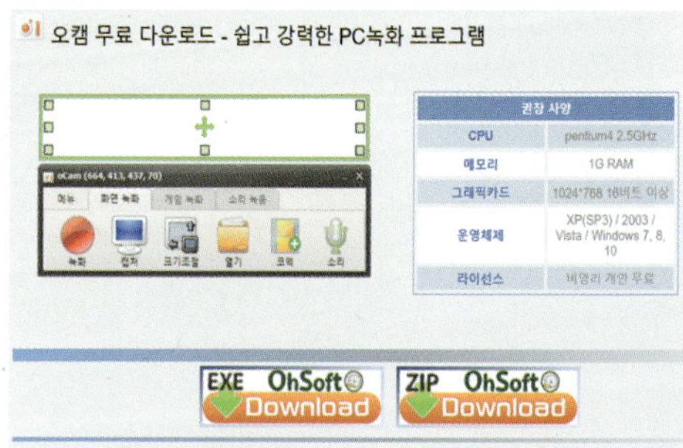

① 녹화 기능: 모니터에 표시된 컴퓨터 화면의 동영상 및 소리를 녹화, 녹음 및 저장이 가능하며, 소리 녹음 시 다양한 음질을 선택할 수 있다.

② 다양한 녹화 포맷 지원: 곰플레이어, Daum팟 플레이어 등의 미디어 재생기 환경이나 유튜브 스트리밍 환경의 구분 없이, 영상이 재생되는 모든 환경에서 자유롭게 영상 저장을 할 수 있다. 컴퓨터에 설치된 동영상 코덱을 사용자가 직접 선택하여 녹화가 가능하다.

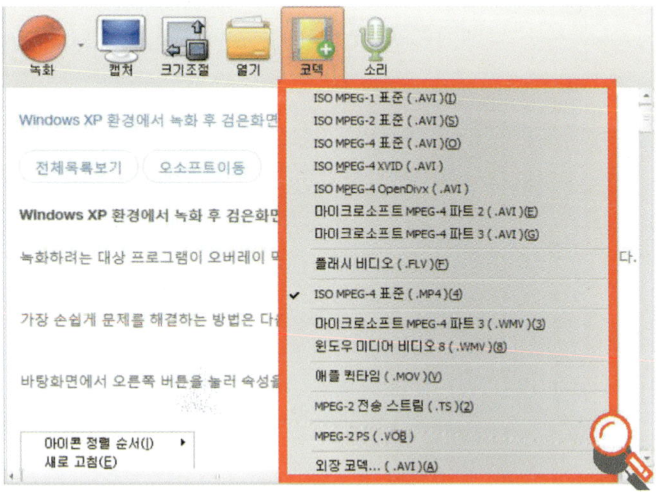

③ 화면 캡처 기능: 마우스 드래그로 녹화 영역을 조절하여 원하는 부분의 자유로운 캡처가 가능하다.

(2) 오캠(oCam)으로 녹화하기

① 메뉴에는 화면 녹화, 게임 녹화, 소리 녹음이 있다. '화면 녹화'를 클릭하면 컴퓨터 화면에 초록색 사각형이 활성화된다. 이 사각형은 컴퓨터 화면에서 녹화할 수 있는 영역을 나타낸다. 각 모서리와 위아래, 좌우측에 표시되어 있는 꼭짓점을 마우스로 드래그하여 자유롭게 조절할 수 있다. 가운데 '+' 부분을 누르면 녹화 영역 전체를 옮길 수 있다.

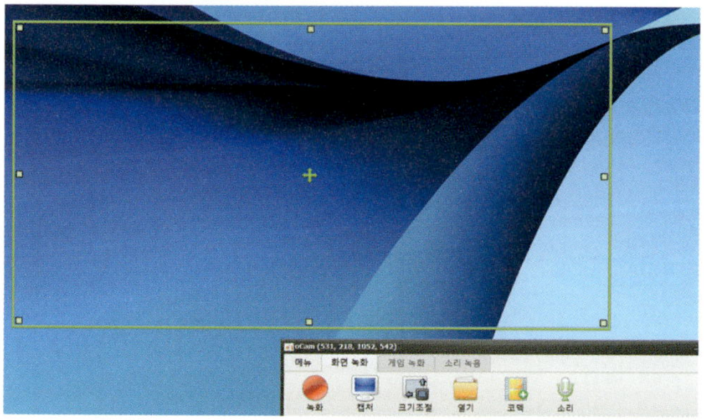

② 원하는 녹화 영역을 선택했다면 빨간색 '녹화' 버튼을 누르거나 키보드 단축키 'F2'를 누른다. 녹화 영역을 세밀하게 옮기고자 할 경우 마우스보다는 방향키를 이용하고, 이보다 조금 더 많이 옮기고 싶을 때에는 'Ctrl + 방향키'로 이동하면 된다. 녹화 영역은 '크기조절' 메뉴를 통해 설정된 크기로 조절할 수 있다. 또한, 전체 화면을 녹화하거나 듀얼 모니터를 사용할 경우, 주/보조 모니터 영역으로 나누어 녹화할 수 있다.

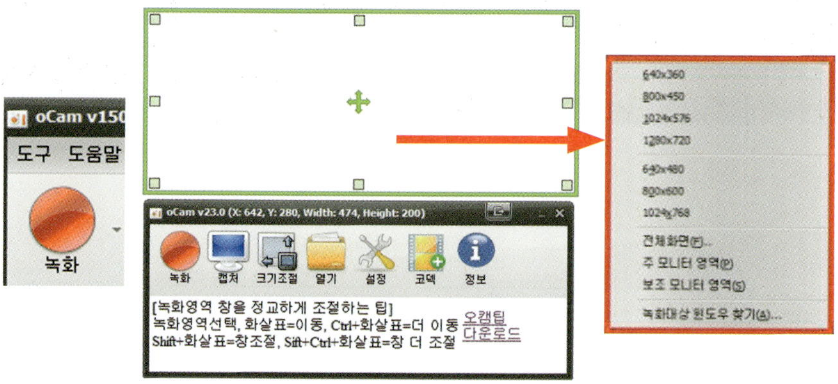

③ 유튜브에서 원하는 동영상을 화면 녹화해 보자. 녹화하고자 하는 위치에 초록색 네모 상자를 맞춘다. 네모 상자 안의 화면만 녹화가 될 것이다. 유튜브의 영상은 불필요한 광고가 포함될 수 있다. 필요한 부분이 시작될 때, 단축기 'F2'를 누르면 녹화가 시작된다. 녹화가 시작되면 네모 상자가 빨간색으로 바뀐다. 녹화를 끝내고 싶으면 다시 단축키 'F2'를 누르면 녹화가 중지되고, 네모 상자는 다시 초록색으로 바뀐다.

④ 화면 녹화된 동영상을 확인해 보자. 오캠 메뉴에서 '열기'를 누르면, 녹화된 파일을 확인할 수 있고, '내 컴퓨터'의 '문서' 'oCam' 폴더에 저장되어 있다. 클릭해서 화면 녹화가 잘 되었는지 확인한다.

(3) 오캠(oCam)으로 음원 추출하기

① 오캠에서는 동영상 속의 오디오만 녹음 가능하다. 메뉴 중 '소리 녹음'을 클릭한다. 빨간색 '녹음' 버튼을 클릭하면 녹음이 시작된다. 화면 녹화와 마찬가지로 단축키 'F2'를 누르면 녹음이 시작되고, 한 번 더 누르면 녹음이 정지된다.

② 화면 녹화와 마찬가지로, 녹음한 오디오파일은 '열기'를 클릭하여 확인할 수 있고, '내 컴퓨터'의 '문서' 'oCam' 폴더를 열어 확인할 수 있다. 클릭해서 오디오파일이 잘 녹음되었는지 확인한다.

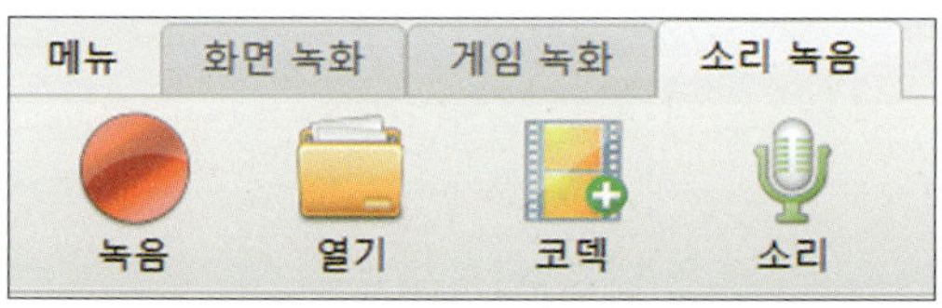

2) 유튜브 동영상 다운받기

① 별도의 프로그램 없이 유튜브 동영상을 다운받을 수 있다. 먼저 원하는 유튜브 영상을 선택한다. 주소창에서 'www'와 'youtube' 사이에 커서를 대고, 'ss'를 입력하고 엔터를 누른다.

② 'savefrom.net'이라는 사이트로 이동하였고, '다운로드 MP4'를 선택하면 별도의 프로그램 설치 없이 동영상을 다운받을 수 있다. 단, 'HD/MP3'는 다른 프로그램을 다운받는 광고이므로 클릭하지 않는다.

③ 다운로드한 유튜브 동영상파일(mp4)이 내 컴퓨터에서 광고 없이 재생되는 것을 확인할 수 있다.

3) 동영상 편집 툴 '블로(VLLO)' 앱 활용하기

① 블로는 쉬운 영상편집 기능, 저작권 없는 BGM과 효과음, 자막, 보정, 모자이크 처리, 음성녹음, 움직이는 스티커, 다양한 글자 스타일을 제공하는 것이 특징이다. 플레이스토어 또는 앱스토어에서 블로(VLLO)를 검색하고, 다운받아 설치한다.

② 앱을 활성화하면 화면 하단에 '새 프로젝트' 만들기가 있고 비디오 혹은 GIF 만들기를 선택할 수 있다. 비디오 만들기는 결과물이 영상파일(mp4)로 저장되고, GIF 만들기는 결과물이 움직이는 이미지파일(GIF)로 저장된다. 우리는 실습을 위해 비디오 만들기를 선택해보자.

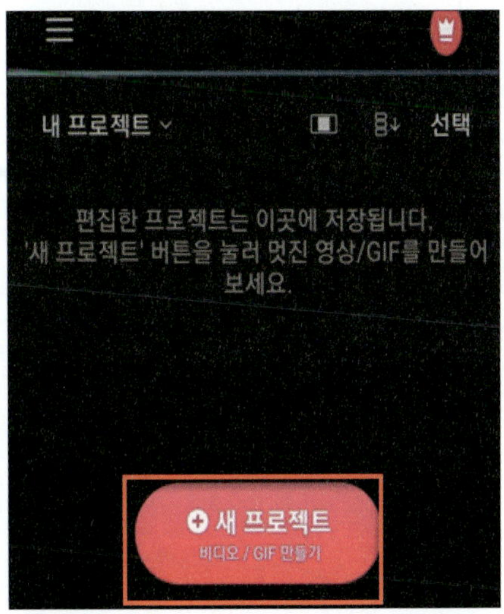

② 스마트폰 내에 비디오와 사진들이 보인다. 사용할 영상과 사진을 선택한다. 영상은 여러개 동시 선택이 가능하다. 영상을 선택하면 화면 하단에 추가가 되고, 영상을 길게 눌러 영상의 순서를 재정렬할 수 있다. 다 선택하였다면 오른쪽 아래 화살표를 누르고 화면비율을 선택한다. 일반적인 화면 비율을 선택하려면 16:9 화면을 선택하자. 프로젝트 이름을 입력하고, 아래의 '프로젝트 생성하기'를 누른다.

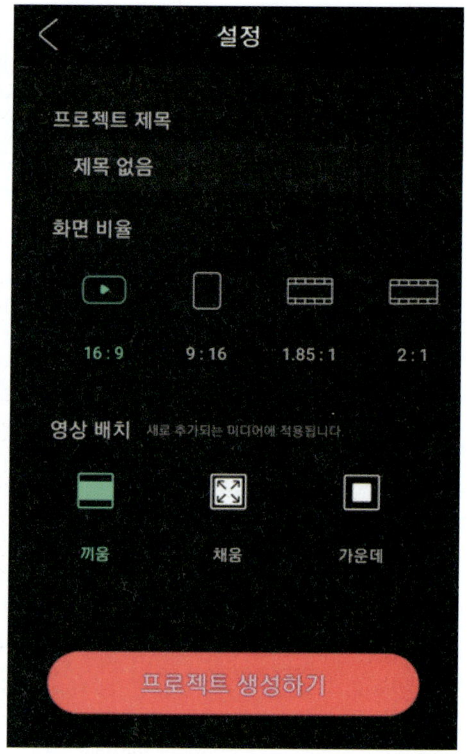

③ 화면 상단은 영상 미리보기 화면이며, 아래는 타임라인을 보여준다. 빨간색 바가 위치한 영상(사진)이 미리보기 화면에 보이는 것이다. 화면 하단에는 오디오, 그래픽, 글자, 효과 등의 편집 메뉴를 볼 수 있다. 손가락 두 개로 타임라인의 화면을 잡고 벌리면 타임라인이 확대가 되고, 손가락을 모으면 타임라인이 축소되어 한 눈에 보이게 된다. 타임라인 좌측으로 배경음악과 효과음 등을 추가할 수 있다. 화면 가운데 재생버튼을 눌러 영상을 재생할 수 있고 전체화면으로도 볼 수 있다.

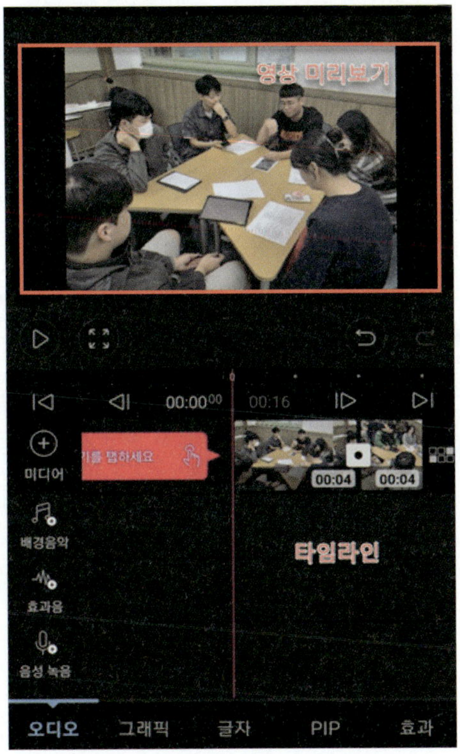

④ 불필요한 영상의 컷을 편집 해보자. 본 프로젝트에서 시작할 영상 부분을 편집점을 정하고 분할 버튼을 누르면 영상이 나눠진다. 이후 필요 없는 영상을 선택한 후 '삭제'를 눌러 영상을 삭제한다. 재생버튼을 눌러 필요 없는 부분의 영상이 잘 없어진 것을 확인한다.

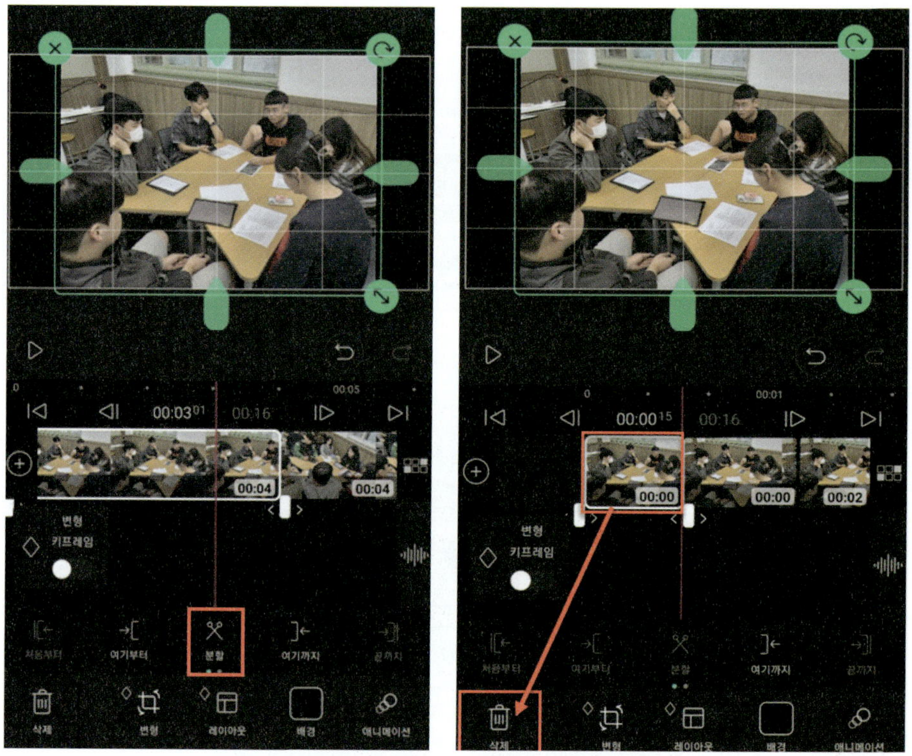

⑤ 배경음악 삽입을 해보자. 영상에 사용할 배경화면을 들으면서 컷편집을 하면 리듬에 맞는 영상을 편집하기 쉽다. 화면 하단의 '오디오'메뉴를 누르고 왼쪽의 '배경음악+'버튼을 누르면, 블로에서 제공하고 있는 다양한 배경음악 리스트를 확인할 수 있다. 하나씩 들어보면서 영상에 어울리는 음악을 찾은 후, 선택한 음악을 터치하면 영상의 타임라인으로 해당 음악이 들어온다.

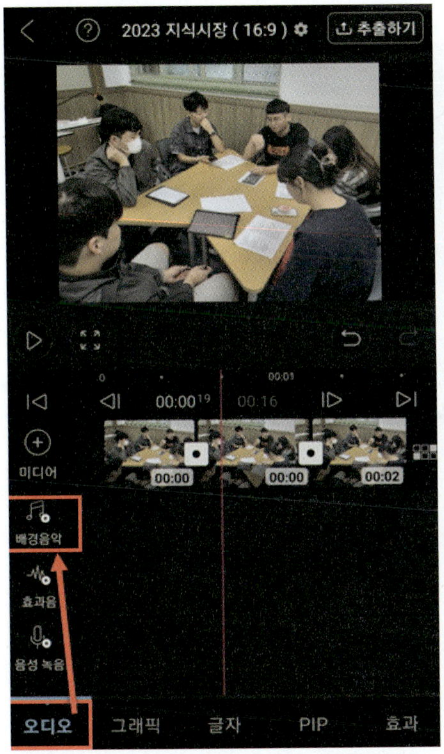

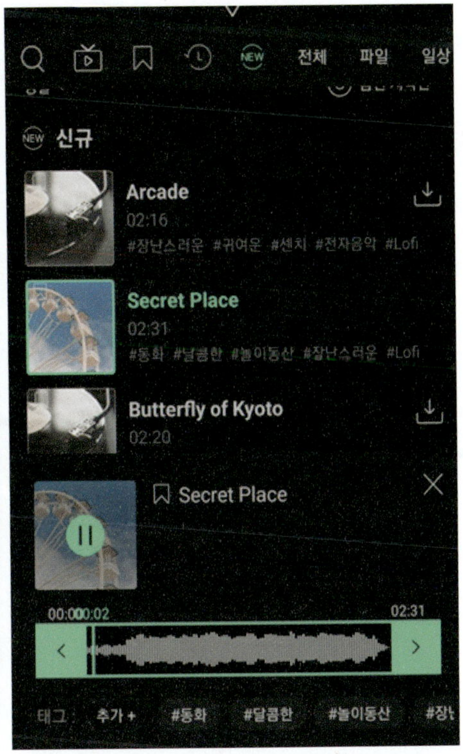

⑥ 배경음악 페이드는 배경음악이 영상의 종료지점에 맞추어 점점 소리가 줄여들며 사라지는 것을 말한다. 음악을 선택하고 하단의 '페이드' 메뉴를 누른 후, 음악의 끝부분을 누르면 자연스럽게 음악이 종료됨을 확인할 수 있다.

⑦ 다음으로 제목과 자막을 삽입해보자. 화면 하단의 '글자'메뉴를 누르고 왼쪽의 '글자+' 버튼을 누른다. 다양한 글자 템플릿을 확인할 수 있으며 원하는 스타일을 눌러 삽입하고 크기와 각도를 조절한다. 두 번 누르면 내용 수정이 활성화되며, 원하는 내용을 입력하여 자막을 완성한다. 글자 선택메뉴에서 글자의 투명도 조절, 글씨체 변경, 스타일 및 색상을 변경할 수 있으니 편집해보자.

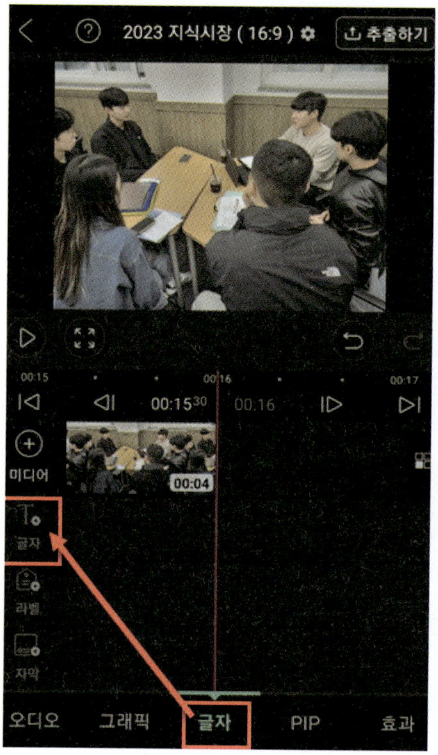

⑧ 동일한 방식으로 하단의 나머지 편집메뉴를 활용해 영상 편집을 완료하면 프로젝트 제목 옆의 '추출하기' 버튼을 누른다. 비디오의 해상도를 설정한 후 화면 하단의 '추출하기'를 누르면 비디오파일로 나의 스마트폰 갤러리에 저장되는 것을 확인할 수 있다.

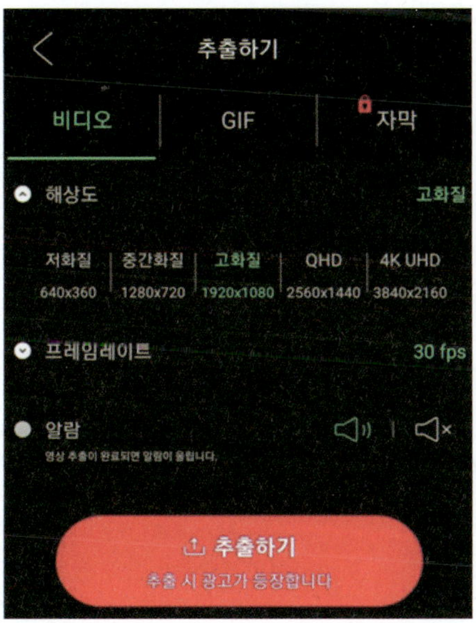

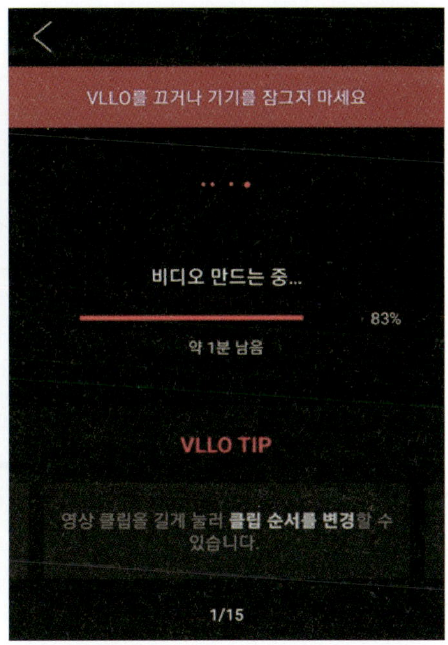

Tip. 교사들을 위한 디지털 교수자료 공유 사이트

1. 쥬니어네이버(https://jr.naver.com)

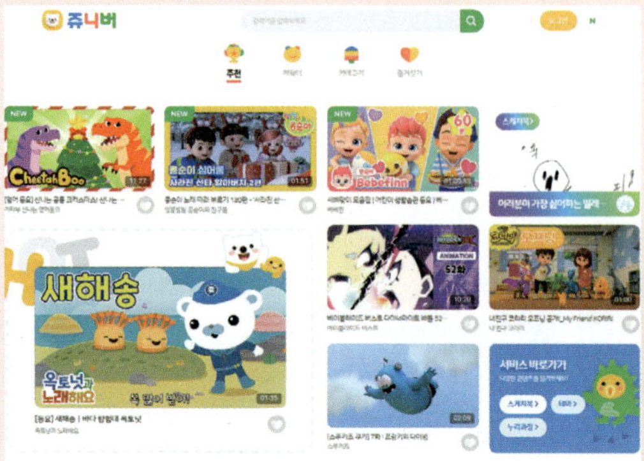

- 네이버의 어린이 전용 포털사이트로 네이버의 어린이 서비스 중 하나이지만, 완전히 다른 페이지로 운영됨. 야후꾸러기와 다음 키즈짱의 서비스의 종료로 국내 유일의 어린이 전용 포털임
- 제공 콘텐츠: 동요, 동화, TV 프로그램 동영상, 유튜브 어린이 채널 콘텐츠 등
- '쥬니버 누리과정' 메뉴에서 신체건강/의사소통/사회관계/예술경험/자연탐구별로 콘텐츠를 분류해 제공함

2. EBS 누리샘(https://ebsnurisam.com)

- 누리과정과 연계한 교육 프로그램 및 멀티미디어 교수자료(이야기 나누기, 동요, 동영상, 애니메이션, 그림, 효과음, 가사판 등) 제공
- 메뉴구성: 교육계획안/생활주제별 활동/교육 프로그램/주제별 심화활동/멀티자료실/테마자료실/부모교육 등
- 일부 서비스(교육계획안, 부모교육 가정통신문 등)는 회원에게 무료이나 대부분의 멀티미디어 자료는 연간 유료 회원에게만 제공됨

3. 키드키즈(http://www.kidkids.net)

- 누리과정과 연계한 멀티미디어 교수자료뿐만 아니라 각종 연수 정보, 구인구직, 교사커뮤니티를 포함하는 복합 정보 사이트
- 메뉴구성: 교육계획안/클립자료/프로그램/멀티누리자료/월간유아/도란도란/재무회계/구인구직/직무연수/쇼핑몰
- 회원제로 운영되며, 유료결제 후 대부분 자료 활용 가능

3. 파일과 폴더 암호화

1) 한글파일 암호 설정

① 유아교육기관의 경우 대부분 교사용 개인 데스크톱을 사용하기보다는 교사실 혹은 교무실에서 공용 컴퓨터를 사용하거나 교실에서 유아와 함께 컴퓨터를 사용할 경우가 많다. 반별 폴더를 만들어 폴더 내 우리 반 유아들의 개별 평가기록, 상담자료 등을 보관하지만, 누구나 폴더에 접근할 수 있어 사실상 보안에는 무방비이다. 한글 프로그램에서 제공되는 암호 설정 기능을 통해 보안 문서로 저장하자.

② 보안 문서로 저장하고 싶은 파일을 연다. 상단의 메뉴 중 '보안'을 클릭하고 '문서 암호 설정'을 선택한다. 문서 암호는 5자리 이상 설정할 수 있다. 저장 후 '설정' 버튼을 누르고, 최종 파일을 '저장'하면 암호가 설정된 문서가 된다.

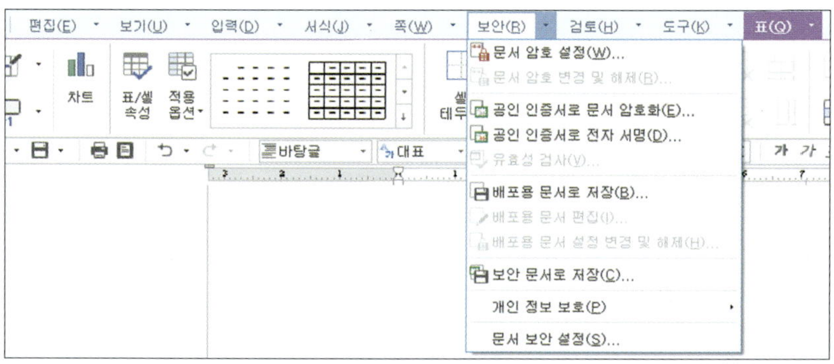

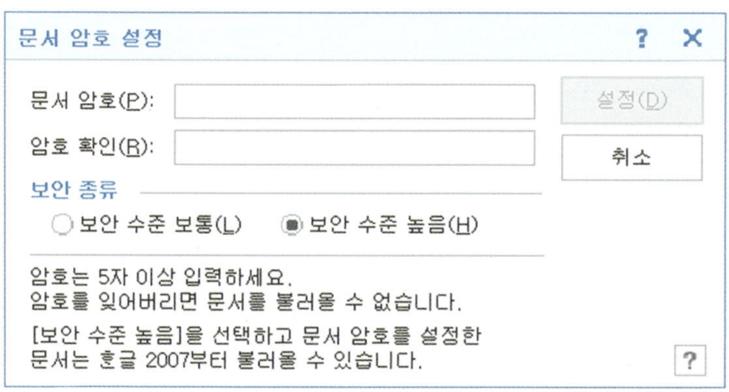

③ 이후부터는 해당 문서를 열려면 문서 암호를 입력해야 문서를 확인할 수 있다. 암호를 변경하거나 해제하려면 메뉴에서 '보안'을 클릭하고, '문서 암호 변경 및 해제'를 선택하면 된다.

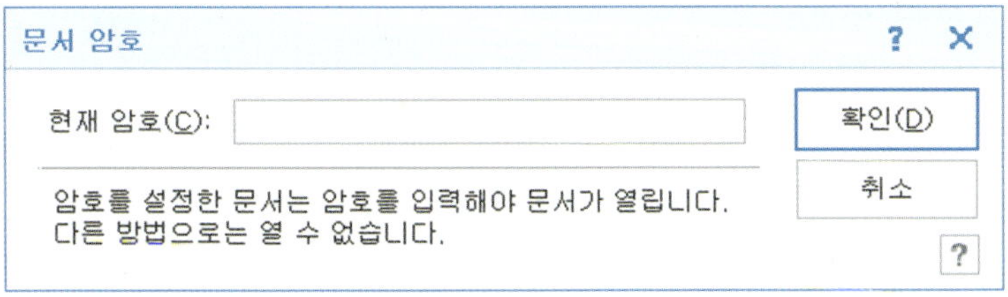

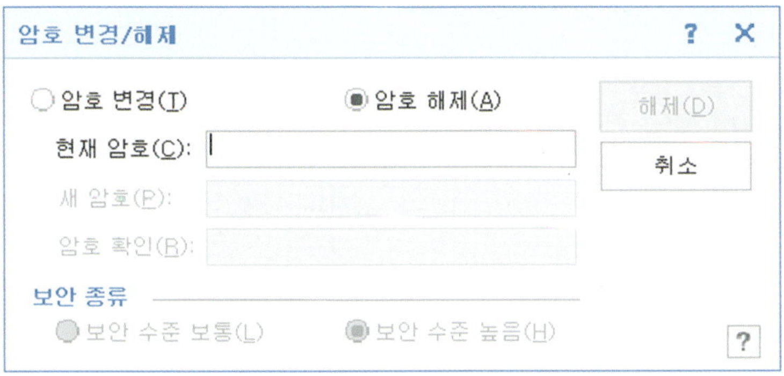

2) 한글파일 배포용 문서로 변환

① 유아교육기관에서 작성한 한글 문서 중 웹이나 메일 등을 통해 외부로 문서를 공유해야 하는 경우가 종종 있다. 한글 문서로 배포할 경우 자칫 원본 문서를 타인이 수정하여 본래 유아교육기관에서 작성한 의도와 다르게 변형되어 공유될 가능성이 있다. 이러한 경우를 대비해 보통 pdf파일로 공유하는 것이 일반적이나, 한글파일로 공유한다면 '배포용 문서'로 배포해 보자. 한글 문서(hwp)이지만, 입력과 수정이 불가능하고, 인쇄와 복사가 제한된 읽기 전용 문서가 된다.

② 배포할 한글파일을 연다. 메뉴 중 '보안'을 클릭하고, '배포용 문서로 저장'을 선택한다. 인쇄와 복사의 제한 여부를 선택할 수 있고, 암호를 아는 대상만

쓰기 기능을 허용하려면 암호를 5자 이상 입력하고 '저장'을 누른다. 최종 파일을 다시 '저장'하면 배포용 문서가 된다.

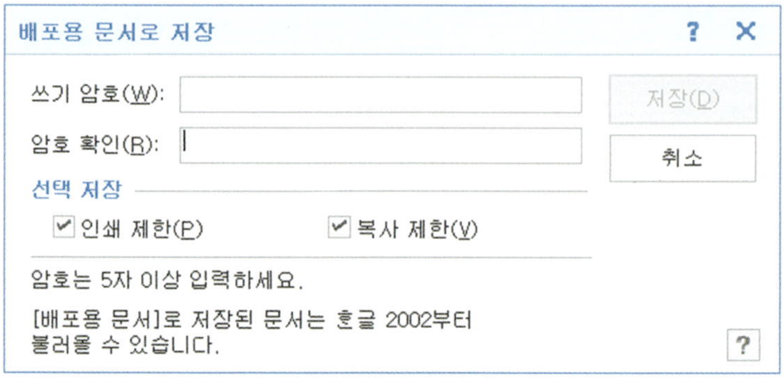

3) 한글 문서 열람 기한 설정

① 한글 문서를 열람할 수 있는 기한을 설정해 일정 기간 내에만 공유하고자 하는 특정 대상과 자료를 공유하고, 기간이 지나면 열람이 금지되어 불필요한 재배포를 방지할 수 있는 한글 프로그램 기능이 있다.

② 메뉴 중 '보안'을 클릭하고, '보안 문서로 저장'을 선택한다. 이 보안 문서는 공인인증서로 문서 암호화가 된 문서만 활용 가능하며, 활성화된 창 아래의 '문서 열람 유효기간'에서 '설정' 박스 체크 후 원하는 기간을 설정하고 '확인' 버튼을 누른다.

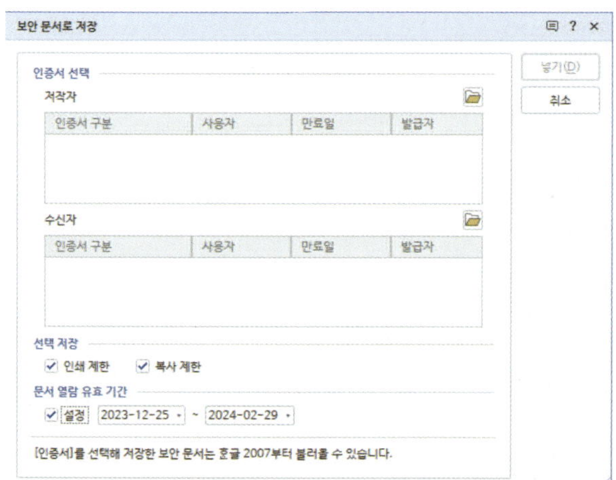

4) 폴더 암호화

① 지금까지 한글파일을 보안 문서로 변경하는 방법에 대해 알아보았다면, 이제는 공용 컴퓨터에서 우리 반 폴더를 암호화해 보자. 윈도우에서는 폴더를 암호화하는 자체 기능은 없다. 무료 프로그램을 설치해 폴더를 암호화할 수 있다. 'EncryptOnClick'를 설치해 활용해 보자. https://www.2brightsparks.com에 접속해서 메뉴 중 'Downloads'를 클릭하고 'Download OnClick Utilities'를 선택한다.

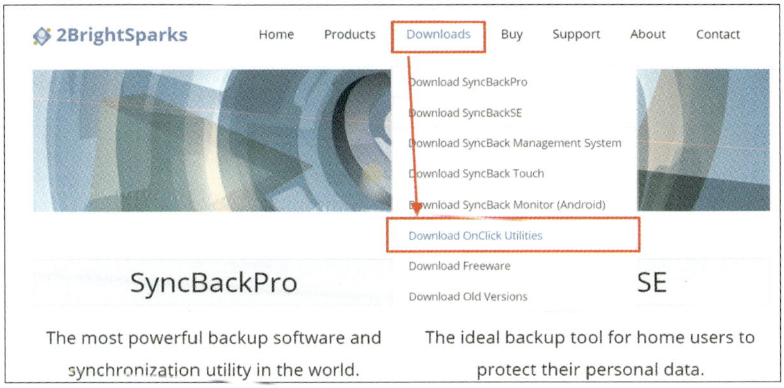

② 'Download OnClick Utilities' 메뉴 중 'EncryptOnClick–secures files out of sight'를 찾아 클릭하고, 하단의 하늘색 상자 'Download EncryptOnClick V2.1.1.0'를 클릭해 프로그램을 다운받아 실행시킨다.

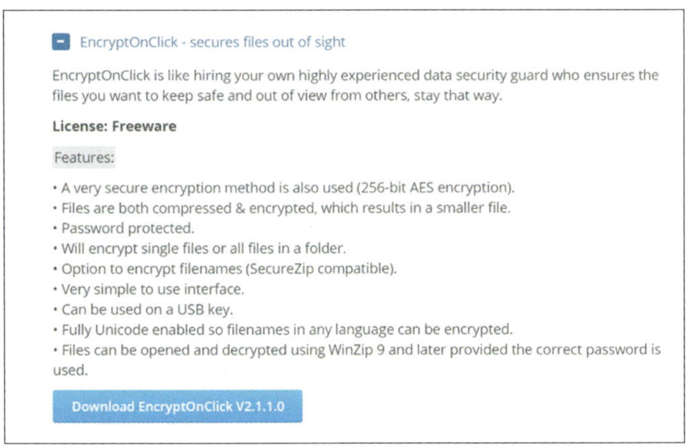

③ 'EncryptOnClick'이 실행되면 화면의 왼쪽은 파일과 폴더에 암호를 설정하는 것이고, 오른쪽은 설정한 파일과 폴더의 암호 기능을 해제하는 것이다. 필요에 따라 파일과 폴더에 암호를 등록해 둘 수 있다. 이렇게 암호를 등록해 두면 탐색기 등에서 폴더를 실행할 때마다 암호를 확인해야 한다. 더 이상 암호 기능을 사용하지 않으려면 오른쪽의 'Decrypt' 메뉴를 통해 파일과 폴더의 암호 기능을 제거할 수 있다. 폴더 암호 등록을 사용하면 해당 폴더 안에 있는 모든 파일에 암호가 등록된다는 점을 유의하자.

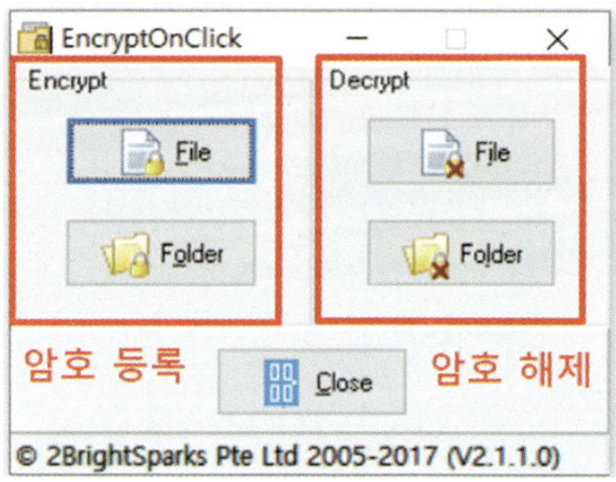

④ 본격적으로 암호 등록을 시작해 보자. 먼저 'Encrypt'의 'Folder' 버튼을 클릭한다. '폴더 찾아보기' 창에서 암호 설정할 폴더를 선택하고 '확인' 버튼을 누르면 비밀번호를 입력하는 창이 활성화된다. 비밀번호를 입력하고 'OK' 버튼을 클릭한다.

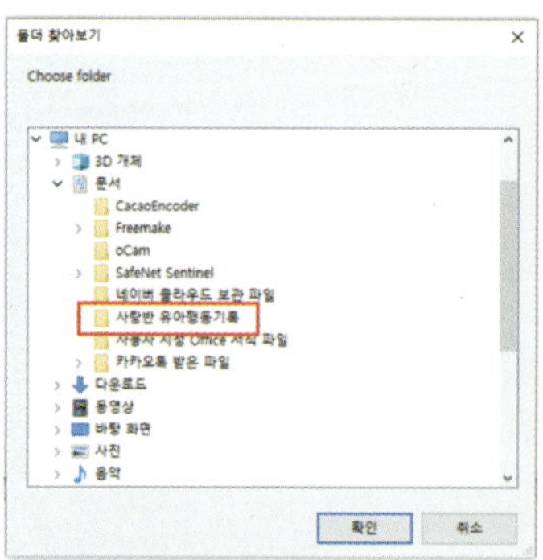

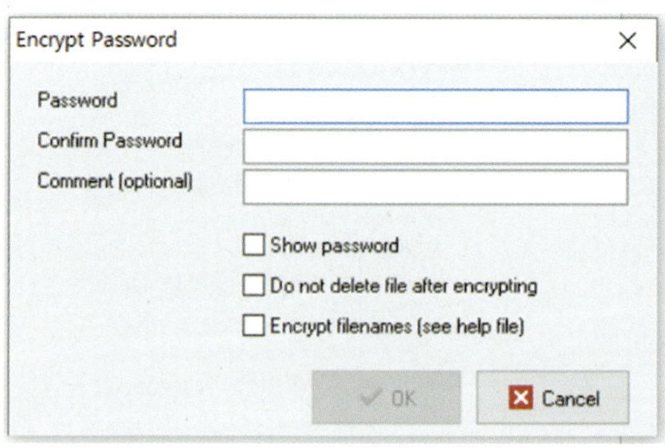

⑤ 암호 설정한 폴더를 열어 확인하면 폴더 내 파일들이 암호 설정되어 있는 것을 확인할 수 있다.

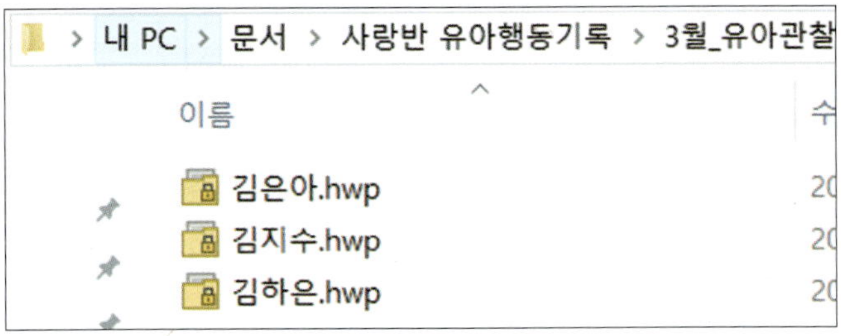

⑥ 암호 해제는 더 이상 파일에 암호를 걸어 둘 필요가 없을 때 사용한다. Decrypt 항목에서 필요에 따라 각각 파일과 폴더를 지정하면 된다(③번 설명 참조). 방식은 암호 설정과 동일하다.

Chapter 08.

디지털 교수 매체 제작 실제

앞서 디지털 교수 매체 중 가장 많이 활용되는 이미지, 음원, 동영상 파일화 방법에 대해 알아보았다. 이제 텍스트, 오디오, 애니메이션이 다중적으로 적용된 디지털 동화를 제작해 보자. 동화는 상상력, 창의력, 사고력을 길러 주고, 경험을 확장하고 풍부하게 해 주어, 자기를 잘 표현할 수 있는 언어적 능력과 심미적 감상력을 기르는 데 중요한 역할을 한다. 동화를 유아들과 함께 만들어 볼 수도 있는데, 우리 반 유아들이 관심 있어 하는 주제를 선정하고 모두 협력하여 스토리를 만들고, 그림을 그리고, 목소리를 담는 과정을 거쳐 디지털 동화로 제작할 수 있다. 이 과정은 유아의 주제에 대한 관심을 증가시키며, 사회적 능력을 향상시키고 나아가 디지털 미디어 활용에 대한 긍정적인 태도 형성에 도움을 줄 수 있다.

1. 유아와 함께 만드는 디지털 동화

1) 파워포인트로 디지털 동화 제작하기

① 디지털 동화는 주제활동 중 유아들이 관심 있어 하는 종이 그림책 동화 중에서 선정하여 제작할 수 있으며, 유아들이 함께 협력하여 스토리를 만들고, 그

림을 그리고, 목소리를 직접 입혀 동화를 제작해 볼 수도 있다. 제작하기에 용이한 동화는 1명의 주인공이 매 페이지에 등장하면서 스토리를 이끌어 나가거나, 배경그림이 복잡하지 않고 이미지 테두리를 잘라내기에 용이한 동화, ppt 슬라이드 기본배경이 흰색이므로 흰색 배경의 동화라면 처음 디지털 동화를 제작하는 유아나 교사가 작업하기에 좋다. 여기서는 유아들이 직접 그린 그림으로 디지털 동화를 제작해 보는 실습을 해 보자.

② 먼저 유아들이 동화 스토리를 짜고, 각 장을 나누어 그린 그림을 그림파일로 만드는 작업이 필요하다. 스캔 작업은 스캐너를 사용하거나, 컴퓨터와 연결된 복사기에서도 가능하다. 스마트폰 사진 촬영으로도 가능은 하나, 화질이나 정확한 정보 전달이 어려울 수 있으므로 되도록 하지 않는 것이 좋다. 스캔 작업으로 그림파일화되면 파일명을 순서대로 정렬할 수 있도록 번호를 달아 두자. 스캔 작업이 마무리되면 그림파일을 하나씩 열어 테두리의 불필요한 부분을 다듬어 둔다. 그림 테두리를 정리하는 것은 〈PART 3. 실무편〉의 '1. 이미지 자료 편집 – 3) 그림 자르기'에 자세히 설명되어 있으니 참고하자.

③ 스캔파일이 준비되었다면, 파워포인트 슬라이드에 그림파일을 삽입한다. 그림파일 1개를 슬라이드 한 면에 배치하자. 순서대로 모두 삽입 후, '슬라이드 쇼'를 통해 스토리에 맞게 순서대로 삽입했는지 확인한다. '저장'하여 하나의 파일로 만들면, 가장 기본적인 디지털 동화(디지털화가 된)가 되는 셈이다.

④ 이제 동화 장면에 맞게 유아와 선생님의 동화구연 오디오파일을 제작한다. 스마트폰에서 녹음 앱을 이용하여 동화구연을 하고, 파워포인트 슬라이드 장면 하나마다 하나의 음성파일을 만든다. 이 음성파일을 슬라이드에 삽입한다. 이제 이미지와 오디오가 들어간 디지털 동화가 되었다.

이름	유형	압축된 크기
곰잡으러간단다	M4A 파일	191KB
사각서걱	M4A 파일	88KB
풀밭	M4A 파일	282KB

⑤ 이미지와 오디오가 삽입된 디지털 동화에서 이제 실제 종이책을 넘기는 듯한 효과를 삽입해 보자. 다음 슬라이드를 넘길 때의 효과는 상단 메뉴에서 '전환'을 활용한다. 은은한 효과, 화려한 효과 등 다양한 페이지 넘김 효과가 있다. 하나씩 적용해 보면서 나의 동화에 맞는 전환 효과를 찾아보자. 해당 효과를 적용하면 기본적으로 전체 슬라이드에 적용된다.

⑥ 디지털 동화에서 애니메이션 효과를 주어 움직임이 있는 살아 있는 동화로 제작할 것이다. 주인공이 움직이는 효과를 주기 위해서는 주인공만 별도로 배경화면에서 분리하는 작업이 필요하다. 분리할 그림을 클릭하여 그림 4면에 점이 나타나도록 하고, 상단의 메뉴 모음에서 '그림 서식–배경 제거'를 클릭하면 제거된 부분은 보라색으로 표시된다. 자동으로 제거해 주는 것이지만 제거하지 않을 부분도 제거되었을 수 있다. 이때는 '보관할 영역 표시' 메뉴를 누르면 마우스 커서가 연필 모양으로 바뀌고, 살릴 부분의 테두리를 연필로 그려주면 다시 복원된다. 이러한 방식으로 필요한 이미지만 분리하자.

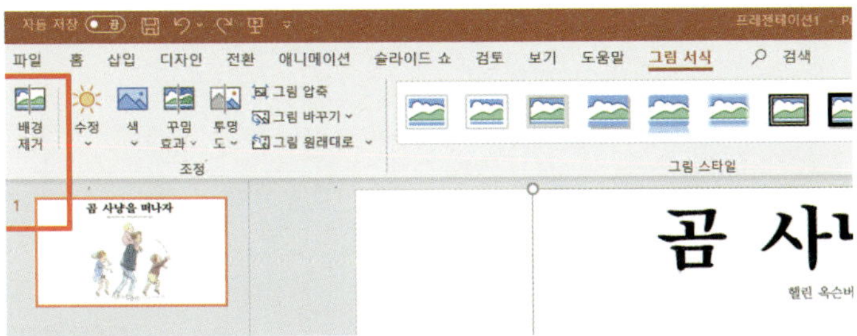

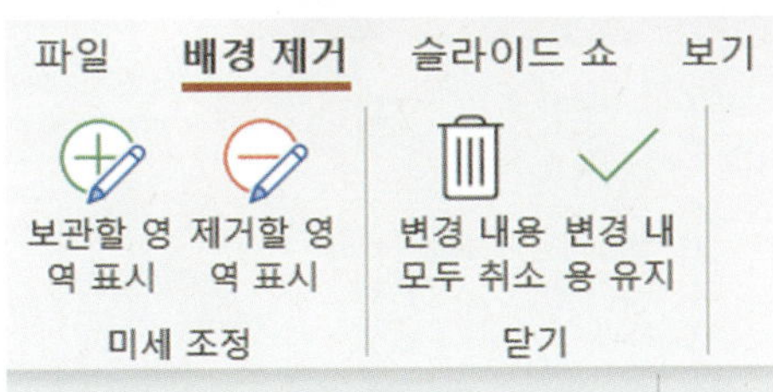

⑦ 애니메이션을 삽입하여 공룡이 좌측에서 우측으로 걸어가는 모습을 만들고 싶다. 상단의 메뉴에서 '애니메이션'을 누르면 나타내기, 강조, 끝내기 등 다양한 효과가 있다. 하나씩 적용해 보고 내가 구상한 움직임에 적합한 애니메이션을 활용한다. 간단한 움직임은 '흔들기'로도 적당하다.

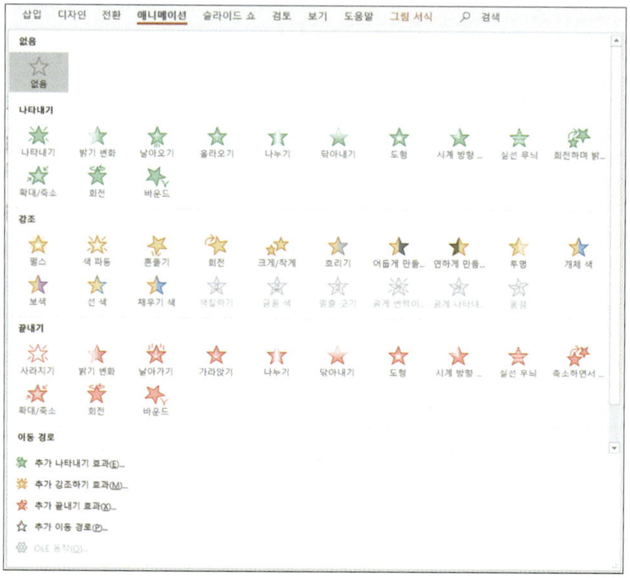

⑧ 원하는 경로로 이동을 설정하려면 '애니메이션-이동 경로-추가 이동 경로'를 클릭한다. 원하는 경로를 마우스로 그어 지정하고, 마우스 오른쪽 클릭으로 '점 편집'을 활용해 경로를 세밀하게 수정할 수 있다.

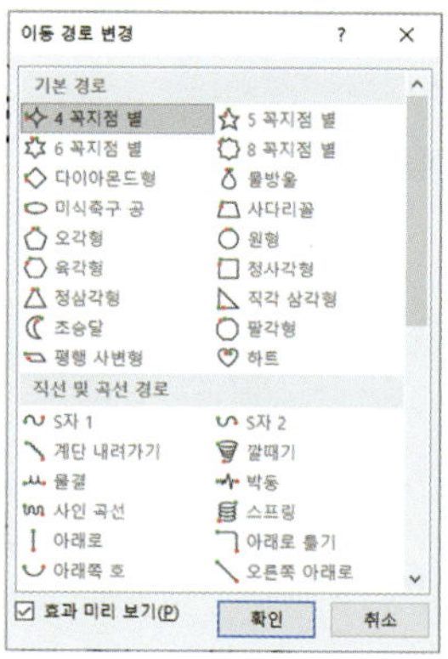

⑨ 애니메이션을 준 다음에는 '애니메이션 창'을 눌러 활성화한 다음, '효과 옵션(효과음 삽입)', '타이밍(시간 조절)' 등 세부사항을 조절한다.

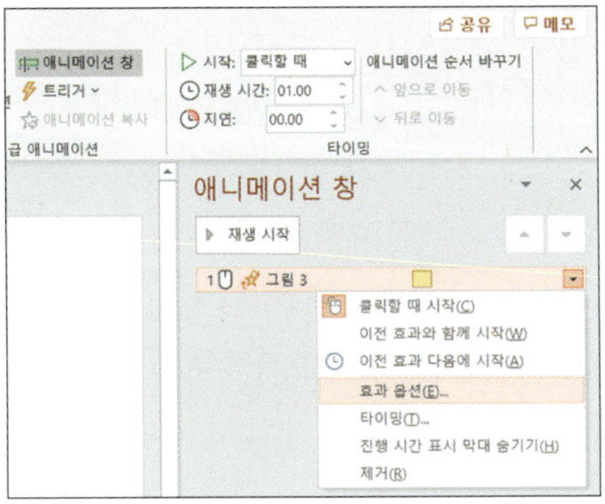

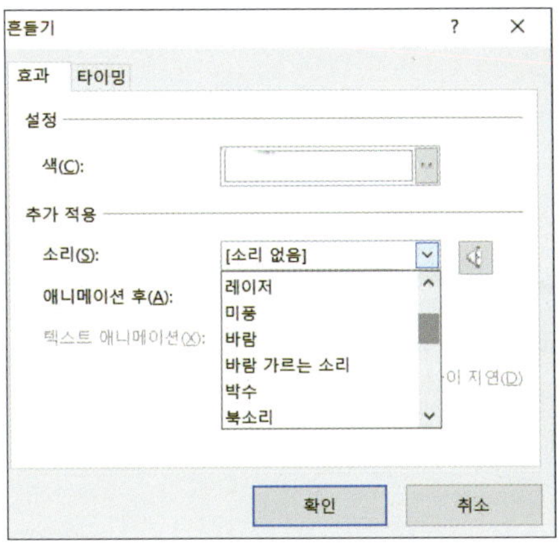

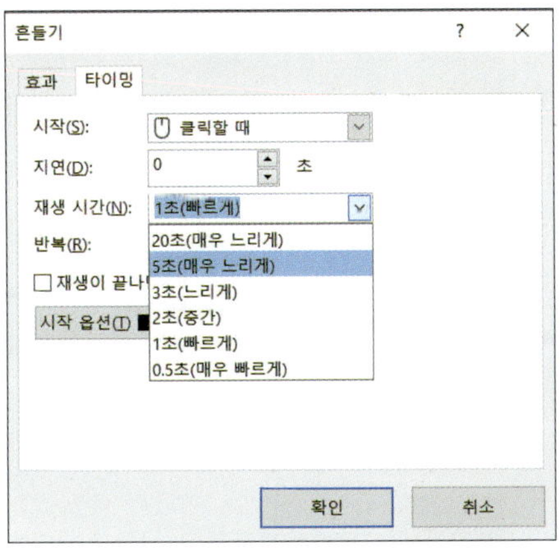

⑩ 필요한 애니메이션 효과와 오디오까지 모두 작업하였다면 이제는 ppt파일을 하나의 동영상으로 변환해야 한다. 동영상으로 변환해서 점검한 후 재수정이 필요할 경우가 있으니 지금까지의 최종 작업물 ppt파일을 저장한다. 동영상파일로 변환하는 방식은 두 가지가 있다. 하나는 '다른 이름으로 저장'을 누른 후 저장 파일유형을 'MPEG4비디오(*.mp4), 혹은 Windows Media 비디오(*.wmv)'로 지정한 후 저장 버튼을 누른다. 다른 방법은 '내보내기–비디오 만들기'를 선택한 후 세부 옵션을 맞춘 다음 '비디오 만들기'를 클릭하면 비디오파일로 변환된다. 최종 비디오파일을 확인한 후 애니메이션이 구동이 잘 되는지, 동화구연 오디오는 소리와 속도가 적절한지 등을 점검한다.

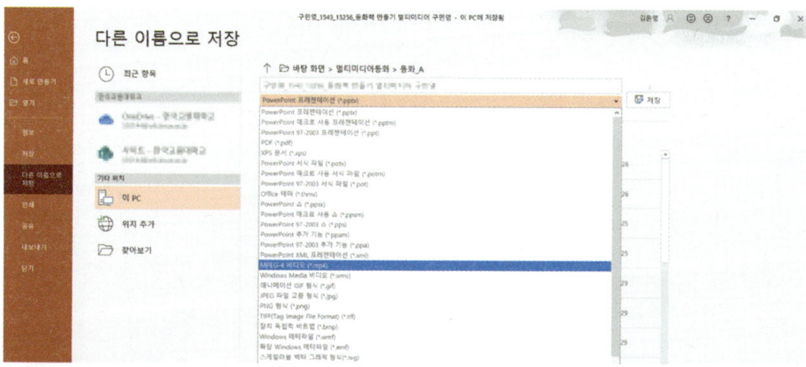

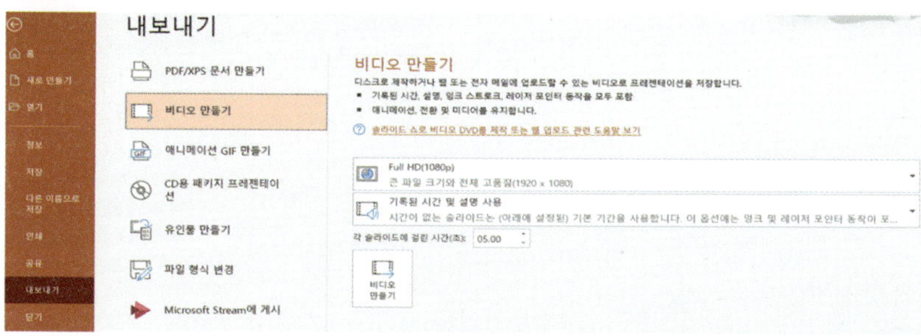

[양식] 디지털 동화 제작서

디지털 동화 제작서

제작자:

동화책 명		저자	
대상 연령		생활 주제	
교육 목표			
동화 개요 (간략 내용)			
활용한 디지털 요소			

Tip. 동영상 및 오디오파일 변환 프로그램 '카카오인코더'

디지털 동화를 제작하다 보면 스마트폰으로 녹음한 동화구연 파일(mp4)이 나의 노트북 파워포인트에는 삽입이 되었는데, 막상 학교 컴퓨터 실습실에서 추가 작업을 하려고 할 때에는 "지원하지 않는 형식의 파일입니다"라는 경고창이 떠 난감한 경우가 종종 있다. 이는 프로그램 버전마다 지원되는 파일형식이 다르기 때문이다. 이때는 당황하지 말고 파일을 변환해 주는 프로그램을 활용해서 삽입해 보자. 여기서는 파일변환 프로그램 중 하나로 '카카오인코더(http://www.cacaotools.com/cacaoencoder)'를 활용해 본다.

① 사이트에서 '다운로드'–'서버에서 바로 받기' 버튼을 눌러 프로그램을 다운받는다.

② 프로그램이 활성화되면 '파일 추가' 버튼을 눌러 변환하고자 하는 파일을 내 컴퓨터에서 선택한다. 선택된 파일은 화면 상단에 '입력 파일'로 목록이 제시된다. 이 파일을 '변환설정/기기설정' 창에서 변환하고자 하는 파일형식으로 지정한 후, '변환 시작'을 누르면 변환 작업이 시작된다. 여기서는 동영상파일(wmv)을 오디오파일(mp3)로 변환하는 작업을 해 본다.

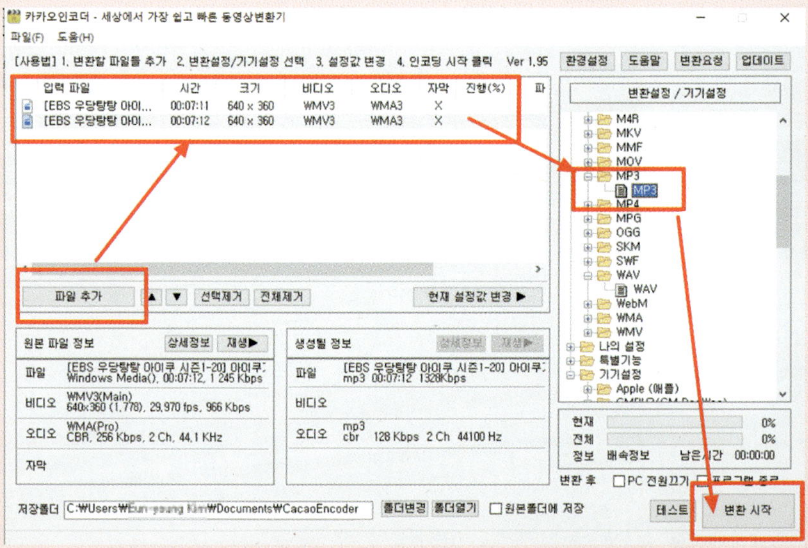

③ 변환된 파일은 특별히 설정을 해 두지 않았다면 기본적으로 '내 문서'의 'CacaoEncoder' 폴더에 보관되어 있다. 폴더를 열어 변환이 잘 되었는지 확인한다.

2. 유아와 함께 만드는 스톱 모션 애니메이션

1) 스톱 모션이란?

스톱 모션(stop-motion) 기법이란 피사체를 변형해 가며 촬영하고, 그 촬영된 낱개의 프레임들을 순서대로 연결하여 영상으로 보이게 하는 일종의 애니메이션 제작 기법이다. 쉽게 말해, 그림이나 사진, 인형 등을 조금씩 움직여 가며 사진을 찍었다가 빠르게 돌리면 움직이는 것처럼 보이는 기법이다. 대표적으로 체코의 애니메이션 「패트와 매트」가 스톱 모션 기법으로 제작된 것이며, 우리에게 친숙한 「구름빵」 애니메이션도 이에 속한다. 최근에는 스마트폰이나 태블릿 PC에서 스톱 모션 애플리케이션으로 간단하게 만들 수 있어 유아들과 함께 활동으로 진행할 수 있다. 여기서는 유지영(2019)에서 실제 만 5세 유아를 대상으로 활동한 내용을 중심으로 알아본다.

[그림 III-1] 스톱 모션 애니메이션 「패트와 매트」와 「구름빵」

출처: https://movie.daum.net/moviedb, https://youtu.be/-oDAIW43gOw.

2) 스톱 모션 애니메이션 제작 활동 단계

출처: 유지영(2019).

■ 1단계: 스토리보드 및 캐릭터 구성

스토리보드 및 캐릭터 구성 단계에서는 6~7명의 소집단 유아들이 자유롭게 서로 이야기 나누며 스톱 모션 애니메이션의 주제에 맞는 캐릭터를 선정하고, 도입-전개-마무리의 순서로 스토리를 구성한다. 유아들이 구성한 스토리는 종이에 간단하게 글이나 그림으로 표상하고 제목을 짓는다.

■ 2단계: 배경 및 캐릭터 제작

배경 및 캐릭터 제작 단계에서는 1단계에서 구성한 스토리보드와 캐릭터에 맞게 종이, 인형, 클레이 점토 등으로 표상한다. '종이'를 이용해서는 유아들이 평면으로 표상할 수 있도록 그리기 도구를 제시하고, 애니메이션 내용에 따라 사진이나 컬러링 도안을 제시하기도 한다. '인형'을 이용해서는 유아교육기관에 있는 레고블록, 피규어 인형 등을 이용하고, 배경은 그림을 그려서 표현한다. '클레이 점토'를 이용해서는 다양한 색깔의 클레이 점토를 준비하여 유아들이 구성한 캐릭터에 맞게 입체로 표상할 수 있도록 하며, 배경은 유아들이 선정한 사진으로 한다.

■ 3-1단계: 사진 촬영 및 제작

사진 촬영 및 제작 단계에서는 1단계에서 구성한 스토리보드와 2단계에서 제작한 배경과 캐릭터에 맞게 배치를 하고, 애플리케이션을 이용하여 스톱 모션 애니메이션 제작에 필요한 사진을 촬영한다. 불필요한 장면은 삭제하고, 추가로 찍어야 할 장면은 다시 촬영한다.

■ 3-2단계: 목소리 녹음 및 배경음악 선정

목소리 녹음 및 배경음악 선정 단계에서는 캐릭터가 하는 말들을 유아들이 녹음을 하고, 스톱 모션 애니메이션과 어울리는 배경음악을 선정하여 삽입한다.

■ 4단계: 스톱 모션 애니메이션 감상 및 평가

스톱 모션 애니메이션 감상 및 평가 단계에서는 유아들이 제작한 스톱 모션 애니메이션을 빔프로젝터와 스크린을 이용하여 대집단으로 소개하고 감상하며 평가한다.

3) 애플리케이션 활용 방법

① 앱스토어에서 스톱 모션을 촬영 · 편집할 수 있는 애플리케이션 중 하나인 '모션 스톱 스튜디오(Stop Motion Studio)'를 설치한다. 무료 버전과 유료 버전이 있으며, 오디오 녹음은 유료 버전에서 가능하다. 무료 버전으로 스톱 모션 장면을 촬영한 후 동영상 편집 프로그램을 활용해서 배경음악이나 자막 등 추가 작업을 하는 것이 효과적이다.

② '스톱 모션 스튜디오' 애플리케이션을 구동하면 프로젝트 화면이 나온다. 이전에 제작한 프로젝트가 보이며, 여기서는 새로 제작할 것이므로 '새 영화'를 선택한다.

③ 화면에는 좌우로 메뉴가 제시된다. 각 아이콘의 기능을 화면에 표시해 두었다. 새로운 촬영을 하려면 우측 첫 번째 사진 모양 아이콘을 선택하면 스마트 기기 내 카메라가 구동된다.

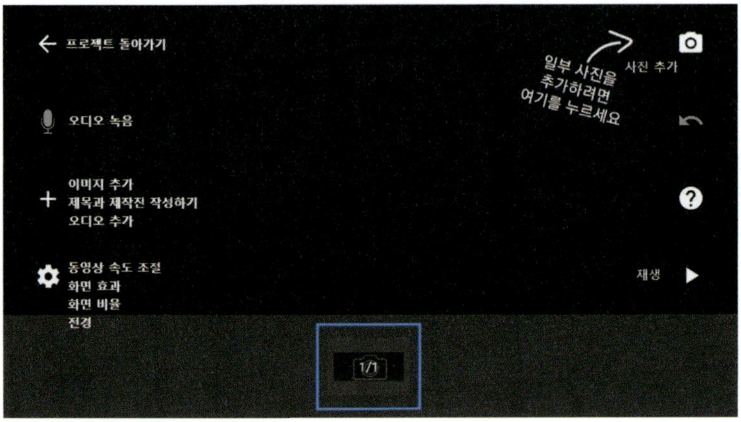

④ 카메라가 켜지면 배경의 위치와 등장인물의 동선에 대해 의논한 후 빨간색 버튼을 눌러 촬영한다. 촬영이 다 끝나면 재생 버튼을 눌러 촬영한 연속화면을 확인하고, 다시 찍고 싶은 장면이나 추가하고 싶은 부분을 촬영한다. 촬영하는 스마트 기기가 고정되어 있지 않으면 자칫 보는 사람이 어지러울 수 있으므로 거치대를 활용해서 촬영하도록 하자.

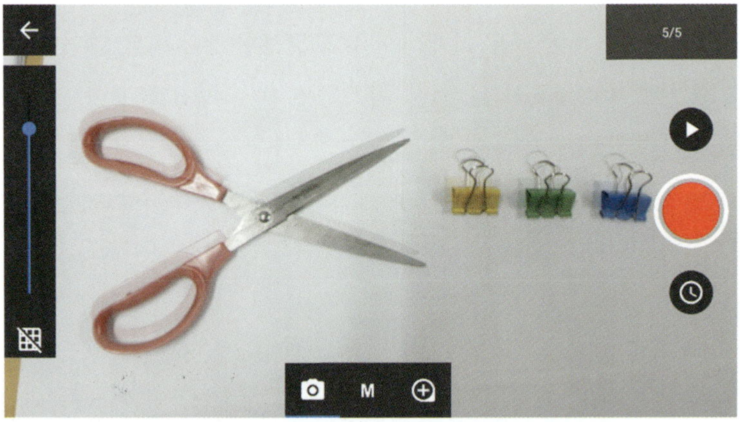

⑤ 하나의 동영상으로 완성되면 좌측 화살표를 선택해 프로젝트 창으로 돌아간다. 촬영한 영상을 선택하면 제목을 수정할 수 있다. 제목 수정 후 상단의 '선택'을 눌러 해당 동영상을 체크하고 상단 왼쪽에서 두 번째 '공유' 아이콘을 눌러 '동영상 내보내기'를 한다.

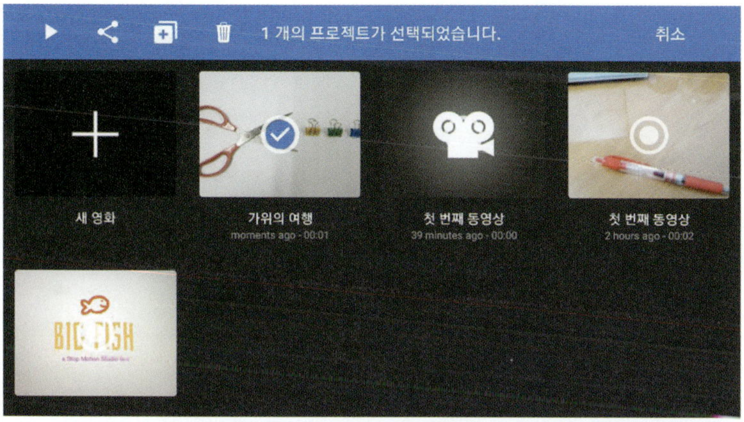

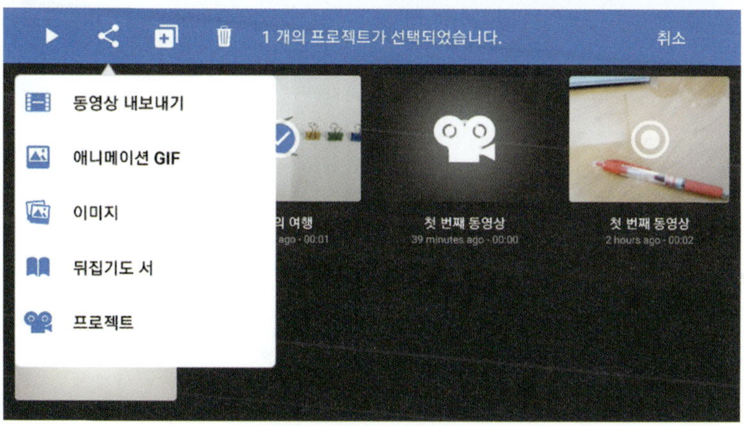

[현장 사례: 푸르미 어린이집]

<table>
<tr><td>생활주제</td><td>인형을 이용한 애니메이션 제작</td></tr>
<tr><td>활동목표</td><td>• 창의적인 이야기 꾸미기를 즐긴다.
• 인형을 이용해 스톱 모션 애니메이션을 만든다.
• 스마트폰 앱을 이용하여 스톱 모션 애니메이션을 만든다.
• 스톱 모션 애니메이션을 감상하고 평가한다.</td></tr>
<tr><td>활동자료</td><td>• 스토리보드 • 거치대 • 프로젝터
• 피규어 및 레고블록 • 컴퓨터 • 스크린
• 스마트폰</td></tr>
<tr><td colspan="2">활동 방법 및 내용</td></tr>
<tr><td>6차</td><td>• 유아들과 의논하여 함께 만들고 싶은 이야기를 지어 본다.
– 어떤 이야기로 애니메이션을 만들어 보고 싶나요?
– 우리가 함께 이야기를 짓기 위해서 무엇을 정해야 할까요?
– 이야기가 어디서 일어난 일이라고 할까요?
– 언제 일어난 일이라고 할까요?
– 누가 등장하면 좋겠나요?
– 무슨 일이 일어났다고 할까요?
• 이야기에 등장하는 캐릭터를 그려 스토리보드를 구성한다.
– 어떻게 그리면 좋을까요?
– 여러분이 그리고 싶다고 했던 것들을 함께 그려 봅시다.
– 설명이 필요한 것은 글로 표현해 봅시다.</td></tr>
<tr><td>7차</td><td>• 스토리보드에 기초하여 배경 및 캐릭터를 제작한다.
– 어린이집에 있는 놀잇감을 이용하여 스톱 모션 애니메이션을 만들어 봅시다.
– 어떤 놀잇감을 쓰는 것이 좋을까요?
– 배경은 어떻게 표현할까요?</td></tr>
<tr><td>8차</td><td>• 스마트폰 앱을 이용해 사진을 찍고 애니메이션을 제작한다.
– 인형을 이용해 애니메이션을 만들어 봅시다.
– 어떤 장면을 찍을까요?
– 그림을 어디에 놓으면 좋을까요?
– 우리가 의논한 대로 그림을 움직이며 직접 사진을 찍어 볼까요?
– 어디서 어느 방향으로 움직이는 것이 좋을까요?
– 너희가 찍은 사진을 보았는데 다시 찍고 싶거나 더 찍고 싶은 사진이 있나요?</td></tr>
<tr><td>9차</td><td>• 유아들이 만든 스톱 모션 애니메이션을 모두 함께 모여 감상한다.
– 여러분이 생각한 것처럼 움직이나요?
– 처음과 계획한 것과 같나요? 어떤 점이 달라졌나요?
– 가장 재미있게 표현된 부분은 어디인가요?
– 재미있게 하기 위해 더 하고 싶은 것은 있나요?</td></tr>
</table>

유의점	• 애니메이션 주제 선정 시 소집단 유아들 간에 자유롭게 의견을 교환할 수 있도록 한다. • 스토리보드를 만들 때 그림과 글은 간단히 표현하고, 필요한 부분은 교사가 도움을 준다. • 어린이집에 있는 다양한 놀잇감을 사용할 수 있도록 한다. • 입체적인 매체인 인형의 특징이 잘 드러날 수 있도록 한다. • 유아들이 사전에 계획한 위치와 인물의 이동 동선을 기억하여 사진을 찍기는 어려우므로 배경 안에 각 인물의 동선을 연필로 조금씩 표시해 준다. • 활동을 진행할수록 흥미와 관심을 보이는 유아들이 생기므로 골고루 참여할 수 있도록 기회를 제공한다.

출처: 유지영(2019).

스토리를 구성하는 유아

피규어를 이용하여
애니메이션의 배경과 캐릭터를 표현하는 유아

스마트폰 앱을 이용해
스톱 모션 애니메이션을 제작하는 유아

인형을 이용한 스톱 모션 애니메이션 제작 활동 장면

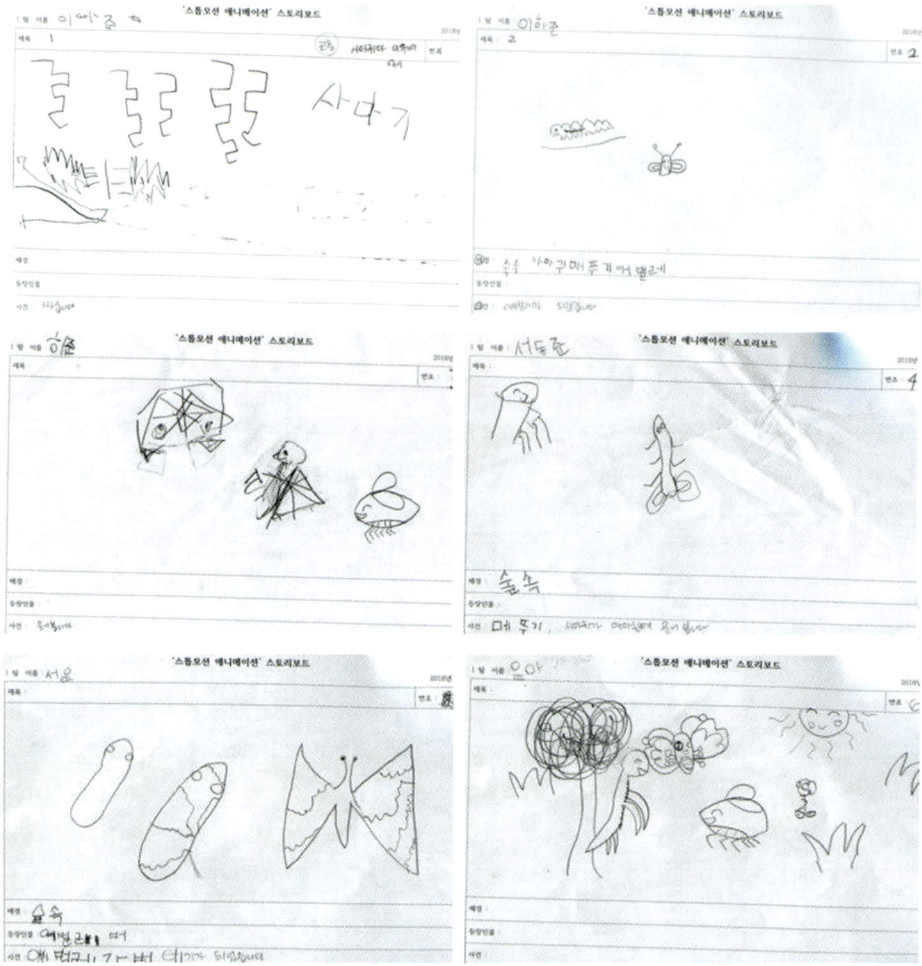

인형을 이용한 스톱 모션 애니메이션 '사마귀와 메뚜기' 스토리보드

사마귀와 메뚜기

인형을 이용한 스톱 모션 애니메이션 '사마귀와 메뚜기'(유튜브 보기)

클레이를 이용한 스톱 모션 애니메이션 '사막의 달리기 시합' 스토리보드

사막의 달리기 시합

인형을 이용한 스톱 모션 애니메이션 '사막의 달리기 시합'(유튜브 보기)

Chapter 09.

행사 자료 제작 및 활용

유아교육기관에서 원아와 학부모를 대상으로 실시하는 행사는 유아의 총체적 발달을 지원하고, 학부모에게 유치원 교육활동에 대한 이해도를 높임으로써 가정과의 협력과 의사소통을 더욱 원만히 할 수 있는 기회가 된다. 연간 행사로는 입학식과 졸업식, 신입 원아 부모 대상 설명회(오리엔테이션), 가족과 함께하는 체육대회 등 기관마다 다양하다. 이때 교사는 행사의 취지를 이해하고, 효과적인 행사 운영을 위해 관련 자료를 제작하는 업무가 발생한다. 완성도가 높은 자료 제작을 위해 대행업체를 통할 수도 있지만, 교사는 기본적으로 해당 내용에 대해 잘 이해하고 있으므로, 조금 서툴지만 질 좋은 자료를 제작할 수 있다. 기본 기능을 다루어 보고 적용해 보자.

1. 파워포인트를 이용하여 유치원 소개 자료 만들기

유치원 소개 자료는 신입 부모나 기관을 처음 방문하는 사람들에게 공개되는 자료이다. 신입 원아 가족을 위하여 유치원 설명회를 개최할 경우, 유치원 소개 자료에는 유치원 기본 현황(유치원 교육목표 및 기본방향, 교직원 및 학급 현황, 유치원 실내 · 외 환경 소개), 교육과정 운영 소개(특색 교육활동, 하루 일과 등) 등 일반적인 부분을 소개해야 한다. 이에 더해 학급 운영에 도움이 될 만한 당부사항(준비물, 여벌 옷, 개인 간식 가능 여부, 투약 사항 전달방법 등)을 설명해 주는 시간을 가지면 좋다. 자료 제작에 활용되는 기초 자료는 유치원 교육과정 운영계획 자료, 연차보고서, 홈페이지 등에서 얻을 수 있다.

파워포인트를 이용해 유치원 소개 자료를 제작하면 설명할 내용을 도식화 · 도해화하여 제시함으로써 보다 효과적으로 내용 전달 효과를 얻을 수 있다. 여기서는 파워포인트의 SmartArt 기능을 활용해 시각적 전달력을 높인 자료를 제작하는 방법을 알아보자.

예비교사 전어진 제작물

1) 파워포인트 'SmartArt' 기능

① SmartArt 그래픽의 레이아웃을 선택할 때에는 전달하려는 내용이 무엇이고 정보를 표시하고자 하는 특정한 방식이 있는지 생각해 보아야 한다. 쉽게 레

이아웃을 전환할 수 있으므로 자신의 메시지를 가장 잘 표현하는 레이아웃을 찾을 때까지 여러 형식의 다양한 레이아웃을 시도해 본다.

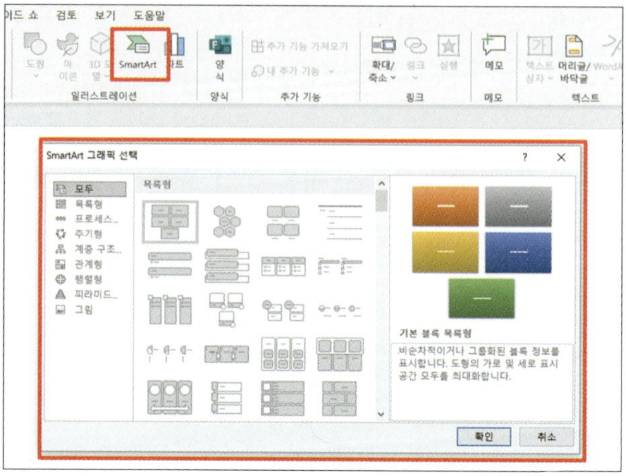

실행할 작업	사용할 유형	
비순차적인 정보를 표시한다.	목록형	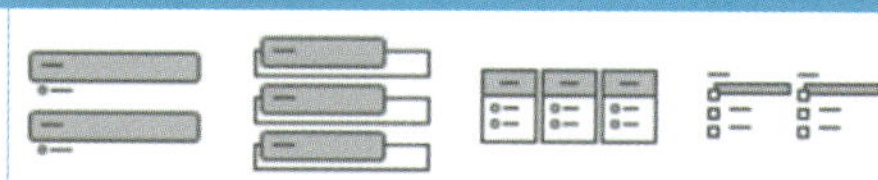
프로세스 또는 시간 표시 막대에 단계를 표시한다.	프로세스형	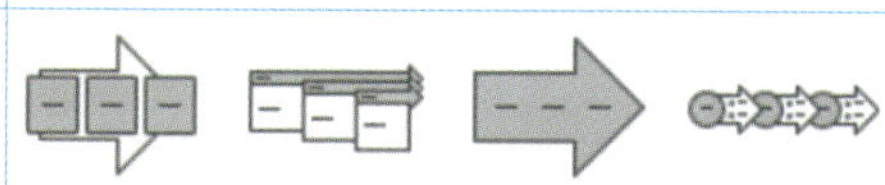
연속적인 프로세스를 표시한다.	주기형	
조직도를 만든다. 의사결정 트리를 표시한다.	계층 구조형	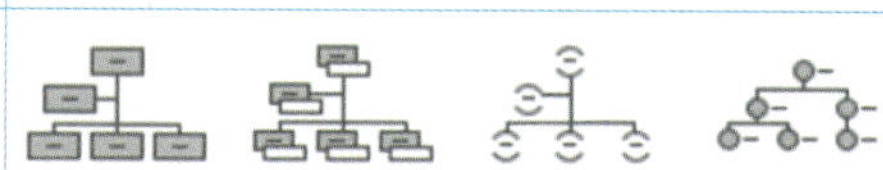
연결 관계를 표시한다.	관계형	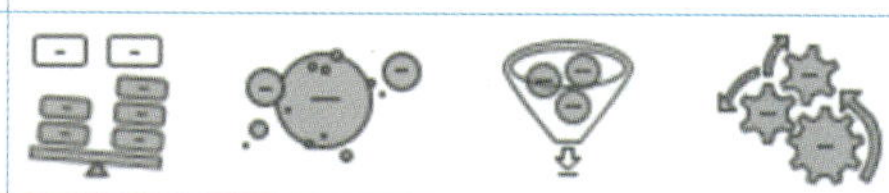
부분과 전체의 관계를 표시한다.	행렬형	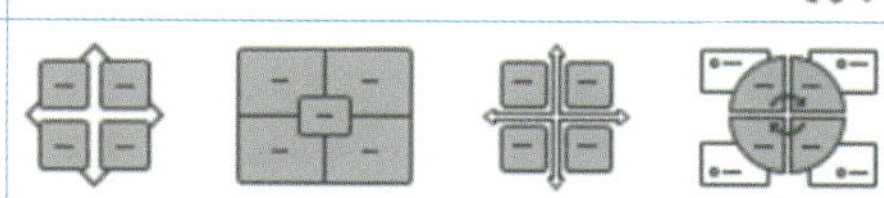
그림을 사용하여 콘텐츠를 표현하거나 강조한다.	그림	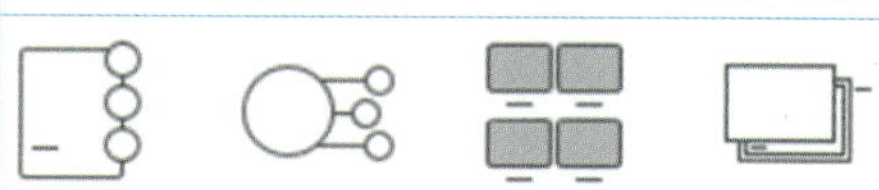
가장 큰 구성요소를 맨 위 또는 맨 아래에 두고 상대적인 관계를 표시한다.	피라미드형	

② 텍스트의 양은 레이아웃에 필요한 도형 수와 모양에 영향을 주므로 도식화하려는 텍스트의 양을 고려해야 한다. subpoints를 활용할 때는 먼저 세부항목이 요약항목보다 비중이 큰지, 아니만 그 반대인지 확인해야 한다. 일반적으로 도형 수와 텍스트양을 주요 항목으로 제한할 때 SmartArt 그래픽이 가장 효과적이다. 텍스트양이 많을수록 SmartArt 그래픽의 시각적 효과가 떨어지고 메시지를 시각적으로 전달하기가 더 어려워진다. 만일, 텍스트양이 많은 경우 '목록' 유형의 '사다리꼴 목록형' 레이아웃이 적합하다.

③ 일부 SmartArt 그래픽 레이아웃에는 제한된 수의 도형이 포함되어 있다. 예를 들어, '관계형' 형식의 '평형 화살표형' 레이아웃은 두 가지 대립되는 아이디어나 개념을 표시하는 데 사용할 수 있다. 두 도형만 텍스트를 포함할 수 있으며, 더 많은 아이디어나 개념을 표시하기 위해 레이아웃을 변경할 수 없다. 도형 수가 제한된 레이아웃을 선택할 경우 글머리기호 대신 빨간색 X가 텍스트 창에서 해당 항목 옆에 표시되므로 SmartArt 그래픽에 나타나지 않는 콘텐츠를 파악할 수 있다.

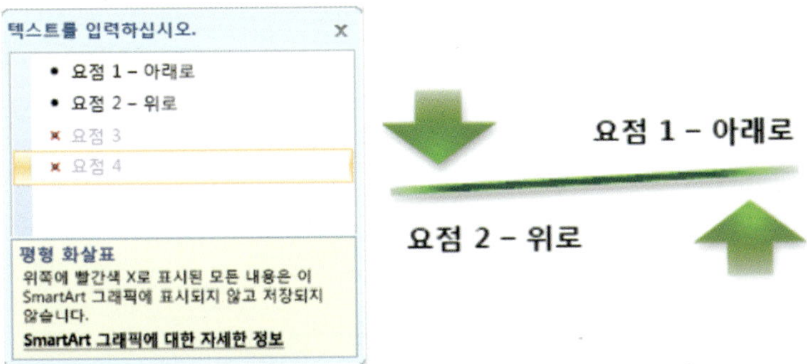

2) 활용 방법

① 메뉴 '삽입'에서 'SmartArt'를 선택한 후, 'SmartArt 그래픽 선택'에서 '목록형' 그래픽을 선택한다.

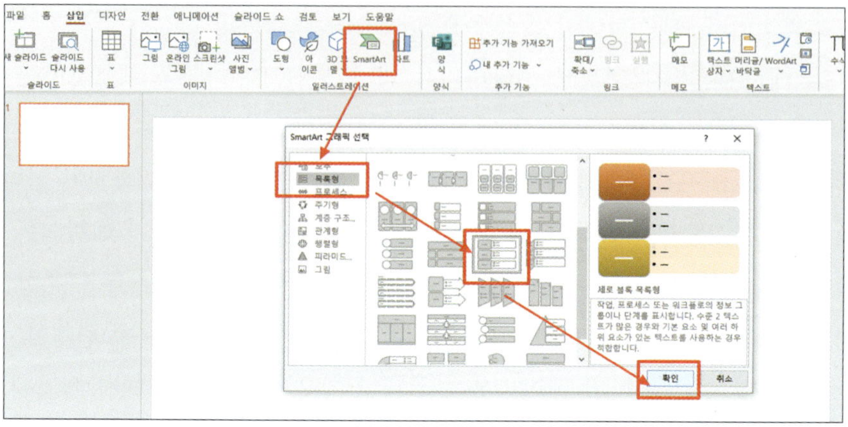

② SmartArt 텍스트 입력창에 내용을 입력한다.

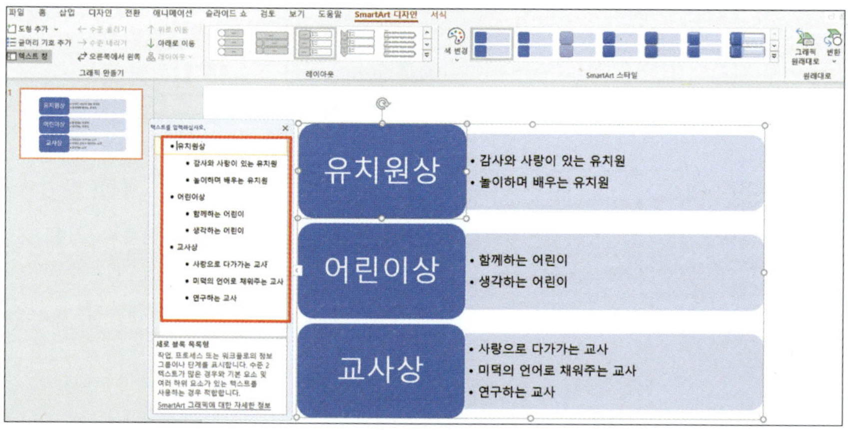

③ 메뉴 'SmartArt 디자인' 탭에서 '색 변경'을 클릭하고, 색상을 선택한다.

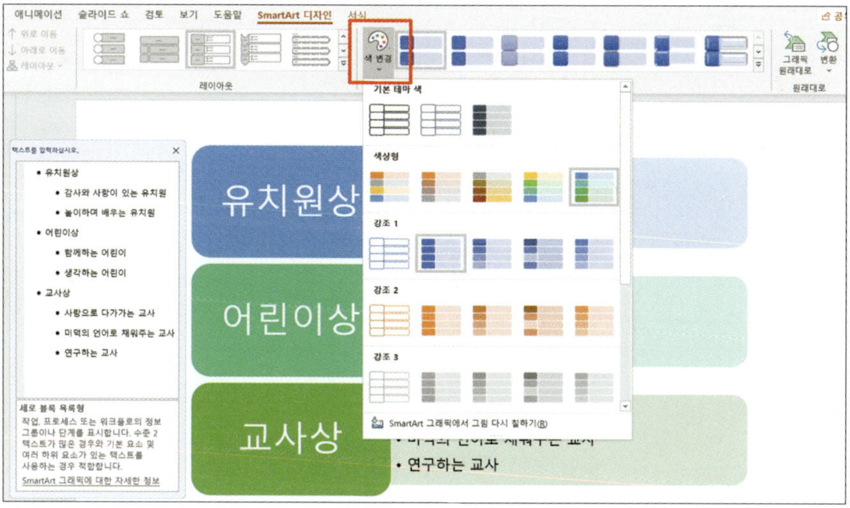

④ 완성된 SmartArt를 클릭한 후 오른쪽 마우스 버튼을 눌러 '그림으로 저장'을 클릭한다. 그림파일 형식으로 변환된다.

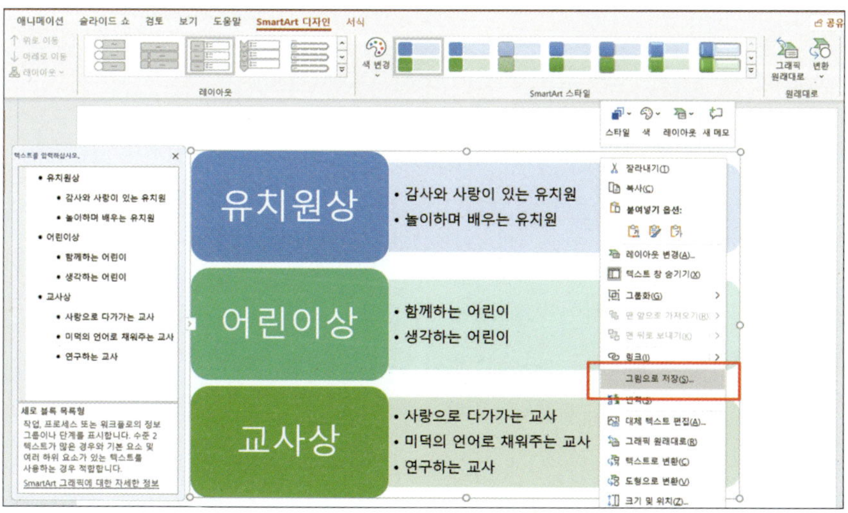

⑤ 한글 문서에서 '그림'으로 불러와 활용할 수 있다.

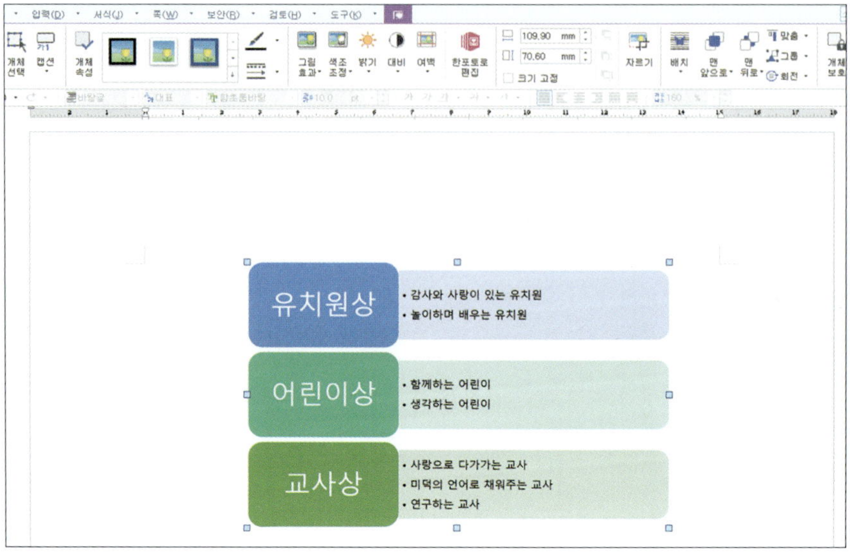

2. 망고보드를 이용하여 행사 포스터 만들기

1) 포스터 제작 플랫폼: 망고보드(mangoboard.net)

망고보드는 프레젠테이션, 인포그래픽, 배너, 현수막, 포스터, 카드뉴스, 유튜브 썸네일 등의 디자인 작업에 필요한 템플릿, 사진, 아이콘, 도형 등 각종 디자인 요소를 제공하여 디자인 전문가가 아니더라도 작업을 쉽게 할 수 있도록 지원하는 플랫폼이다. 망고보드 홈페이지 내에서 작업하므로 별도의 다운로드는 필요 없다. 유의할 점은 무료 계정으로는 최대 5개까지 '나의작업'에서 작업파일을 보관, 편집할 수 있다. 만약, 3개를 삭제하면 다시 3개를 새로 제작할 수 있다. 또한, 무료 계정으로 작업한 제작물의 이미지에는 워터마크가 표시되는데, 유료로 전환할 경우 워터마크만 사라진다. 예비교사는 연습용으로 망고보드를 사용하는 것이므로 무료 계정으로도 무방하며, 실제로 행사에 활용하고자 할 때에는 최소 일주일 유료 계정부터 시작하니 참고하자.

2) 제작 방법

① 망고보드 홈페이지(mangoboard.net)에 접속한다(인터넷 익스플로러보다 크롬 브라우저에서 망고보드의 모든 기능 활용이 용이함). 상단 우측에서 '회원가입'을 하는데, 평소에 쓰는 SNS 로그인과 연동되므로 간편하다. 회원가입을 마친 후 상단의 템플릿을 클릭하면 다양한 제작물에 활용할 수 있는 템플릿을 볼 수 있다. 너무 많은 템플릿이 제공되어도 선택하기 어렵다. 우리는 유아교육기관에서 사용할 포스터 템플릿을 찾고 있으므로, 좌측 카테고리에서 '교육기관'을 클릭하고 '포스터, 전단'을 클릭해 교육과 관련된 포스터 템플릿만 둘러보자.

② 실습을 위해 먼저 원아모집 포스터를 만들어 보자. 대부분의 유아교육기관은 디자인 업체에 맡기지만 교사가 간단히 제작하여도 좋다. '포스터 · 전단' 템플릿 중 망고 유치원 원아모집 템플릿을 선택해 '이 템플릿 편집하기'를 클릭하여 작업창으로 이동한다.

③ 작업창은 크게 좌측의 디자인 요소창과 우측의 작업창으로 구성되어 있다. 작업창에는 수정하려고 하는 포스터 템플릿이 제시된다. 마우스를 갖다 대면 클릭하는 모든 것을 삭제하거나 이동할 수 있다. 텍스트 위치에 마우스를 더블클릭하면 글자 수정도 가능하다. 작업창 상단에는 확대 · 축소 기능바, 작업파일의 사이즈 정보가 제공된다. 포스터 템플릿을 선택했기 때문에 실제 벽보용 포스터 사이즈로 출력해도 디자인이 깨지지 않도록 자동으로 사이즈가 조정되어 있다(1,191×1,684px). 만일, 다른 용도로 제작하고자 한다면 화살표를 눌러 종류를 선택하면 자동으로 사이즈가 변경된다. 좌측의 디자인 요소창은 그래픽(사진, 도형, 선, 아이콘, 이미지 프레임), 텍스트(글자 크기, 캘리그라피, 특수문자), 배경(패턴, 사진) 등의 요소들을 보여 주며, 사용하고자 하는 디자인 요소를 한번 클릭하면 작업창에 바로 활성화된다. 처음에는 익숙하지 않으므로 여러 번 적용해 보고 포스터의 목적과 주제에 맞게 편집

하면 된다.

④ 작업이 완료되었다면 이제 출력을 위한 준비가 필요하다. 상단 메뉴 좌측의 '파일'에서 '저장'한 후 '다운로드'를 누른다. 이미지 형식은 무료 계정의 경우 JPG로 선택하고, 작업물을 포스너 사이즈에 맞게 제작하였으므로, '원본' 크기로 설정해도 디자인 손상은 없다. '다운로드'를 누르면 컴퓨터에 그림파일(jpg)로 저장된다. 이를 원하는 사이즈로 크게 출력하면 된다.

⑤ 참고로 무료 계정은 5개의 작업파일만 가능하므로, 불필요한 작업물은 삭제하는 것이 좋다. 망고보드 메인화면 상단의 '나의 작업'을 클릭하면 지금까지 작업했던 내용이 표시된다. 삭제할 파일을 체크하고 오른쪽 휴지통 모양의 버튼을 클릭하면, 한 번 더 삭제할지 묻는 창이 활성화되는데, 읽어 보고 지시에 따라 '모두 삭제'라고 입력한 후 '확인' 버튼을 누르면 삭제된다. 삭제된 만큼 여유 작업공간이 생긴다.

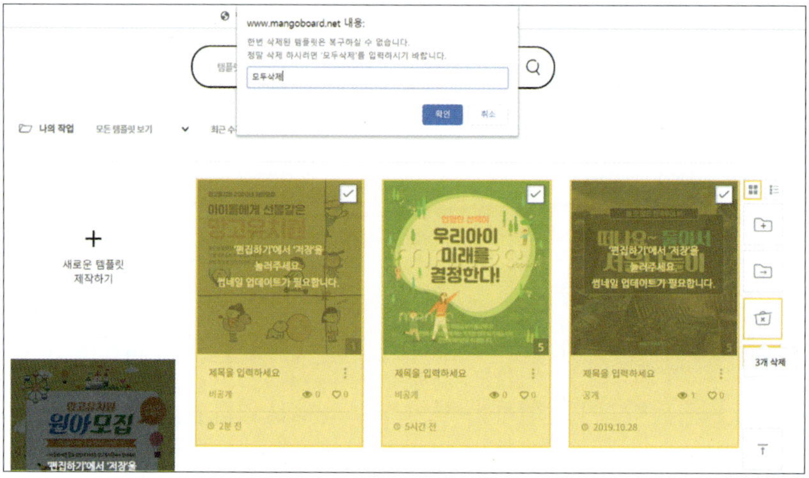

⑥ 원아모집 포스터로 작업방법을 알아보았다. 이제 연습을 위해 '가족 등반대회' 행사를 위한 포스터를 제작해 보자. 망고보드의 템플릿을 활용해도 좋고, 빈문서 상태에서 디자인 요소들만 적용해서 만들고자 한다면, 작업창에서 '파일–새로 만들기'를 순서대로 눌러 빈 바탕에서 작업을 시작해도 좋다. 이때 유의할 점은 자동으로 사이즈가 등록되지 않을 수 있으니 작업창의 이미지 사이즈 창을 확인하고, 적절한 크기의 px를 맞춘다.

⑦ '가족 등반대회' 행사 포스터 제작에 필요한 기초 정보: 가을을 맞이하여 유치원/어린이집 주관으로 전체 원아의 가족과 등산 행사를 하려 한다. 이를 소개하는 포스터를 제작해 보자. 예상되는 필수 정보는 일시, 장소, 참가 대상, 준비물 등이 있으며, 등반대회 소개 글과 함께 신청방법 정보가 필요하다. 행사의 주제를 알릴 수 있는 가을, 등산, 가족 관련 이미지 컷을 활용하면 효과적이다.

예비교사 김수빈 제작물

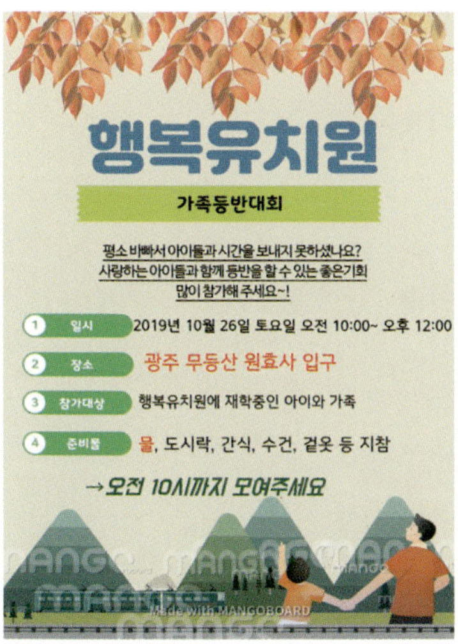

예비교사 윤다빈 제작물

예비교사 임소율 제작물

3. 한글 메일 머지 기능을 활용한 상장 만들기

1) 메일 머지란?

메일 머지(Mail Merge)란 똑같은 내용의 편지를 이름이 다른 여러 사람들에게 보낼 때 사용하는 기능으로, '편지 병합 발송'으로도 부른다. 워드 프로세서로 작성한 편지나 다른 데이터베이스 파일로부터 정보를 읽어 들여 여러 명에게 보내거나 혹은 문서를 출력할 때 사용한다(네이버 지식백과, 2019. 10). 유아교육기관에서는 학급 내 여러 명의 유아에게 같은 상장을 수여하고자 할 경우, 메일 머지를 사용하여 제작하면 시간을 절약할 수 있다.

2) 제작 방법

① 먼저 한글 프로그램을 열고, 새 문서에서 상장 양식을 작성해야 한다. 상장은 일련번호, 상장 이름, 상 받는 유아의 반 이름과 성명, 상장 내용, 수여일자, 수여기관 등이 기본 항목에 해당한다. 상장 양식에 적합하게 글자 크기, 폰트를 조정해서 배치한다.

제 2023-{{호}}호

{{상}}상

반: {{반}}
이름: {{이름}}

위 어린이는 {{내용}}

2023년 12월 30일

송원 유치원 원장

② 메일 머지를 달 곳(반복되는 번호, 내용 삽입)에 커서를 갖다 놓는다. 상단의 메뉴바에서 '도구'를 열어 '메일 머지-메일 머지 표시 달기'를 순서대로 클릭한다. 우리는 메일 머지를 달 부분이 상장 일련번호이므로 '필드 만들기'를 선택하고 '필드 번호나 이름을 입력하세요' 란에 '호'라고 적은 다음 '넣기'를 누른다. 메일 머지가 달린 경우 '호' 앞에 메일 머지 표시인 {{}}를 확인할 수 있다. 같은 방식으로 메일 머지가 필요한 부분(호, 반, 이름, 상장명, 상장내용 등)에 메일 머지 표시 달기를 한다.

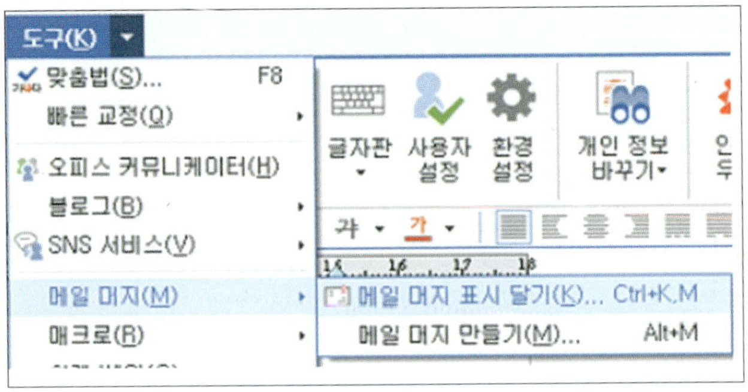

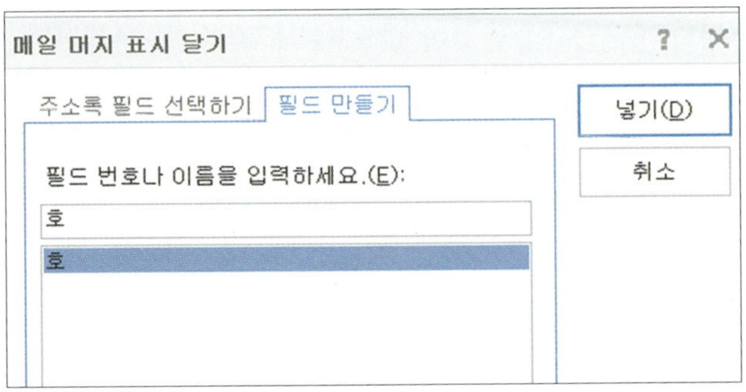

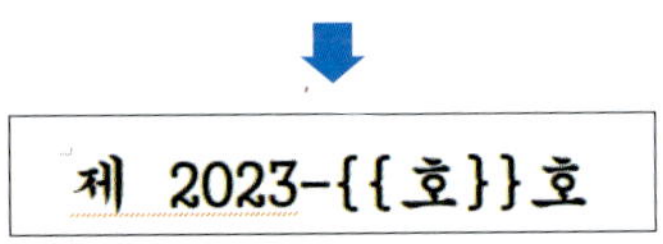

③ 엑셀파일로 상장 내용을 작성한 후 저장한다. 메일머지로 불러오기 위해서는 반드시 Excel 97-2003 통합문서 파일로 저장해야 함을 주의하자. 엑셀파일을 저장한 후에는 반드시 창을 닫는다. 만일 엑셀파일이 활성화 되어 있는 상태에서는 메일머지 만들기 시 오류창이 뜨니 주의하자.

호	반	이름	상	내용
1	사랑반	김길동	튼튼어린이	늘 활기차고 밝은 모습으로 건강한 몸과 마음을 지니고 있어 이에
2	사랑반	김지한	독서	평소 책읽기를 좋아하고 꾸준히 독서 활동하여 다른 친구들에게 모
3	사랑반	김지수	예의범절	평소 웃어른을 공경하고 바른행실로 다른 친구들에게 모범이 되어
4	사랑반	이사랑	창의력	새로움과 재치를 발휘하여 늘 도전하는 자세로 다른 친구들에게 모
5	사랑반	이혜원	예의범절	평소 웃어른을 공경하고 바른행실로 다른 친구들에게 모범이 되어
6	행복꿈반	조혜수	창의력	새로움과 재치를 발휘하여 늘 도전하는 자세로 다른 친구들에게 모
7	행복꿈반	박진수	튼튼어린이	늘 활기차고 밝은 모습으로 건강한 몸과 마음을 지니고 있어 이에
8	행복꿈반	박혜진	독서	평소 책읽기를 좋아하고 꾸준히 독서 활동하여 다른 친구들에게 모
9	행복꿈반	박미현	창의력	새로움과 재치를 발휘하여 늘 도전하는 자세로 다른 친구들에게 모
10	행복꿈반	최진우	예의범절	평소 웃어른을 공경하고 바른행실로 다른 친구들에게 모범이 되어
11	믿음반	최미소	창의력	새로움과 재치를 발휘하여 늘 도전하는 자세로 다른 친구들에게 모

④ 다시 한글파일로 돌아와, 메뉴 중 '도구'를 열고, '메일 머지-메일 머지 만들기'를 클릭한다. '자료 종류'에 '한셀/엑셀 파일'을 선택하고 파일 열기를 통해 상장 내용 파일을 가져온다. '출력 방향'은 '파일'을 체크한 후, 파일을 저장할 위치를 설정한다. 별도의 설정이 없으면 '내 컴퓨터-문서'에 상장들이 저장된다. 확인 버튼을 누른다.

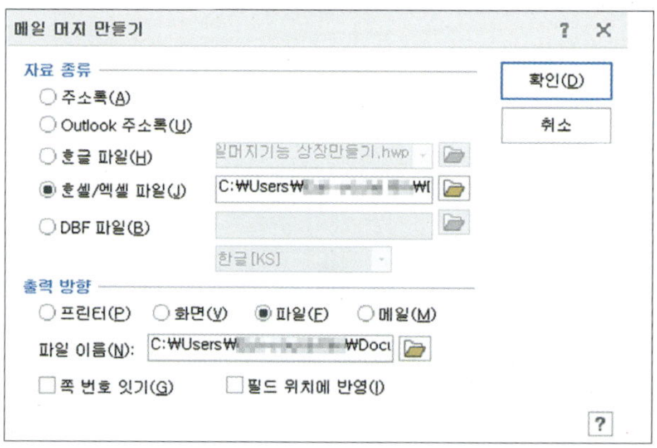

⑤ 저장된 위치(기본적으로 '문서' 폴더에 'noname01.hwp'로 있음) 메일 머지 기능이 적용된 파일을 찾을 수 있다. 내용을 확인한다. 처음 메일 머지 기능을 적용하면 완벽한 형태의 상장으로 되어 있지 않다. 결과 파일을 보고 메일 머지가 달려 있는 상장 원본 파일에서 줄 간격이나 글자 크기 등을 편집하여 완성도가 높은 상장을 제작할 수 있다.

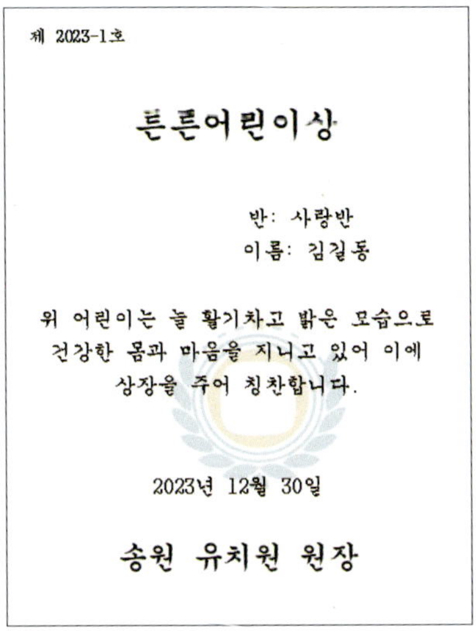
제 2023-1호

튼튼어린이상

반: 사랑반
이름: 김길동

위 어린이는 늘 활기차고 밝은 모습으로
건강한 몸과 마음을 지니고 있어 이에
상장을 주어 칭찬합니다.

2023년 12월 30일

송원 유치원 원장

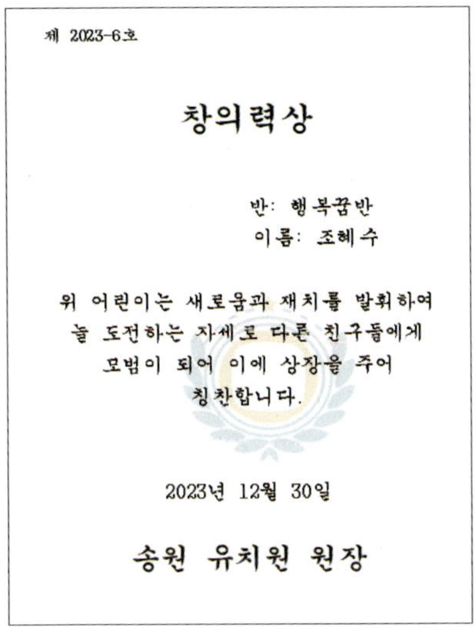
제 2023-6호

창의력상

반: 행복꿈반
이름: 조혜수

위 어린이는 새로움과 재치를 발휘하여
늘 도전하는 자세로 다른 친구들에게
모범이 되어 이에 상장을 주어
칭찬합니다.

2023년 12월 30일

송원 유치원 원장

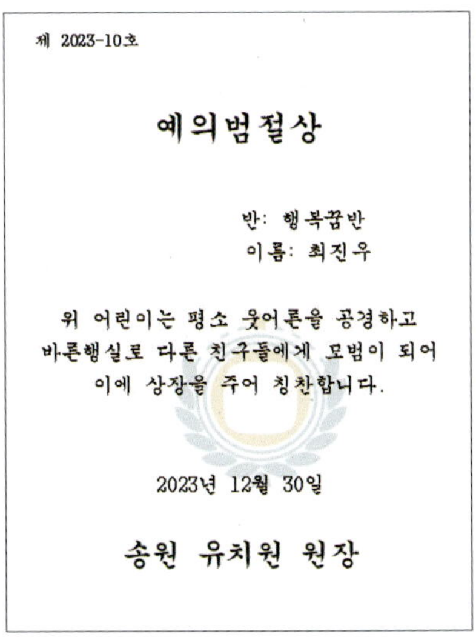
제 2023-10호

예의범절상

반: 행복꿈반
이름: 최진우

위 어린이는 평소 웃어른을 공경하고
바른행실로 다른 친구들에게 모범이 되어
이에 상장을 주어 칭찬합니다.

2023년 12월 30일

송원 유치원 원장

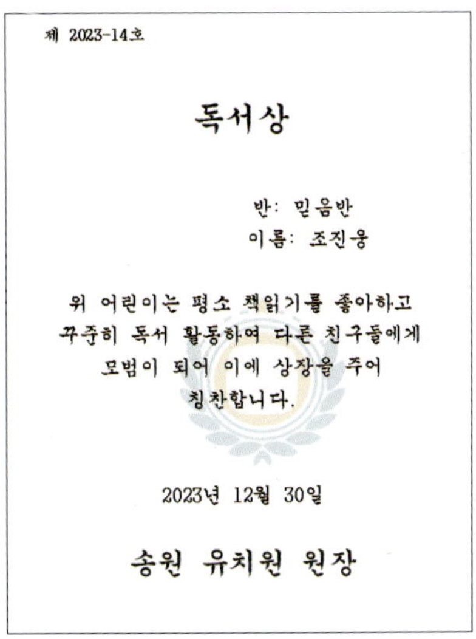
제 2023-14호

독서상

반: 믿음반
이름: 조진웅

위 어린이는 평소 책읽기를 좋아하고
꾸준히 독서 활동하여 다른 친구들에게
모범이 되어 이에 상장을 주어
칭찬합니다.

2023년 12월 30일

송원 유치원 원장

Chapter 10.

가정연계 자료 제작 및 활용

유아교육기관과 가정과의 연계는 유아의 총체적 발달을 위한 협력체제로서 무엇보다 중요하다. 유아교육기관과 가정과의 소통방식은 매우 다양하다. 부모의 참여수업, 부모교육 워크숍, 교육계획안과 가정통신문, 알림장의 형태가 주를 이루었다면, 최근의 발달하는 인터넷 기반의 다양한 디지털 미디어 기술들은 보다 더 효과적으로 소통할 수 있는 기회를 제공한다. 가정통신문에 가정에서 유아와 해 볼 수 있는 멀티미디어 학습자원을 QR코드로 배포하거나, 스마트폰과 같은 모바일 기기에서 간편하게 확인할 수 있는 카드뉴스 형태로 부모교육 자료를 전할 수 있다. 또한, 유아의 생활과 발달사항을 공유하고 소통할 수 있는 홈페이지나 SNS 활용, 애플리케이션 형태의 알림장 활용 역시 유아교육기관과 가정과의 의사소통을 지원한다. 실제 현장에 나가 적용해 볼 수 있는 가정연계 자료의 제작 방법과 활용 사례에 대해 알아보자.

1. QR코드로 자료 공유하기

1) QR코드란?

QR코드는 Quick Response code의 줄임말로, 흑백 격자무늬 패턴으로 정보를 나타내는 매트릭스 형식의 2차원 바코드이다. 종래에 많이 쓰이던 바코드의 용량 제한을 극복하고 그 형식과 내용을 확장한 2차원 바코드로 종횡의 정보를 가져서 숫자 외에 문자의 데이터를 저장할 수 있다. 보통 디지털카메라나 전용 스캐너로 읽어 들여 활용한다. 용량으로는 숫자 최대 7,089자, 영문자와 숫자 최대 4,296자, 8비트 바이트 최대 2,953바이트, 한자 1,817자를 담을 수 있다(위키백과, 2019).

교사는 QR코드를 교육계획안에 삽입하여 학부모의 수업활동 이해를 돕는 구체적인 자료로 활용할 수 있다. 이는 학부모에게 유치원 교육활동 전반에 대한 이해도와 함께 유아의 발달을 이해하고 유아교육 관련 정보 획득에 도움을 준다. 또한, 유치원과 가정 간 의사소통과 학부모의 교사에 대한 전문성 인식을 높일 수 있다 (유구종 · 한명옥 · 김명숙 · 최승연, 2014).

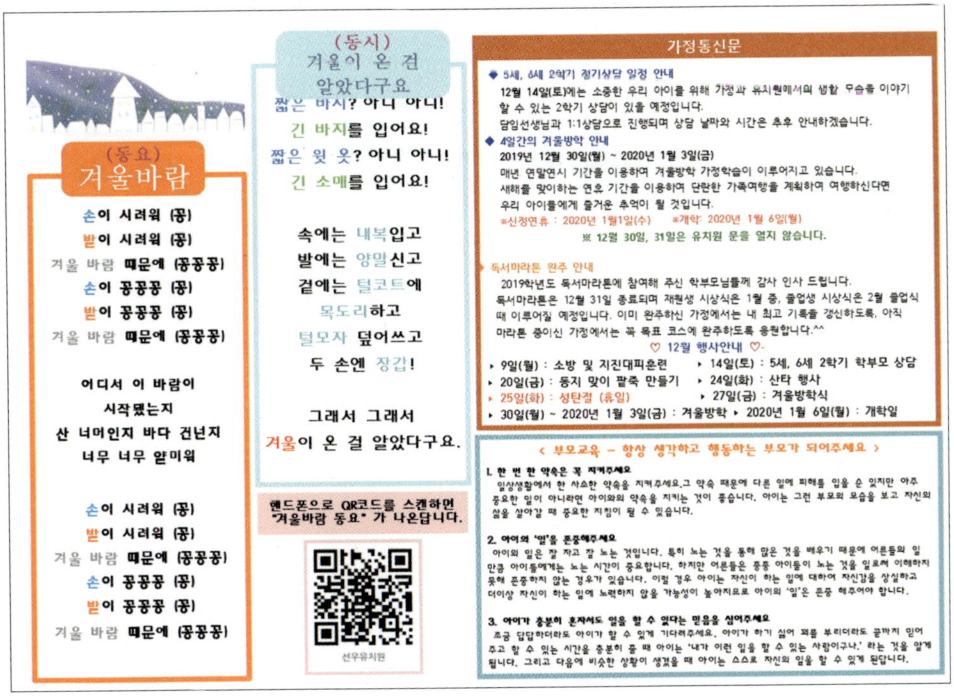

[그림 III-2] 선우 유치원 가정통신문 동요 음원 공유 사례

2) 제작 방법

① 네이버 검색창에서 'QR코드'를 검색하여 '네이버 QR코드'라는 사이트를 안내받거나 인터넷 주소를 입력해 바로 확인할 수 있다(https://qr.naver.com). 네이버에 회원가입이 되어있다면 네이버로그인을 한 후 시작하면 좋다. '코드 관리'에서 내가 만든 QR코드를 수정, 원하는 기간만 배포하는 등 관리할 수 있다. 로그인을 했다면 '코드 생성'으로 들어가 보자.

② QR코드 만들기를 시작해보자. 첫 번째 단계인 '1.코드 디자인'이란 QR코드의 스타일과 테두리의 색, 이미지, 문구 등을 추가하여 QR코드를 꾸미는 단계이다. OPTION 1과 2에서 코드 스타일을 선택하고, QR코드의 테두리인 스킨 스타일 색을 선택한다. 기본적으로 초록색 QR코드의 샘플 모습이 제공된다. 제작자의 기호에 따라 선택하고, 우측의 'QR코드 미리보기'에서 적용된 변경 사항을 확인하며 설정한다.

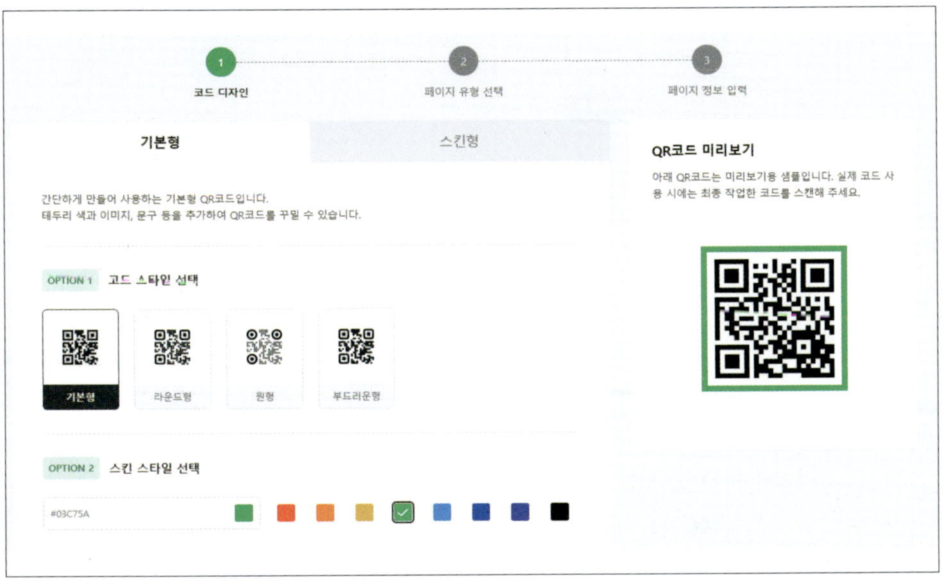

③ 'OPTION 3과 4는 QR코드를 받는 사람에게 QR코드의 어떤 내용이 담겨있다는 정보를 제공하는 것이다. 네이버 로고를 삽입하거나 자신이 가진 이미지를 삽입할 수도 있다. 일반적으로 '문구삽입'을 활용해 간단한 내용을 서술하는 편이 많으며, 상단보다는 하단에 문구삽입을 주로 한다. 여기서는 실습 예로 대학 소개 QR코드를 제작할 예정이므로 문구삽입을 하단으로 설정하고 '송원대학교 소개'라고 입력하였다. 다 작성했다면 '다음 단계'를 누르자.

④ 2단계 '페이지 유형 선택'은 본격적으로 QR코드에 정보를 채우는 작업이다. URL 링크, 명함, 메뉴판, 초대장, 와이파이 비밀번호, 쿠폰, 안내문 등 목적에 따라 QR코드 제작이 용이하도록 유형을 구분해 두었다. 실습으로 우리는 학교소개 QR코드를 제작할 것이므로, 학교 페이지 주소, 소개 글, 학교 사진, 학교 행사 동영상 등 복합적인 미디어 유형을 삽입할 필요가 있는데, 이때는 '자체 제작' 유형을 선택하고, '다음'을 누른다.

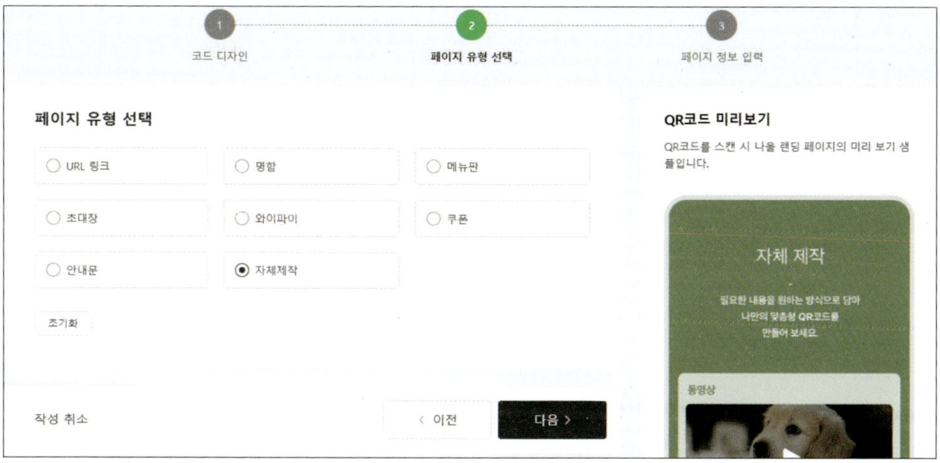

⑤ 마지막 3단계는 '페이지 정보 입력'이다. 우리는 '자체 제작' 유형을 선택하였으므로, 갤러리(사진 및 그림), 웹사이트 링크(최대 5개), 동영상(링크 공유 또는 동영상 첨부), 지도 첨부, 텍스트(설명 글), 명함 등을 필요에 따라 선택 활용할 수 있다. 항목을 추가하고 싶다면 하단의 '항목 추가' 를 선택하여 추가할 수 있고, 불필요한 항목이 있다면 각 항목 우측의 'X'를 눌러 삭제할 수도 있다. 사용자가 보여질 미디어 유형의 순서도 '순서변경'를 클릭하여 조정할 수도 있다. 실습에서는 학교 및 학과 홈페이지 URL과 소개글, 그리고 지도만 삽입하였다. 하단의 '미리보기'를 누르면 QR코드를 스캔했을 때 보여지는 화면을 미리 확인할 수 있다. 원하는 정보를 다 담았다면 '작성완료'를 누른다.

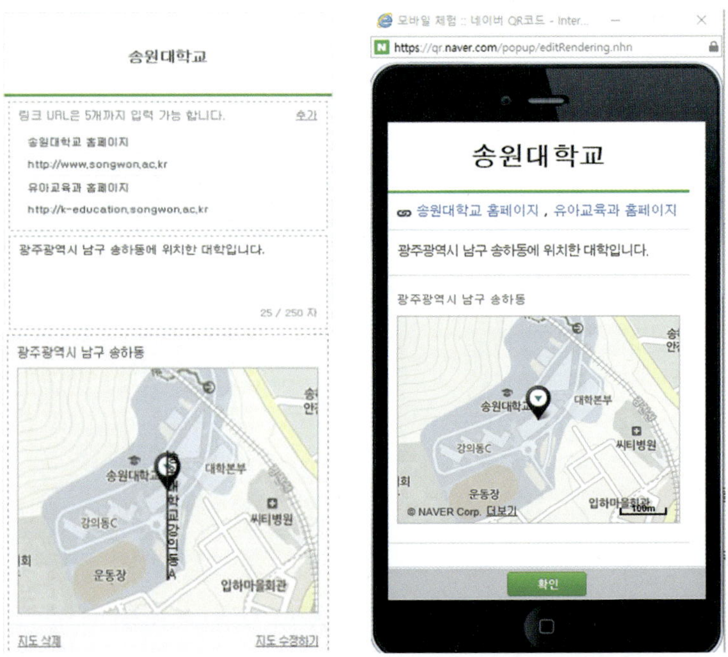

⑥ 최종적으로 제작한 QR코드가 생성되었다. 생성된 코드의 배포방식에 대한 선택을 한다. 하단의 '코드인쇄'는 프린트를 해서 QR코드를 원하는 곳에 부착하거나, 보물찾기 등의 활동에서 활용할 수 있다. '코드 저장'은 QR코드를 이미지 파일로 저장하는 것이다. 지원형식은 jpg, gif, tif 등 다양하다. 사이즈 역시 다양하게 저장할 수 있는데 가장 큰 사이즈로 저장하는 것이 화질 면에서 유용하다. 마지막으로 '코드 공유'는 배포하려는 대상에게 바로 전송하는 기능이다. 로그인이 되어있다면 메일과 블로그에 바로 전송 가능하며, 휴대폰으로 전송도 가능하다. '코드 관리'에서 제작한 코드를 확인할 수 있다.

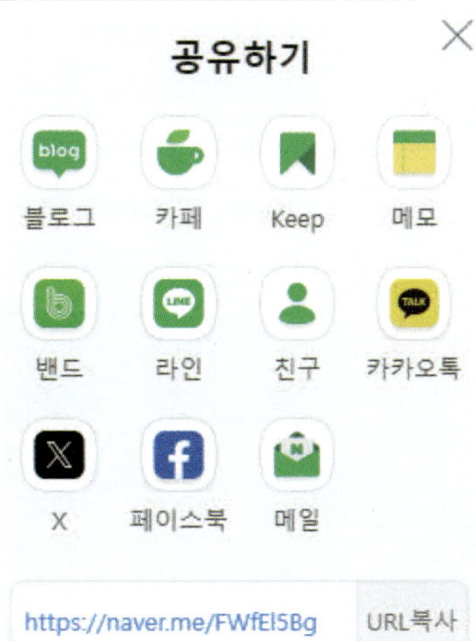

⑦ QR코드 인식방법(스캔하는 방법)을 알아보자. 앱 스토어에서 'QR코드 리더기'를 다운받아 활용할 수도 있지만, 최근에는 스마트폰에서 QR코드 스캔을 쉽게 할 수 있다. 아이폰의 경우 카메라 앱을 열어 QR코드를 촬영하면 스캔이 된다. 안드로이드 기반의 스마트폰은 화면 상단에서 아래로 스크롤하면 'QR코드 스캔'이 나오고 탭하면 카메라 화면이 활성화된다.

⑧ 네이버 앱을 이용한다면, 네이버 앱이 활성화된 상태에서 검색창 우측의 초록색 동그라미 '그린닷'을 탭한다. 이후 하단에 그린닷 메뉴가 나오면서 여러 가지 항목 중 '렌즈' 혹은 'QR바코드'를 누르면 바코드 스캐너가 실행된다.

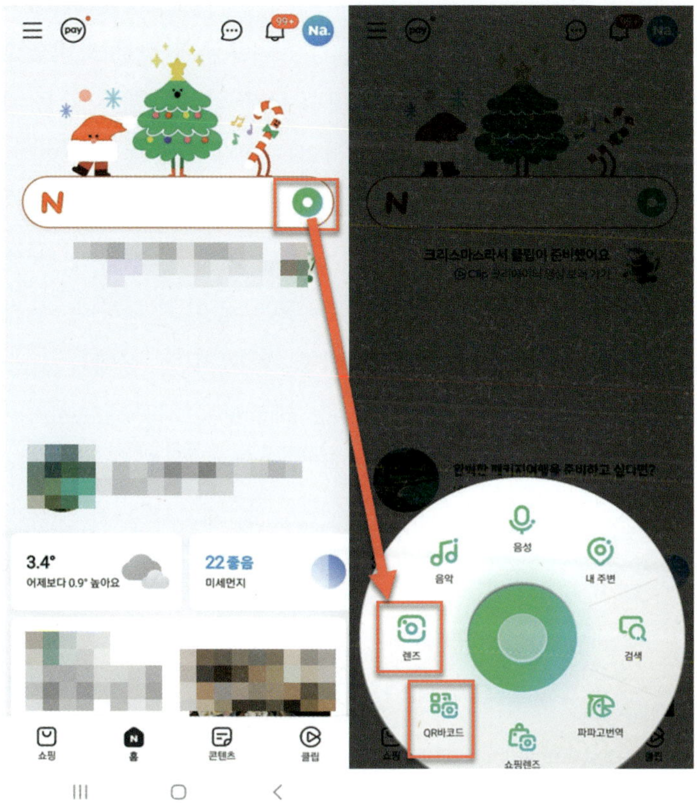

2. 부모교육 자료(가정통신문) 카드뉴스 만들기

1) 카드뉴스란?

카드뉴스(Card news)란 주요 이슈를 이미지와 간략한 텍스트로 정리한 뉴스로, 새로운 형식의 스토리텔링 중심의 뉴스이다. 스마트폰과 같은 모바일 기기에서 스크롤을 내리며 읽어야 하는 장문의 기사 대신, 6장 내외의 짧은 글을 사진 여러 장에 얹어 사진을 1장씩 넘겨 가며 보는 형식의 모바일 맞춤형 뉴스이다. 읽기 방식은 옆으로 넘김, 위아래 스크롤이 있다.

카드뉴스를 잘 만들기 위해서는 내용과 연관된 이미지, 제목과 각 내용 장의 일관성 있는 레이아웃, 가독성을 높일 수 있는 폰트 등이 필요하다. 우리가 흔히 사용하는 파워포인트로도 카드뉴스를 디자인할 수 있지만, 앞에서 포스터 제작 때 활용했던 '망고보드' 플랫폼에서는 카드뉴스 템플릿을 제공하므로 디자인 작업에 능숙하지 않은 초보자도 쉽게 제작 가능하다. 여기서는 유아교육기관에서 가정에 배부하는 부모교육 자료 가정통신문을 카드뉴스로 제작해 보자. 가정통신문을 활용한 부모교육은 인성교육, 안전교육, 건강교육 등의 주제로 할 수 있다.

[그림 Ⅲ-3] 교육부 '처음학교로' 카드뉴스

2) 제작 방법

① 망고보드 홈페이지(mangoboard.net)에 접속한다(인터넷 익스플로러보다 크롬 브라우저에서 망고보드의 모든 기능 활용이 용이함). 로그인 후 상단의 템플릿을 클릭하고 '카드뉴스'를 누르면 제작에 활용할 수 있는 여러 템플릿이 보인다. 부모교육을 위한 카드뉴스를 제작할 것이므로 가족 혹은 어린이 등의 이미지가 주를 이루는 템플릿을 선택하면 보다 쉽게 스토리를 이을 수 있다. 원하는 템플릿을 선택한 후 '이 템플릿 편집하기'를 눌러 작업창으로 이동한다.

② 작업창 우측 상단에는 이미지의 사이즈가 표시된다. 정사각형의 카드뉴스는 카드뉴스가 처음 만들어졌을 때부터 사용하는 형태로, 한눈에 간결하게 볼 수 있다. 보통 800×800으로 제작하기 때문에 작업창에도 기본으로 800×800px로 보인다. 좌측에 나열되어 있는 편집도구에 대한 설명은 포스터 제작 부분에서 서술했으므로 참조하면 된다. 편집도구를 활용해 부모교육을 위한 카드뉴스를 제작한다. 단, 무료 회원은 5장까지만 무료로 제작할 수 있다. 페이지 수를 늘리거나 이미지의 망고보드 워터마크를 없애려면 유료 회원으로 전환해야 함을 유의하자.

③ 편집을 완료하면 상단의 '파일'을 눌러 저장한다. 이제 '다운로드'를 하여 파일 형태로 전송할지, '공유'를 하여 인터넷이나 부모의 모바일 기기 SNS로 전송할지 선택한다. 부모의 모바일 활용을 위해 카드뉴스로 자료를 제작하였으므로, 공유하는 방법을 알아보자. 먼저 '공개 여부'에서 '공개'를 반드시 눌러야 한다. 그렇지 않으면 URL을 전송하더라도 상대방이 볼 수 없다. 다음으로 '보기 설정'은 모바일에서 카드뉴스를 보는 형태를 옆으로 넘길지를 선택하는 것이다. 하단에 제작한 카드뉴스의 웹주소가 표시된다. 망고보드에 접속하지 않고 해당 주소에서 보이는 방식이다. 마지막으로 '확인'을 누르고, 해당 웹주소 URL을 복사하여 학급 SNS 혹은 부모에게 전송한다.

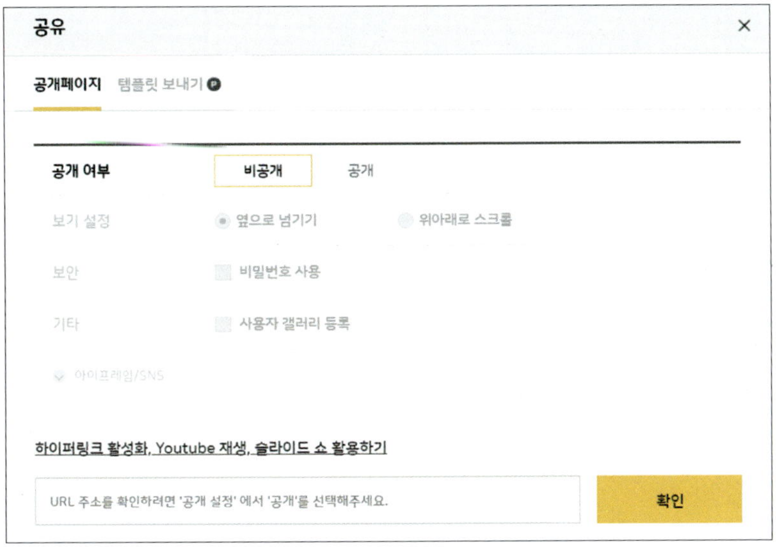

Tip. 카드뉴스 제작 단계

1. '제목 정하기' 단계
- 전하는 뉴스의 핵심단어와 주제를 파악해 한 문장으로 제목을 정한다.
- 핵심주제와 관련된 이미지, 혹은 주장을 강조하는 색조합을 이용한다.

⬇

2. '도입' 단계
- 사람들의 관심을 끌 수 있는 첫 문장을 만든다.
- 도입방법: 인용하거나, 질문형식으로 표현한다.
  결론 먼저 제시하거나, 육하원칙 중 하나를 먼저 제시한다.

⬇

3. '정보' 단계
- 핵심단어를 이용해 간결하게 제공한다.
- 핵심단어에 어울리는 그림이나 내용을 이해할 수 있는 다양한 자료(표, 그래프, 그림 등)를 이용한다.
- 글씨 크기, 색깔, 위치 등에 변화를 주어 표현한다.

⬇

4. '마무리' 단계
- 가급적 접속어는 사용하지 않고, 꼭 필요한 경우에만 사용한다.
- 글씨크기, 색깔, 위치 등에 변화를 주어 표현한다.

출처: 한국언론진흥재단(2017). 초등학생을 위한 뉴스 리터러시 교재: 세상을 바라보는 창, 뉴스로 열어요.

[부록] '카드뉴스' 스토리보드 작성하기

기획서 작성자명:

제목:

순서	기사 내용	사진 설명

카드뉴스 기획이 마무리되면 아래의 점검표(체크리스트)를 작성해 보세요.
점검표 작성 후 미흡한 부분이 있으면 기획서와 스토리보드를 보충하거나 수정하세요.

평가항목	매우 그렇다	그렇다	보통 이다	그렇지 않다	매우 그렇지 않다
카드뉴스 주제와 내용이 일치하는가?					
카드뉴스를 보는 대상에게 필요한 정보인가?					
카드뉴스를 보는 대상이 흥미를 가질만한 내용인가?					
카드뉴스 내용이 거짓 없는 사실인가?					

예비교사 이혜지 제작물

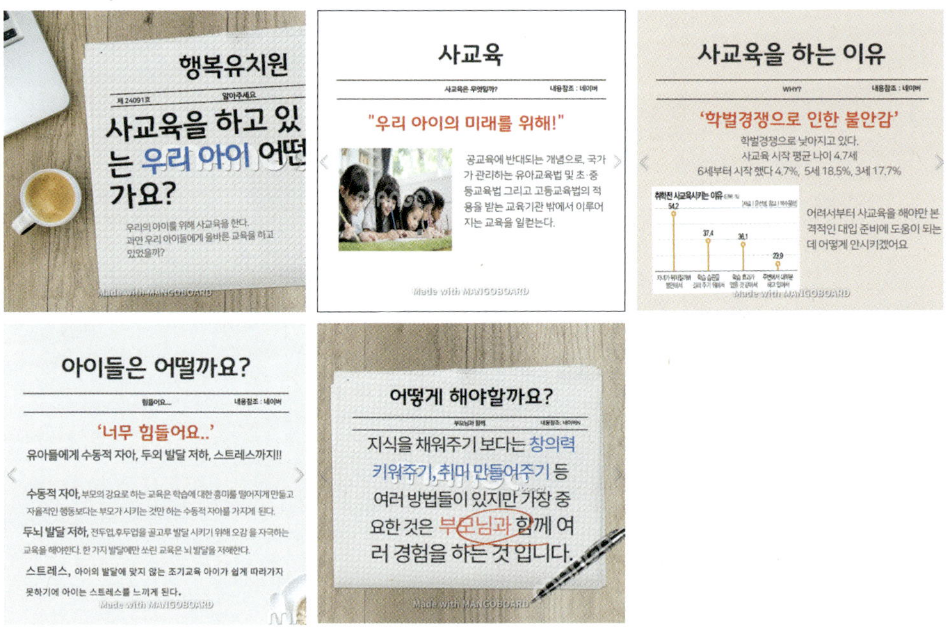

예비교사 이진아 제작물

3. 학급 홈페이지로 소식 공유하기

유아교육기관의 홈페이지는 학부모와의 상호작용에 유용할 뿐만 아니라 유아교육기관의 교육활동에 대한 홍보, 예비교사에게는 유아교육 실제를 관찰할 수 있는 정보를 제공함으로써 교육기관-가정-지역사회 모두에게 도움을 줄 수 있다.

현재 운영하고 있는 유아교육기관 인터넷 홈페이지 대부분은 전체 공개 정보와 회원들만 확인할 수 있는 부분 정보로 구성된다. 전체 공개 정보의 경우 유치원 소개(원훈, 기관 연혁, 교육환경 및 학급구성 소개 등), 교육과정(특색 교육프로그램, 연간교육계획, 하루일과 등)으로 볼 수 있고, 회원에게만 공개되는 부분 정보는 주로 유아들이 속해 있는 반의 활동사진, 개인 정보와 관련된 내용이다. 유아교육기관은 홈페이지 운영을 통해 가정의 부모에게 유아의 활동에 대한 설명과 함께 잘 적응하고 있는 모습을 공유함으로써 유아의 전인적인 발달을 위한 파트너로서 가정과 상호작용할 수 있나.

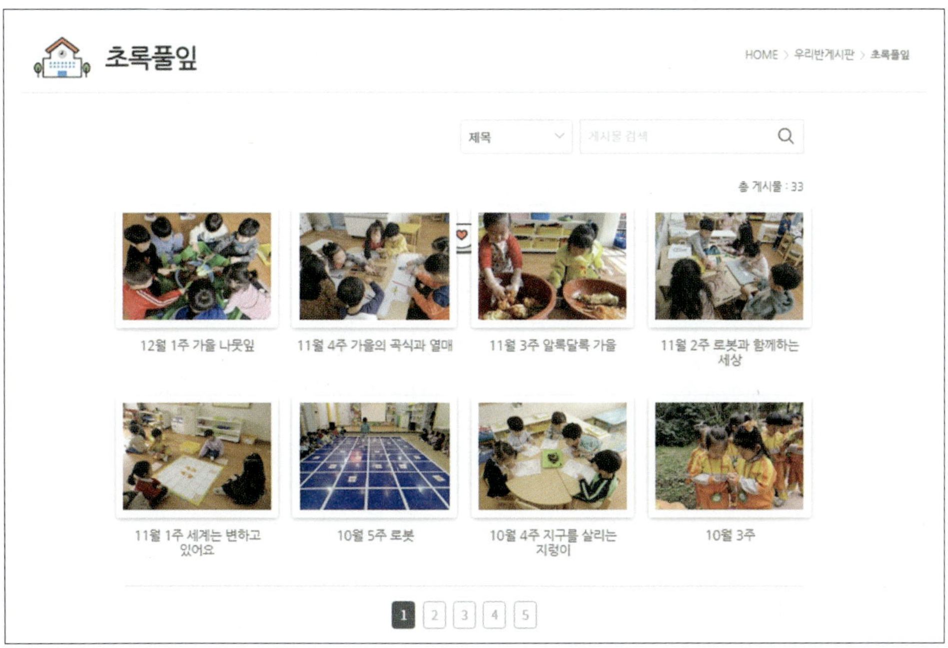

[그림 III-4] 유치원 홈페이지 내 학급활동(선우 유치원 우리반게시판)

4. 스마트 알림장으로 소통하기

최근 스마트 알림장의 활용은 교사–부모 간 새로운 의사소통 방안으로 떠오르고 있다. 유아교육기관은 스마트 알림장 앱을 도입하여 가정과의 의사소통 방법과 접근에 변화를 주고 있다. 스마트 알림장은 유아기관을 홍보하는 용도로 활용할 뿐만 아니라 유아의 일일생활기록을 정리하거나 유아의 활동 모습을 사진이나 동영상으로 찍어 부모와 공유할 수 있다. 또한, 투약일지나 배변, 낮잠시간과 같은 유아의 전반적인 사항 및 기관 공지사항, 계획안, 행사 정보 등도 스마트폰을 통해 공유할 수 있다(김수현, 2017; 김진아, 2015). 연구결과에 따르면, 스마트 알림장의 활용은 유아보다 영아일수록 그 활용도가 높으며, 서면 알림장보다는 다양한 기능과 즉답이 용이한 스마트 알림장이 학부모의 답글 빈도가 높음을 알 수 있다(김민지 · 황혜정, 2019).

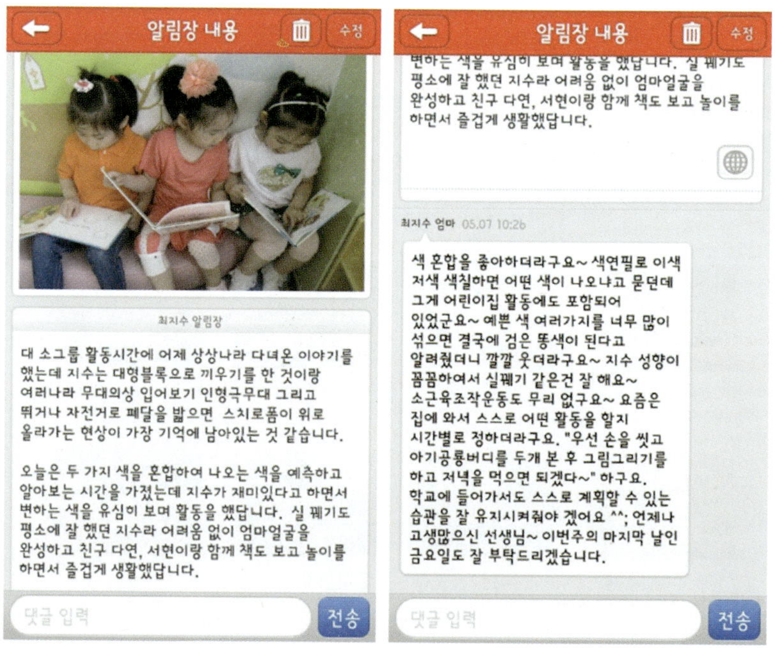

[그림 III–5] 스마트 알림장 앱(키즈노트)을 통한 기관–가정 간 상호작용의 예

출처: https://blog.kidsnote.com/22.

5. 온라인 설문으로 의견 수렴하기

유아교육기관에서는 현장학습 혹은 각종 원내 행사에의 부모 참석 여부, 행사 후 만족도 등을 확인하기 위해 다양한 조사를 실시한다. 가정통신문과 함께 의견 조사지를 배포하고 수합할 수 있지만, 보다 효율적으로 의견을 수합하기 위해 온라인 설문을 이용할 수 있다.

1) 제작 방법

① 구글 문서도구는 크롬(Chrome) 브라우저에 최적화되어 있다. 크롬이 설치되지 않았다면 프로그램을 다운받아 실행시킨다(Chrome 다운로드 https://www.google.com/chrome). 구글 계정과 연동되어 관리되므로 지메일(Gmail) 로그인을 해 두면 보다 쉽게 나의 구글 문서를 관리할 수 있다. 크롬을 열어 '문서' 애플리케이션을 클릭한다.

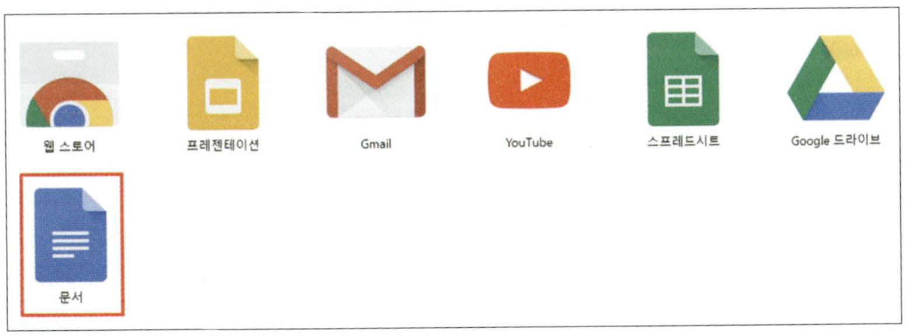

② 구글 문서도구는 문서, 스프레드시트, 프레젠테이션, 설문조사 등을 웹에서 작업할 수 있는 서비스이다. 공유 기능을 이용하면 동료 교사들과 공동 문서 작업을 할 수 있다. 모든 활동이 웹에서 이루어지고, 자동 저장되기 때문에 구글에 로그인만 하면 어느 장소에서나 이어서 할 수 있다. 설문조사 기능을 활용하면 인터넷을 활용한 설문조사와 그 결과 수집까지 한 번에 끝낼 수 있다. 좌측의 'Google 문서'에서 '설문지'를 선택해 보자.

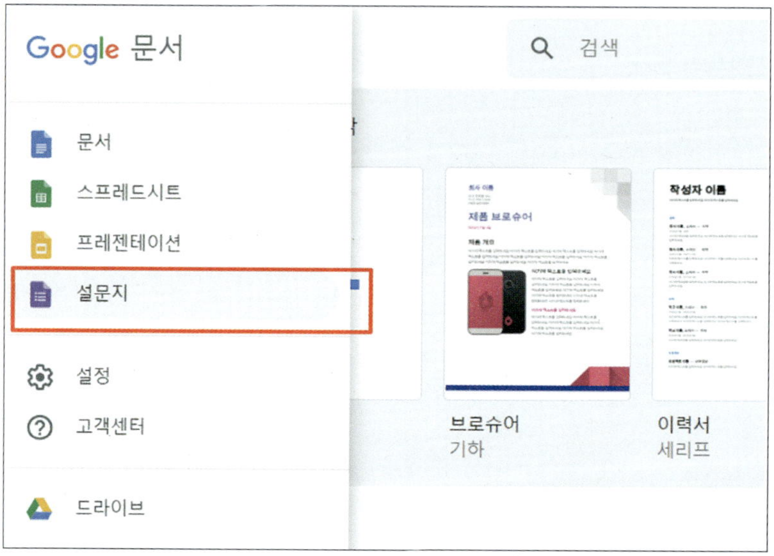

③ '설문지'에는 '템플릿 갤러리'에서 활용할 수 있는 다양한 양식을 제공한다. 자신이 만들려고 하는 설문지와 주제나 문항이 유사하다면 템플릿을 활용해도 좋다. 여기서는 '내용 없음'을 선택하여 다양한 문항 구성을 실습해 보자.

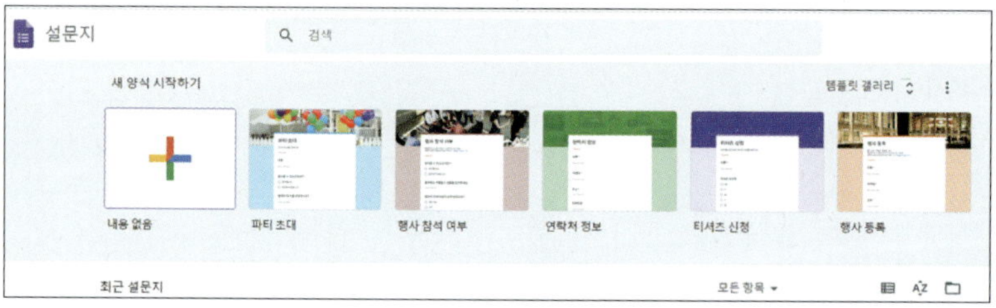

④ 가장 먼저 설문지 제목을 작성하는 박스가 나온다. 클릭하여 설문조사 명과 설문지 설명을 작성한다. 설문지 설명은 응답예상자에게 본 설문지의 목적을 설명하고, 독려하는 내용으로 간단하게 서술한다. 우측 상단에 '제목 없는 설문지'를 클릭하면 이미 작성한 '설문지명'이 자동으로 입력된다.

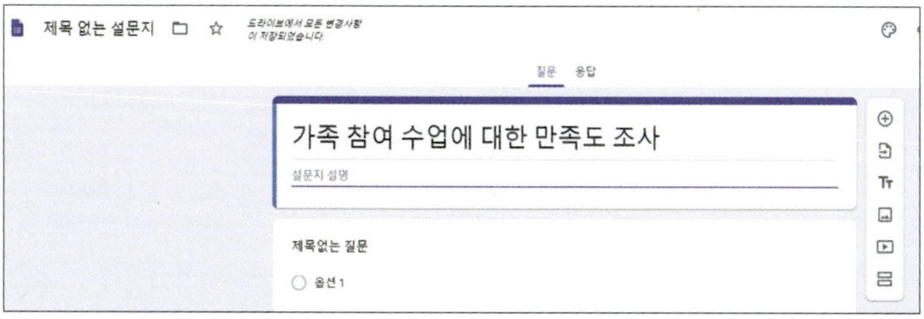

⑤ 설문 문항의 유형은 단답형, 장문형, 객관식 질문, 체크박스, 드롭다운 등을 선택할 수 있다. 설문을 통해 얻고자 하는 의견의 종류에 따라 설문 유형을 선택한다. 예를 들어, 프로그램에 대한 전반적인 만족도의 경우 '매우 만족한다'부터 '매우 불만족한다'라는 답변 종류가 예상된다면 '객관식 질문' 유형을 선택하고, 개선사항에 대한 의견을 듣고자 한다면 '장문형' 유형을 선택하여 응답자가 문장 길이 제한 없이 의견을 쓸 수 있도록 한다.

⑥ 질문 하나를 생성하였으면, 새로운 질문을 추가해야 한다. 가장 우측에 메뉴 바가 제시되는데, 맨 위에 있는 '+' 모양의 아이콘을 누르면 새로운 질문이 아래에 추가된다.

⑦ 다시 질문을 작성할 수 있는 입력란이 생성이 되면, 질문을 입력한 후 응답 유형을 선택한다. 같은 방식으로 질문목록을 완성한다.

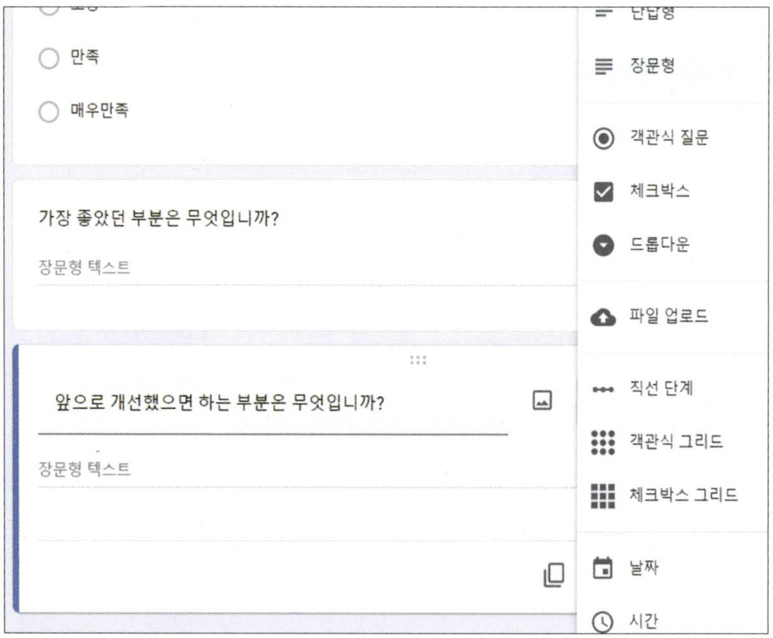

⑧ 질문지를 완성한 후, 상단의 눈 모양 '미리보기' 아이콘을 선택해 이 설문지를 받는 응답자의 관점에서 전체 설문지가 어떻게 보이는지 확인한다.

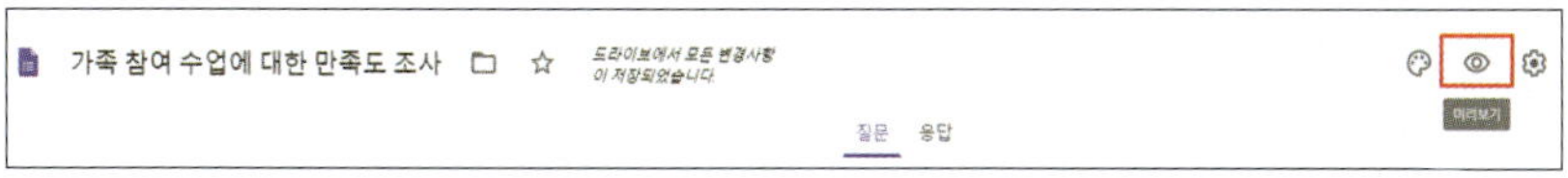

⑨ 미리보기를 통해 설문지를 최종 확인했으면, 이제 설문지를 보내 보자. 상단 메뉴의 오른쪽에 '보내기' 버튼을 누르면 '설문지 보내기' 창이 활성화된다. 전용 방식은 이메일로 보내기, 링크로 주소 보내기, 삽입된 html의 방식으로 보낼 수 있다. 학급 홈페이지나 학부모 개인 휴대폰으로 설문링크를 공유할 수 있으므로, 두 번째 방식인 링크로 설문주소를 보내는 방식을 많이 활용한다. 링크 주소가 길다면 하단의 'URL 단축' 박스를 체크해 주소를 줄여 보내자. 최종 주소를 확인하고 복사하여 활용하면 된다.

⑩ 구글 설문지는 응답한 결과를 실시간 보고서로 제시해 준다. 상단의 '응답'을 누르면 현재까지 응답한 수와 문항별 결과를 요약 보기, 질문별 보기, 개별 응답자별 보기로 선택하여 확인할 수 있으며, 간단한 그래프 형태로도 결과를 확인할 수 있다.

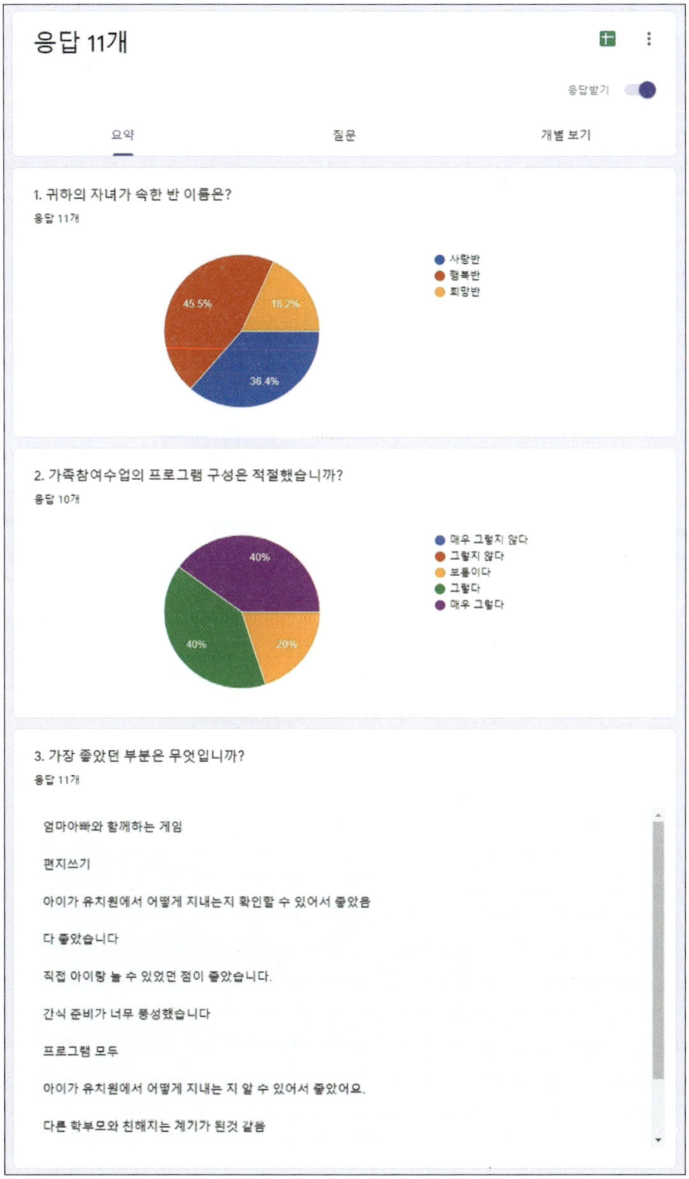

참고문헌

과학기술정보통신부 · 한국인터넷진흥원(2019). 2018 인터넷이용실태조사 요약보고서.

과학기술정보통신부 · 한국정보화진흥원(2019). 2019 유아 및 보호자용 스마트폰 과의존 예방 가이드라인 매뉴얼.

과학기술정보통신부 · 한국정보화진흥원(2019.2). 2018년 스마트폰 과의존 실태조사 결과.

교육부(2019). 2019 개정 누리과정(교육부 고시 제 2109-189호).

국가평생교육진흥원(2016). 글로벌 평생교육동향 6월호.

김경철 · 박현진(2005). 디지털카메라의 유아교육기관 현장 활용. 어린이미디어연구, 4, 129-156.

김대웅 · 박윤현(2018). 어머니 양육 스트레스, 온정적 양육행동, 유아 전자매체 이용시간, 외현화 문제 행동의 관계: 성별 다집단 분석. 열린유아교육연구, 23(6), 135-156.

김민지 · 황혜정(2019). 스마트 알림장 이용 현황 및 인식에 대한 영아반 교사와 유아반 교사의 비교 연구. 어린이미디어연구, 18(3), 289-310.

김보현 · 이홍재 · 박미경(2019). 유아교사의 디지털 리터러시 잠재계층 유형화 및 영향요인. 학습자중심교과교육연구, 19(12), 157-181.

김상희 · 김상언(2017). 유아 교구로봇 프로그램 개발을 위한 유아와 초등학생 로봇교육의 연구동향 분석. 한국디지털콘텐츠학회 논문지, 18(5), 859-868.

김수현(2017). 모바일 애플리케이션을 통한 교사-부모 간 의사소통: 교사의 경험을 중심으로. 건국대학교 교육대학원 석사학위논문.

김영희 · 허희옥 · 계보경 · 김혜정 · 김민정 · 이현영(2015). 유아교육에서의 교육방법 및 교육공학. 서울: 학지사.

김은영(2005). 유치원교사의 직무분석. 이화여자대학교 박사학위논문.

김진아(2015). 이화여자대학교 교육대학원 석사학위논문스마트 기기를 활용한 교사-부모 의사소통 현황과 인식.

김창숙 · 이선혜(2019). 누리과정 안에서 스마트 미디어를 활용한 자유놀이 현장 사례. 2019년 한국열린유아교육학회 춘계학술대회 자료집, 85-91.

김현진 · 김은영 · 이은상 · 계보경 · 이은환(2017). 미래학교 설립운영 모델 개발 연구. 연구보고 CR 2017-6. 대구: 한국교육학술정보원.

류청산(2011). 인류의 미래와 교육. 서울: 강현.

류한석 · 명승은 · 예병일 · 김광현 · 정지훈 · 임정욱 · 김성우 · 송재준 · 이형일 · 한영수(2010). 아이패드혁명: 애플과 태블릿PC가 만드는 라이프 & 비즈니스 쇼크. 서울: 예인.

미래창조과학부(2015.11.11.). 아날로그 감성과 디지털이 융합된 '스마트 블록'개발. 보도자료.

박선미(2015). 만 2세반 자유놀이시간에 나타난 영아-로봇 간 상호작용의 의미. 어린이미디어연구, 14(2), 45-71.

박성열 · 남민우(2004). 공변량 구조 이론모델을 통한 교사들의 컴퓨터 리터러시와 직무수행 능력 및 만족도 관계성 분석. 농업교육과 인적자원개발, 36(2), 83-94.

박성익 · 임철일 · 이재경 · 최정임 · 임정훈 · 정현미 · 송해덕 · 장수정 · 장경원 · 이지연 · 이지은(2012). 교육공학의 원리와 적용. 경기: 교육과학사.

박희숙 · 이영주(2014). 유아교육과 멀티미디어. 경기: 공동체.

서주현(2015). 유아대상 한글학습용 애플리케이션 평가 및 내용 분석: 언어 교수방법에 따른 비교 분석. 한국보육지원학회지, 11(2), 21-37.

신경진(2018). ASSURE 기반 동화 활용 유아안전교육 교수설계모형 개발. 동아대학교 교육대학원 석사학위논문.

심숙영(2009). 아동놀이와 뉴미디어 게임. 아동과 권리, 13(1), 107-129.

심진보 · 최병철 · 노유나 · 하영욱(2017). 대한민국 제4차 산업혁명. 서울: 콘텐츠하다.

안우철 · 이소정(2015). 스마트알림장에 대한 학부모와 보육교사의 사용현황 및 인식과 요구. 학습자중심교과교육학회, 15(11), 1027-1046.

유구종(2006). 유아교육용 인터넷 콘텐츠 평가척도 개발 연구. 유아교육연구, 26(5), 287-306.

유구종 · 김민경 · 김은아(2012). 유아교육용 애플리케이션 내용 및 인터페이스 상호작용 분석. 열린유아교육연구, 17(1), 169-194.

유구종 · 한명옥 · 김명숙 · 최승연(2014). QR코드 교육계획안 활용이 유치원 학부모의 수업활동만족도에 미치는 영향. 열린유아교육연구, 19(2), 415-445.

유지영(2019). 스톱모션 애니메이션 제작 활동이 유아의 이야기 꾸미기 능력 및 창의성에 미치는 영향. 덕성여자대학교 교육대학원 석사학위논문.

유혜령 · 강은희 · 박지영(2019). 유아 교수공학과 교수 · 학습방법. 서울: 창지사.

윤현민(2014). 유아용 인기 교육 애플리케이션의 유형 및 특성 분석: 안드로이드 교육용 앱 스토어를 중심으로. HCI 2014 학술대회, 481-484.

이정(2018). 사진을 활용한 주말지낸 이야기 나누기 활동이 유아의 언어표현력에 미치는 영향. 한국교원대학교 교육대학원 석사학위논문.

이경숙 · 정석진 · 박진아 · 전연진(2014). 0-3세 영유아 영상매체 시청 및 부모의 영유아 자녀 영상매체 시청 지도 행동 실태 조사. 유아교육연구, 34(2), 301-321.

이대균(2003). 유아를 위한 멀티미디어 교재, 교구 제작: 이론과 실제. 경기: 양서원.

이미란(2018). 제4차 산업혁명시대 인재의 미래핵심역량 함양을 위한 유아교육 방향 탐색. 동국대학교 교육대학원 석사학위논문.

이병호 · 김윤희(2018). 스토리텔링 기반 S-Block 프로그램이 유아의 논리-수학적 수행 및 공간능력에 미치는 효과. 어린이미디어연구, 17(2), 1-19.

이수영(2012). 사진을 활용한 언어활동이 유아의 어휘력과 언어표현력에 미치는 영향. 한국교원대학교 일반대학원 석사학위논문.

이승환(2017). 스마트 토이 분류와 개념. 예술인문사회 융합 멀티미디어 논문지, 7(4), 65-74.

이영석 · 이소희(2001). 유아 컴퓨터 교육론. 서울: 동문사.

이윤경(1998). 유치원 교사의 갈등관리유형과 직무만족도와의 관계. 교육학연구, 37(3), 365-383.

이정욱 · 이소정(2013). 유아교육분야 R-러닝 관련 연구의 경향 분석. 어린이미디어연구, 12(3), 197-219.

이정환 · 김희진(2017). 영유아 교육의 교수학습방법. 서울: 파란마음.

이종헌(2005). 학교상담교사의 직무 및 역할분석. 한국교원대학교 대학원 박사학위논문.

임부연 · 어린이심미교육연구회(2017). 누리과정, 미학을 만나다. 경기: 양서원.

임은미(2012). 디지털 세대를 위한 교육 테크놀로지의 가치 재조명: 유아교육에서의 활용방안을 중심으로. 2012 한국육아지원학회 추계학술대회 자료집, 59-77.

임은미(2013). 유아 멀티미디어 예비교사교육에 관한 델파이 연구. 미래유아교육학회지, 20(1), 191-212.

임정훈(2009). 모바일 학습(mobile learning)을 위한 교수학습 모형의 설계 방향 탐색. 교육실천연구, 8(1), 101-124.

장수용(2006). 직무분석 이렇게 한다. 서울: 전략기업 컨설팅.

전선영(2015). 커뮤니케이션 앱을 활용한 교사-어머니 의사소통 경험. 한국유아교육연구, 17(2), 101-134.

정수아 · 김헌(2016). 유아용 APP의 증강현실 활용 사례 연구. 한국디자인문화학회지, 22(2), 585-599.

조숙인 · 권미경 · 이민경(2017). 아동의 놀 권리 강화를 위한 지역사회 환경 조성 방안. 육아정책연구소 연구보고 2017-14.

주희정(2016). 유아교육기관전용 커뮤니케이션 앱에 대한 어린이집 학부모의 활용실태 및 인식. 아주대학교 교육대학원 석사학위논문.

지옥정 · 서희전 · 계보경 · 고영미 · 권이정 · 김미애 · 김혜정 · 임수진(2018). 유아교육과 미디어 활용. 서울: 창지사.

최명숙(2004). 멀티미디어 교수자료의 제시방법에 다른 과제수행력 연구. 숙명여자대학교 교육대학원 석사학위논문.

최상덕 · 김진영 · 반상진 · 이강주 · 이수정 · 최현영(2011). 21세기 창의적 인재 양성을 위한 교육의 미래전략 연구. 한국교육개발원 연구보고 RR 2011-01. 서울: 한국교육개발원.

최연구(2017). 4차 산업혁명시대의 미래교육 예측과 전망. Future Horizon, 33, 32-35.

한국교육개발원(2019). 'OECD 교육 2030' 프로젝트, 학교교육에서 역량교육의 의미와 방향을 다시 세우다. KEDI BRIEF, 21.

한국콘텐츠진흥원(2015). 디지털 기술과 결합된 스마트 토이, 새로운 형태의 놀이와 교육의 가능성을 제시하다. CT 이슈분석 1.

허경아(2011). 유아교사의 디지털 리터러시 진단 도구 개발 및 타당화. 경북대학교 대학원 박사학위논문.

허경아 · 정정희(2012). 유아교사의 디지털 리터러시 진단 및 관련 변인. 어린이문학교육연구, 13(3), 479-494.

현은자 · 연혜민 · 장주연 · 이은영(2013). 유아 언어학습용 단어게임 애플리케이션 분석. 한국콘텐츠학회논문지, 13(11), 551-561.

홍선주 · 이명진 · 최영인 · 김진숙 · 이연수(2016). 지능정보화사회 대비 학교교육의 방향 탐색. 연구자료 ORM 2016-26-9. 서울: 한국교육과정평가원.

황해익 · 강민정 · 강신영 · 조준오(2018). 유아교육과 멀티미디어. 경기: 양서원.

Bers, M. U. (2008). *Blocks to robots: Learning with technology in the early childhood classroom*. NY: Teachers College Press.

Clements, D. H. & Sarama, J. (2003). Strip mining for gold: Research and policy in educational technology-A response to “Fool’s Gold”. *Educational Technology Review*, *11*(1), Retrieved July 25, 2004 from www.aace.org/pubs/etr/issue4/clements.cfm.

Heinich, R., Molena, M., Russell, J. D., & Smaldino, S. E.(2002). *Instructional Media and Technologies for instructions*(7rd ed). NY: Prentice-Hall, Inc.

Hyun, E. & Davis, G. (2005). Kindergartners’ Conversations in a Computer-Based Technology Classroom. *Communication Education*, *54*(2), 118-135.

Lim, E. M. (2012a). Factors influencing young children’s social interaction in technology integration. *European Early Childhood Education Research Journal*,(under review). Lim, E. M. (2012b). Patterns of kindergarten children’s social interaction with peers in the computer area. *International Journal of Computer-Supported Collaborative Learning*, *7*(3), 399-421.

McLennan(2017). Creating coding stories and games. *Teaching Young Child*, *10*(3). Retrieved from https://www.naeyc.org/resources/pubs/tyc/feb2017/creating-coding-stories-and-games

Nam, K. W., Kim, H. J., & Lee, S. (2019). Connecting plans to action: The effects of a card-coded robotics curriculum and activities on Korean kindergartners. *Asia-Pacific Education Researcher*, *28*(5), 387-397.

OECD(2005). The definition and selection of key competencies: executive summary. Paris, France: OECD.

OECD(2018). *The future of education and skills: Education 2030*. Position Paper.

Plowman, L., McPake, J., & Stephen, C. (2008). Just picking it up? Young children learning with technology at home. *Cambridge Journal of Education*, *38*(3), 303-319.

Research Parent(2016. 2. 16.) Coding a LEGO maze. Retrieved from https://researchparent.com/coding-a-lego-maze.

Roschelle, J. & Teasley, S. D. (1995). The construction of shared knowledge in collaborative problem solving. In C. O 'Malley (Ed.), *Computer-Supported Collaborative Learning*(pp. 69-97). New York: Springer

Schwab, K. (2016). 제4차 산업혁명. (송경진 역). 서울: 새로운 현재(메가스터디).

Shelton, B. E. (2003). *How augmented reality helps students learn dynamic spatial relationships*. Unpublished Doctoral Dissertation, University of Washington, Seattle.

Smaldino, S. E., Lowther, D. L., & Russell, J. D.(2010). Instructional Technology and Media for Learning instructions. 이미자 · 권혁일 · 김도헌 · 박인우 · 설양환 · 손미 · 송상호 · 이수영 · 최욱 · 홍기칠 공역(2011). 교육공학과 교수 매체. 서울: 아카데미프레스.

Sullivan, A. & Bers, M. U. (2016). Robotics in the early childhood classroom: Learning outcomes from an 8-week robotics curriculum in pre-kindergarten through second grade. *International Journal of Technology and Design Education*, *26*(1). 3-20.

WEF(2016). The future of job: Employment, skills and workforce strategy for the fourth industrial revolution. Retrieved from http://www3.weforum.org/docs/WEF_Future_of_Job.pdf

Wohlwend, K. E. (2010). A is for Avatar: Young children in literacy 2.0 worlds and literacy 1.0 schools. *Language Arts*, *88*(2), 144-152.

Zevenbergen(2007). Digital natives come to preschool: Implications for early childhood practice. *Contemporary Issues in Early Childhood*, *8*(1), 19-29.

저자소개

김은영(Kim, Eun-young)

한국교원대학교 대학원 석사(교육공학 전공)
한국교원대학교 대학원 박사(교육공학 전공)
근로복지공단 어린이집 보육교사
현) 구미대학교 유아교육과 교수

연구분야: 교수설계, 테크놀로지 강화 학습환경 설계, 교사교육
e-mail: eunyoungsam@gmail.com

최혜윤(Choi, Hye-yoon)

이화여자대학교 대학원 석사(유아교육 전공)
이화여자대학교 대학원 박사(유아교육 전공)
여나 유치원 교사
현) 부산대학교 유아교육과 교수

연구분야: 유아교육과정, 교사교육
e-mail: hyeyoonchoi@pusan.ac.kr

제2판

유아교육에서의 디지털 미디어 활용

초 판 1쇄 발행 2020년 4월 20일
제2판 1쇄 발행 2024년 2월 20일

지 은 이 | 김은영 · 최혜윤
펴 낸 이 | 김기섭
편 집 인 | 이혜란 · 오선율
펴 낸 곳 | 창지사 www.changjisa.com
08589 서울시 금천구 가산디지털 1로 83 파트너스타워 1차 9층
전화 (02)719-2211~3
팩스 (02)701-9386
등 록 | 1977년 4월 28일 · 제1-421호

ISBN 978-89-426-1870-5 (93370)

값 21,000원